초자연적인 영의사람으로 살아갈 분의 책

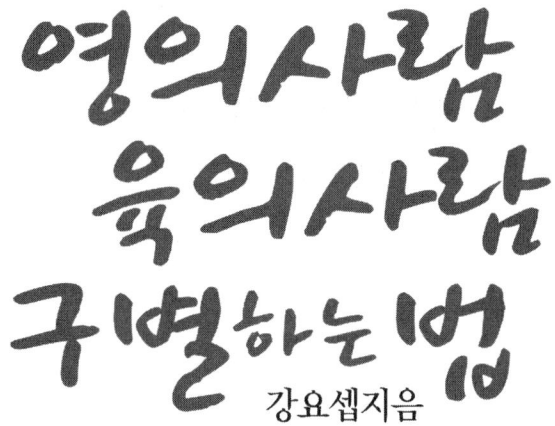

영의사람
육의사람
구별하는 법

강요셉지음

예수로 죽고 예수로 살아야 영의 사람이 된다.

성령

영의사람 육의사람 구별하는 법

성령

들어가는 말

하나님은 모든 크리스천들이 영의사람이 되기를 소원하십니다. 또한 크리스천들도 영의사람과 영적이라고 생각하기를 좋아합니다. 그러나 그렇게 생각하는 것과는 달리 분명히 영의사람이거나 육의사람에 속하게 됩니다. 영적은사가 있다고 영의사람이 아닙니다.

영의사람은 하나님을 전인격으로 체험하여 순종하는 사람입니다. 하나님의 말씀을 많이 안다고 영의사람이 되었다고 하는 것이 아닙니다. 우리가 어떻게 하나님을 알 수가 있습니까? 말씀을 삶에 적용하면서 체험함으로 하나님을 알아가는 것입니다.

하나님을 지식으로 알려고 하는 사람은 육의사람임을 명심해야 할 것입니다. 살아계신 하나님은 전인격으로 체험함으로 알아야 영의사람으로 변화될 수 있는 사람입니다. 하나님은 직접 체험해야 오류가 없습니다.

영적지도자들은 더욱더 하나님에 대하여 말씀으로 알고 체험해야 합니다. 영의사람으로 바뀌려고 노력해야 합니다. 그래야 성도들을 바른 길(예수)로 인도할 수가 있는 것입니다.

하나님의 말씀을 머리로 많이 안다고 영의사람, 권능 있는 성도, 목회자가 되는 것이 절대로 아닙니다. 성령으로 말씀을 심비에 새겨야합니다. 말씀을 아는 만큼 몸으로 느끼고 말씀과 같은 권능이 자신에게서 나와야 합니다. 저는 우리 교회 성도들에게 말씀을 아는 만큼 자신의 심령에서 예수님의 인격과 영 권이 나타나야 아브라함의 복을 받을 수 있다고 권면합니다.

그래야 하나님과 통하는 영의사람이 되기 때문입니다. 기독교는 알고 끝나는 종교가 아닙니다. 아는 만큼 자신의 심령에서 말씀과 같은 역사가 나타나야 합니다. 아는 것과 실제가 같이 가야 한다는 말입니다.

그렇게 됨으로 말씀이 자신의 소유가 되는 것입니다. 한마디로 하나님이 함께하는 영의사람이요, 군사가 될 수 있다는 것입니다.

이 책에는 영의사람과 육의사람에 대한 모든 진리들을 제시하고 있습니다. 이 책을 통하여 모두 영의사람으로 다시 변화되기를 소망합니다.

주후 2018년 5월 30일
충만한 교회 성전에서
저자 강요셉목사.

세부적인목차

들어가는 말 -3

1부 영의 사람 육의 사람의 구별
1장 육의사람과 영의사람을 구별하는 법 -7
2장 겉 사람과 속사람을 구분하는 법 -24
3장 땅의 사람과 하늘의 사람을 분별하는 법 -41
4장 육체의 사람과 영의 사람의 특성 -56
5장 쉽게 구별하는 영의 사람 육의 사람 -72

2부 영의 사람으로 바뀌는 삶
6장 옛사람 아담은 죽고 예수로 살아라. -86
7장 구습이 변하여 새 사람 되어라. -101
8장 영적인 사람으로 바꾸어지는 비결 -118
9장 영의 새로운 것으로 살아가는 비결 -133
10장 신령한 영의 사람으로 사는 비결 -147

3부 성령으로 거듭난 영의사람이 되려면
11장 육체가 죽는 훈련을 통과한 성도 -163
12장 고난을 통하여 단련된 성도 -177
13장 문제를 통하여 단련된 영의사람 -192
14장 약하면서 강한자로 태어난 성도 -207
15장 예수님이 함께 동행 하는 성도 -222

4부 영의 성도가 되었다는 증거는 무엇

16장 성령으로 기도하는 성도 -236

17장 마음안의 영을 강하게 하는 성도 -250

18장 온몸을 성전으로 가꾸는 성도 -264

19장 성령의 지배와 장악을 받는 성도 -279

20장 하나님의 얼굴을 구하는 성도 -293

5부 영의 사람으로 살아가는 삶

21장 성령의 법 안에서 살아가는 삶 -308

22장 말씀과 성령으로 살아가는 삶 -323

23장 구원받아 자유인답게 살아가는 삶 -339

24장 영적 권세를 사용하며 살아가는 삶 -354

1부 영의 사람 육의 사람의 구별

1장 육의사람과 영의사람을 구별하는 법

(고전 2:14-16)"육에 속한 사람은 하나님의 성령의 일들을 받지 아니하나니 이는 그것들이 그에게는 어리석게 보임이요, 또 그는 그것들을 알 수도 없나니 그러한 일은 영적으로 분별되기 때문이라. 신령한 자는 모든 것을 판단하나 자기는 아무에게도 판단을 받지 아니하느니라."

모든 그리스도인들은 누구나 다 자신이 성령으로 거듭난 영적인 성도라고 불리기를 좋아합니다. 그러나 수많은 크리스천이 있지만 하나님 편에서 볼 때는 육의 사람과 영의 사람으로 구별됩니다. 영적은사가 있다고 영의사람이 아니기 때문입니다. 영적 은사를 얻는 것과 그리스도를 만나 성령으로 바뀌는 경험과는 전혀 별개일 수 있습니다. 성령으로 바뀌지 않아도 은사는 나타날 수가 있으며, 그런 상태가 영의사람이라는 증거가 될 수 없는 것입니다. 강단에 서서 말씀을 전하고 영적 능력이 나타나 안수하는 사람을 우리는 영의사람이라고 여겨주는 분위기가 있습니다. 그래서 그런 사람들이 육신에 속한 모습을 나타낼 때 우리는 혼란을 겪게 되는 것입니다.

그리고 성경 지식이나 학문이 많으면 영의사람이라고 생각합니다. 신학을 전공하고 지식이 많은 사람을 우리는 영적 지도자라고 생각합니다. 종교적인 일에 관여하고 있다고 해서 그 사람이 영의사람이라는 생각은 절대로 타당할 수는 없습니다. 그 사실 만으로 그 사람이 영적인 사람이라는 증거로서는 불충분합니다. 영의사람이라는 증거는 오로지 그리스도를 만나 성령으로 세례를 받아 자신의 주인으로 마음 안에 오신 예수님으로부터 성령의 불로 세례를 지속적으로 받으며 성령의 지배와 장악이 되어 성령의 이끌림을 받는 경험의 바탕에서만 인정을 받을 수 있으며, 그 결과는 성령의 열매로 나타나게 됩니다.

영적으로 고귀한 삶이란 지극한 자기희생을 의미합니다. 자신의 자아와 육체를 내세우지 않는 희생의 바탕은 그리스도가 주인 된 증거이기도 합니다. 그리스도를 경험하면 가치체계가 변화를 일으킵니다. 바라보는 대상이 바뀌기 때문에 행동이 바뀌는 것은 당연합니다. 그리고 그 변화된 삶의 태도는 다른 사람에게 영향을 주어 그 사람들의 삶도 변화되게 만드는 것입니다. 삶에서 성령의 열매가 나타난다는 것입니다.

영의사람은 육의사람이 여러 연단의 과정을 거치면서 육체가 살아있으나 신뢰하지 않도록 다시 태어난 사람입니다. 자신이 스스로 육체의 생각이나 행동이나 자아가 배설물로 느껴져서 육체를 신뢰하지 않은 사람으로 바뀔 때 영의사람이 되는 것입니다. 이렇게 되는 것은 자신의 노력으로 육체를 억제하려고 해서 되는 것이 아닙니다. 다른 편으로 자신의 행위로 육체를 개선하려고 한다고 되는 것이 아닙니다. 이런 육체의 일을 버리게 하기 위하여 성령님은 부득불 믿는 성도에게 실패를 허락하시어 씨름과 괴로움의 고통을 허락하십니다.

씨름과 고통을 통하여 자신의 힘으로는 문제를 해결할 수 없다는 것을 스스로 깨닫게 하십니다. 스스로 하나님께 의지하여 성령의 인도에 순복하면서 영의사람으로 태어나는 것입니다. 영의사람은 살아있던 자신의 자아가 십자가에서 죽고 성령님을 주인으로 모시고 성령님의 자아에 순복하며 사는 사람입니다.

첫째, 영의사람은 성령으로 다시 태어난다. 육체가 십자가를 통과해야 영의사람이 됩니다. 육체가 십자가를 통과한 사람이란 예수를 믿을 때 죽고 예수로 다시 태어나 예수님의 인생을 사는 사람을 말합니다. 영의사람은 성령의 인도에 순복함으로 되는 것입니다. 영의사람과 육의사람을 바르게 구별할 줄을 알아야 합니다. 영의사람은 육체가 십자가에서 죽임을 당하여 육체를 신뢰하지 않으며, 오로지 성령의 인도로 전인격이 하나님의 말씀에 순종하며 살아가는 사람을 말하는 것입니다. 영의사람이라고 하면 목사, 장로, 권사, 안수집사와 교회생활을 오래한 성도와 성경을 많이 읽거나 아는 사람으로 생각하기 쉽습니다. 이는 오해인 것입니다. 육의사람도 열심만 있으면 일마든지 교회에서 하나님의 일을 할 수가 있습니다. 이렇게 행위로 판단할 수가 없는 것입니다. 이는 영적인 것으로서 성령으로 분별이 되기 때문입니다. 열매로 분별이 됩니다.

　예수를 믿고 교회에 다닌다고 영적인 사람이라고 할 수가 없습니다. 직분을 받아 열심히 봉사하고 성경을 많이 안다고 영의 사람이 아닙니다. 반드시 성령으로 세례를 받아 자신 안에 주인으로 오신 예수님으로부터 성령과 불로 세례를 계속 받으며 성령의 지배와 장악이 되어 성령의 인도와 역사에 따라야 합니다. 성령으로 진리를 깨닫는 만큼씩 영적인 사람으로 바뀌는 것입니다. 모두 잘 알지만 바리새인들은 영적인 사람이 아닙니다. 그래도 율법에 정통합니다. 예수님은 "나도 너희가 아브라함의 자손인 줄 아노라. 그러나 내 말이 너희 안에 있을 곳이 없으므로 나를 죽이려 하는 도다(요 8:37)" 아브라함의 자손은 머리로 율법을 알고 행하는 사람입니다. 예수님의 말씀은 하늘에서 오신 영의 말씀입니다. 영의 말씀을 깨닫지 못하니 예수님을 죽이려고 하는 것입니다. 말씀을 육적인 머리도 아무리 많이 알아도 육은 육입니다. 반드시 성령으로 진리의 말씀을 깨달아야 합니다. 그렇게 되려면 성령으로 바뀌어야 가능한 것입니다. 능력 있는 성도가 되려고 성령의 불만 강하게 받으려고 하면 안 됩니다. 성령으로 진리의 말씀을 깨닫는 만큼씩 강한 능력이 나타나는 것입니다.

　어떤 목사님의 말을 빌리자면 자기 네 사모는 저녁마다 교회에 가서 철야를 하다가 아침 아홉시가 넘어서 집으로 돌아온다는 것입니다. 이분은 자신이 나름대로 생각하기는 영의사람이라고 자찬하며 살고 있지만, 말씀에 비추어보면 육의사람입니다.

하나님은 마음 안에 계십니다. 자신의 마음 안에 계신 하나님께 기도한다고 하면 아무 곳에서나 할 수가 있습니다.

그런데 남편이 싫어하고 성경말씀에 어긋나는 각방을 2년 이상 사용하면서 성전에 나가 철야하며 기도해도 영의사람이 아닌 것입니다. 자신의 행위로 영의사람이 되려고 하기 때문입니다. 하나님은 성령의 인도를 받으며 정상적인 부부생활을 하면서 영의사람으로 바뀌기를 원하십니다. 자신의 인간적인 열심으로 특별한 행동을 하면서 영적활동을 하는 것은 인본주의로서 샤머니즘 신앙의 잔재라고 볼 수가 있습니다. 기도를 하려면 기도원에 가야 한다는 사고도 생각해볼 문제입니다.

마음 안에 계신 하나님께 어디에서나 기도할 수가 있어야 합니다. 중요한 것은 육체가 왜 성령의 역사에 순복해야 하는 것인지 체험하고 순종하는 것입니다. 자기의 의를 내 세우지 않는 것입니다. 그래야 성전 된 자신이 견고해져서 하나님과 관계가 열려야 영의사람이 될 수가 있습니다. 영의사람은 자신의 열심으로 되는 것이 아니요, 자신의 자아가 성령의 역사에 순복할 때 성령으로 바뀌기 시작을 합니다. 성경에 아브라함이 영의사람으로 바뀌기 위하여 사래하고 각방을 썼다는 말씀이 없습니다. 오히려 99세까지 부부생활을 했기 때문에 100세에 이삭을 출산한 것입니다. 하나님은 절대로 정상적인 생활을 하면서 영의사람으로 태어나기를 원하십니다. 성령님을 주인으로 모시고 성령의 인도를 받으면서 영의사람으로 변화되어가는 것이 하나님의 뜻입니다.

　이 사모님은 철야기도하면서 성령님께 자신의 행위가 옳은지 하문해 보아야 합니다. 자신의 전인격이 성전으로 가꾸어지고 부부가 화목해지는 기도생활을 해야 합니다. 성령께서 알려주시는 대로 바르게 기도하고 믿음생활을 하여, "모든 사람과 더불어 화평함과 거룩함을 따르라 이것이 없이는 아무도 주를 보지 못하리라(히12:14)"가 이루어져야 합니다.

　하나님은 육의 사람을 불러서 연단하고 단련하여 영의 사람으로 바꾸어 사용하십니다. 그것도 자신의 열심이 아닌 성령의 역사에 순종하면서 바뀌도록 하십니다. 아브라함역시 하나님의 부름을 받고 갈대아 우르를 떠나올 때는 육의 사람이었습니다. 여러 여정을 거치면서 하나님과 대면하는 영의 사람으로 바뀌었다는 것입니다. 성도들도 마찬가지입니다. 처음 하나님의 음성을 듣고 세상에서 나올 때는 육의 사람이었습니다. 성령의 인도를 받으면서 연단되고 훈련되어 하나님과 대화하는 영의 사람으로 바뀌게 됩니다. 그렇기 때문에 자신이 육신에 속해 있다고 하더라도 낙심할 필요가 없습니다. 성령으로 세례를 받고 성령의 지배와 장악을 받으면서 성령의 인도에 순종하면서 인생의 여정을 가다가 보면 영의 사람으로 바뀌게 됩니다.

　둘째, 영의사람이 되면 내적갈등이 생긴다. 우리가 영의 사람이 된 이후부터 우리의 삶에는 내적 갈등이 생기게 됩니다. 육의 사람일 때는 태어난 그대로 죄와 마귀의 포로가 되어 정욕을 따라 살고, 하나님의 법을 거역하며 살아도 마음에 고통이 없었습니다. 그러나 영의 사람이 된 후에는 우리 속사람이 거듭나고 하나님의 종이 되고 하나님의 성령이 내주 하시며, 하나님의 영광이 같이 하므로, 영의 사람, 육의 사람간의 갈등이 생기는 것입니다. 우리는 모두 육의 사람으로 육을 쓰고 태어났다가 예수님을 믿고 신령한 사람으로 거듭났기 때문에 외적인 육의사람, 내적인 영의사람 간에 치열한 쟁탈전이 벌어지는 것입니다. 이것을 사도 바울 선생도 로마서 7장에 분명히 말씀하고 있습니다. "내가 속사람으로는 하나님의 법을 즐거워하나 겉 사람이 죄의 법으로 나를 잡아오는 것을 보는 도다 오호라 나는 곤고한 사람이로다. 누가 이 사망의 몸에서 나를 건져내랴"고 탄식한 것입니다. 이 같은 내적인 갈등이 영의 사람이 된 사람들에게는 다 있는 것입니다.

성령으로 세례를 받게 되면 이해하지 못할 영적인 현상이 나타납니다. 많은 목회자들이 성령은 인격이시라, 평안하게 역사하신다고 말합니다. 그런데 성령으로 세례를 받을 때에 이와 반대의 현상이 일어납니다. 성령님은 마음을 열고 받아드리는 사람에게 처음은 비인격적으로 역사하시어 우리들을 장악하십니다. 장악하신 다음부터는 인격적으로 역사하시는 것입니다. 성령으로 세례를 받을 때 두려움이 찾아오고, 머리가 어지럽고, 두통이 생기고, 허리나 가슴에 통증이 일어나고, 울음이 나오기

1장-13

도 하고, 손이 오그라들기도 하고, 몸이 뒤틀리기도 하고, 기침이 사정없이 나오고, 자리를 이탈하고 싶은 마음이 생기고, 괴성을 지르기도 하고, 방언기도가 터지기도 합니다. 이런 내적갈등을 극복하고 인내해야 성령으로 장악이 되어 영적인 성도로 다시 태어나는 것입니다. 다시 태어나기 때문에 내적인 갈등이 있는 것입니다.

우리가 영의사람이 되고 나면 하나님의 성령께서 우리의 연약함을 도우시기 위해서 우리 속에 와 계시는 것입니다. 성령의 도우심이 없이는 이 세상과 마귀와 육체를 이겨서 살아갈 힘이 없는 것입니다. 그러나 우리 속에 하나님의 성령을 보내신 것은 성령은 우리의 연약한 것을 도우실 뿐 아니라, 죄와 사망의 권세에서 우리를 해방시켜 주시기 위해서입니다. 이러므로 성령님을 인정하고 환영하고 모셔드리며 성령께 의지함이 없이 영의 사람이 육을 이기고 살아갈 힘이 없습니다.

바울 선생도 탄식한 후 로마서 8장에 "그러므로 그리스도 예수 안에 있는 자에게는 결코 정죄함이 없나니 이는 그리스도 예수 안에는 생명의 성령의 법이 죄와 사망의 법에서 너를 해방하였음이라"고 말했습니다. 우리는 해방될 수 있습니다. 우리는 죄악과 마귀와 육체의 유혹을 이길 수 있습니다. 이는 우리 속에 임재하신 보혜사 성령을 의지할 때 가능한 것입니다. 성경은 "너희가 죄를 이기었나니 이는 너희 안에 계신 이가 세상에 있는 이보다 크심이라"고 말씀하고 있기 때문입니다. 우리 속에 계신 하나님께서 보내주신 성령은 세상의 어떤 마귀나 육신의 어떠한 유혹이나 죄악보다 강한 것입니다. 그러므로 성령을 의지하면 우리는 승리할 수 있습니다. 그 뿐 아니라 성령이 충만한 삶을 살기 위해서는 성령으로 기도해야 합니다. 기도를 아무렇게나 하지 말고 첫째로 아침, 점심, 저녁 중 시간을 정해놓고 규칙적으로 하나님과 대화하고 기도해야 성령의 그 위대한 은혜와 믿음, 소망, 사랑을 공급받을 수 있습니다. 둘째로 정한 시간외에도 마음 안에 계신 하나님을 항상 찾아야 합니다. 성령으로 거듭난 성도는 걸어 다니는 성전입니다. 마음 안에 하나님이 주인으로 계시기 때문입니다. 항상 마음 안에 계신 하나님을 찾는 것이 기도요, 하나님과의 대화요 하나님의 신령한 은혜를 공급받는 길인 것입니다.

셋째, 영의사람으로 태어나는 연단의 과정. 영의사람이 되려면 예수님과 같은 영성을 갖추어야 합니다. 예수님과 같은 인격이 되어야 합니다. 영성이 있고 인격이 되려면 잠재의식에 숨어있는 세속의 것들을 치유해야 합니다. 세속의 것들이 떠나가야 신령한 사람이 될 수가 있습니다. 성령님은 예수를 믿는 성도의 잠재의식을 치유하시려고 마음 안에 임재하신 것입니다. 임재하신 성령께서 잠재의식을 포함한 전인격을 장악하시면서 치유하시는 것입니다.

영의사람이 되게 하기 위하여 성령께서 하시는 일입니다. 성령께서는 성도를 문제를 통해서 인도하며 연단하시며 시험하시며 훈련하십니다. 성령께서 인도하시면서 신령한 영적체험을 하게 하십니다. 영적체험을 하게 하는 것은 영적인 세계를 보는 눈이 열리게 하기 위함입니다. 하나님께서 영이시기 때문입니다. 그리고 자신의 나약함을 깨닫게 하기 위함입니다. 문제를 통하여 하나님을 찾게 하십니다. 하나님의 '레마'로 문제를 해결하면서 영의사람으로 바꾸어 가십니다. 우리가 세상에 있을 때는 육의 사람이었습니다. 하나님의 것과 반대되는 육신의 일을 좇으면서도 그것이 죄이고 사망인지 몰랐습니다.

그러다, 예수님을 영접하고 나서 성령으로 세례를 받은 이후로는 영이 깨어나기 시작합니다. 자신 안의 죄가 보이기 시작을 합니다. 성령 안에서 영의사람으로 변화되는 과정을 거칩니다. 육에 속한 사람은 이 땅의 아무리 선한 지식과 지혜를 쌓는다고 해도 영의사람이 되지 않습니다. 아무리 착하고도 고운 마음씨를 가졌다고 해도 결코 영의 사람은 될 수 없습니다. 우리의 마음속에 영이 깨어나는 것은 성령이 아니고서는 아니 되기 때문입니다. 그렇다면 예수님을 영접하고 성령을 받은 사람은 영의 사람이 되겠네요. 그러나 그리 간단하지가 않습니다.

성경에서 말하는 영의사람은 단지 성령을 받아 영이 깨어난 사람을 말하는 것이 아닙니다. 다시 말하면, 성경에서 말하는 영의사람은 예수님과 사귐이 있는 사람인데요, 여기서 '사귐이 있더라.'는 것은 성령 안에 거하는 사람들에게 예수님은 사귐의 교제를 나누어 주신다는 것입니다.

육의사람이 영의사람으로 태어나기 위해서는 다음과 같이 크게 4가지 연단의 과정을 거치게 됩니다. 이 연단은 믿음 안에서 이루어지는 일이요, 주님께서는 각각 저마다의 마음과 처지, 형편, 기질, 성격, 환경 등을 종합적으로 고려해서 연단을 주십니다. 그 연단은 우리에게 힘듦과 고통을 주는 것이 목적이 아니라, 우리의 행위와 마음을 정결케 하시어 하나님과 사귐이 있는 영의사람으로 만들어 가시기 위한 성결의 과정임을 우리는 감사히 받을 수 있어야 합니다.

첫 번째 연단은 육체의 일을 버리게 하십니다. 예수를 믿고 성령으로 세례를 받으면 육체의 일을 버리게 하십니다. 육체의 일이란 행위적으로 죄짓는 일을 말합니다. 고린도전서 6장 9절~10절에 "불의한 자가 하나님의 나라를 유업으로 받지 못할 줄을 알지 못하느냐 미혹을 받지 말라 음란 하는 자나 우상 숭배하는 자나 간음하는 자나 탐색하는 자나 남색 하는 자나 도적이나 탐람하는 자나 술 취하는 자나 후욕하는 자나 토색하는 자들은 하나님의 나라를 유업으로 받지 못하리라" 말씀하고 있습니다. 우리가 주님을 영접했다고 해도 단번에 죄를 끊어버리지는 못합니다. 누구나 세상에서 수십 년간 살아오면서 비 진리로 '자아'를 형성해 온 것이 많기 때문에 마음이 정욕과 세속으로 물들어 있는 것이 사실입니다.

하나님께서는 성령으로 세례 받은 자녀들이 육체의 일을 버리는 연단을 주십니다. 그것은 육체의 일은 너무나도 현저하여 하나님의 나라를 유업으로 받지 못한다는 공의가 있기 때문입니다. 쉽게 표현하여 육체의 일이란 음란, 우상숭배, 간음, 탐색(이성과의 성적욕망을 채우려 기웃거리는 짓), 남색(동성끼리의 성교), 도적, 탐람(탐욕스런 욕심), 술(몸의 중독이나 취함을 유발하는 모든 짓), 후욕(판단하고 정죄), 토색(지위와 권세를 이용하여 남의 것을 갈취 하는 짓) 등을 말합니다. 하나님은 이런 육체의 일을 버리도록 연단하십니다. 빨리 버리면 연단의 기단이 짧아집니다. 깨닫지 못하고 버리지 못하면 연단의 기간은 길어집니다. 하나님은 육체의 일을 끊을 때까지 연단을 하십니다.

내 자신의 손발과 입술에 아직도 위와 같은 행위가 있다면 우리는 그때마다 회개하여 돌이킬 수 있는 능력을 내리 받아야 하는 것입니다. 위의 행위는 천국에 들어갈 수 없는 사망과 직결되는 대표적인 육체의 일들입니다. 이 외에도 행위적인 죄들에는 더 많은 것들이 있을 것입니다.

둘째는, 육신의 일을 버리게 하십니다. 자신 안에 주인으로 계시는 예수님께서 성령과 불로 세례를 지속적으로 하시면서 육신의 일을 버리게 하십니다. 하나님께서는 새신자나 초신자들에게도 연단을 시작하는 것은 아닙니다. 그분들에게는 먼저는 하나님의 사랑을 느끼고 하늘의 신령함도 체험하는 시간들을 주시며, 하나님의 것이 얼마나 좋은 것인지 느끼는 시간들을 주십니다. 그러다 어느 정도 때가 되면 일차적으로는 행위적인 육체의 일들을 버리는 연단을 해 가시면서 그 연단이 어느 정도 마무리가 되어가는 시점에서는 육신의 일을 버리는 연단을 해가십니다.

육신의 일을 버리는 연단이란, 마음과 생각에서 악의 모양을 버려가는 연단을 말합니다. 가령, 간음을 하던 사람이 예수님을 영접하고 신앙생활을 합니다. 처음에는 간음은 이젠 다 버린 것 같지만 시간이 지나고 조건이 주어지면 슬슬 예전에 지었던 간음이 생각나기도 하고 떠오르게 됩니다. 하나님이 두렵고 성령의 음성을 듣기에 예전마냥 간음은 하지 않는다고 해도 그 간음의 죄 성이 마음 안에 남아있는지라 외롭거나 특정 환경에 처해지면 간음 끼가 끓어오르기 시작하지요.

예전 구습에서 죄를 지으면서 '그 죄의 느낌이 좋았다'라는 것이 마음과 생각에 심기어져 있기에 이제부터는 육신의 일 즉, 마음과 생각에서 악의 모양을 버려가도록 하는 연단이 시작되게 되는데, 이것이 참 고통스럽습니다.

아이가 수술대에 올리어져 썩어가는 살을 칼로 그 상처를 도려내면 당장은 아프더라도 차후로는 완치가 되듯이, 마음과 생각의 죄의 모양을 버려가는 연단은 정말이지 마음이 너무나도 아프고 때로는 고통 받는 일이기도 합니다. 차라리 새벽기도 40일을 하는 것이 더 쉬울지도 모릅니다. 사람마다 연단의 과정과 그 기간은 다르겠지만, 하나님께서는 자녀를 영의 사람으로 만들기 위해서는 육신의 일을 버리는 연단을 반듯이 행하시며, 이로 인하여 자녀의 마음이 고통스러운 것을 아시면서도, 자녀가 그 연단을 잘 통과하기를 바라십니다. 가령, 어떤 성도는 자기는 분 냄이나 혈기 같은 것은 없는 줄 알았답니다. 그런데 직장에서 어느덧 자기를 미워하는 상사를 만나게 된 것입니다. 그 이유는 모르겠지만, 상사가 자꾸 자기에게 간간이 시시비비를 거는 듯 불편하게 하는 것입니다. 그러다보니 그 상사가 미워집니다. 게다가 결혼도 해서 아이도 생겼는데 아이가 잠을 안자고 울어 보채고 그러다보니 아내와 다툼이 잦아지고 혈기가 나서 문도 주먹으로 부수기도 하였답니다.

자신에게 이런 감정과 혈기가 있는지 몰랐다는 것입니다. 이것은 없었던 미움과 혈기가 어느 날 툭! 튀어나온 것이 아니라, 마음 안에 내재되어 있었습니다. 그러나 지금껏 마음의 연단을 받을만한 그릇이 아니 되었기에 하나님께서는 그 연단을 미루어 두시다가 이제는 자기를 발견하고 변화되어야 하기에 허락하신 것입니다. 성령하나님은 중심을 보시고 우리의 마음속에 어떤 더러운 죄 성들이 있는지 훤히 보시면서 드러내신다면 우리는 정말이지 돌을 들고 누군가를 정죄하는 일에 앞장서는 것이 얼마나 부끄러운 일인지 알게 되는 것입니다.

이렇게 마음과 생각에 내재되어 있는 악의 모양을 드러내는 연단이 제일 오랜 시간이 걸립니다. 그러다보니, 사람들 중에는 신앙을 열심 내어 이것저것 하다가도 어느 날 허무하기도 하고 실족하기도 하고 열매가 없어 낙심하기도 하고….

내 자신이 정말 믿음이 있는가, 의구심도 들고, 어느 때는 예전마냥 충만함이 오지도 않고 주님의 사람이 느껴지지도 않으니 모든 것을 다 내어 버리고 싶은 충동도 느끼는 것입니다.

특히나, 그래도 열심 내어 남 못지않게 신앙생활을 한다 하는데요, 신앙이 성장하지 못하는 정체성과 주님과의 교제가 멀리 느껴지시는 분들은 이제부터는 마음과 생각의 연단을 받아가야 하는 때가 왔음을 인식하시고 기도해 가시는 것도 좋을 것 같습니다. 자 이렇게 육체의 일과 육신의 일을 버리는 연단을 거치게 되면 3번째 연단이 기다리고 있습니다.

세 번째는 양심의 악을 깨닫는 연단을 하십니다. 양심이란 무엇입니까? 나의 가치판단 기준입니다. 그런데 사람들마다 기준이 다를 것입니다. 그렇기에, 동일한 현상을 보고서도 저마다 판단이 다른 것입니다. 그런데, 이 양심은 말씀으로 비추어 보아서 딱히 죄라고는 할 수 없는 것들이 많습니다. 그러다보니 더더욱 발견하는 것이 어렵기도 합니다. 이것은 성령님이 깨우쳐 주지 않으면 자기 자신으로서는 도저히 알 길이 없습니다. 내 양심의 기준을 어떤 가치에 두느냐에 따라 나의 판단이 달라지는데요, 이것이 사람마다 양심이 다르다보니 응당 다를 수밖에 없습니다.

그러다보면 상대와 다툼이 나오고 미음도 불편해지기 마련이겠지만, 양심의 악을 깨닫는 연단의 과정에서는 육체의 일과 육신의 일을 버리는 연단을 거쳤기에 드러내놓고 상대와 시시비비를 논하며 다투지는 않습니다만, 이 과정이 바로 날마다 죽어지는 연단의 과정입니다. 일찍이 사도바울도 "날마다 죽어지노라" 하셨습니다. 무슨 말입니까. 사도바울도 연단의 과정을 거치는 과정에서 양심의 악을 발견하여 버리는 과정이 있었는데요, 자기 입장에서는 분명 이것이 진리고 이것이 옳은 일임에도 저마다 너무나도 생각이 다르고 판단기준이 다른 것입니다.

이에 사도바울은 자신의 양심의 가치판단기준조차도 내려놓고 말씀과 기도로 날마다 죽어지는 연단의 과정을 겪다보니 마음에서 절로 탄식이 나오면서 그리 고백을 한 것입니다.

우리들 중에는 보면 자신이 좀 양보를 했거나 혈기를 꾹 눌러 참고 한마디 해주고 싶은 것을 안 한 것 갖고서 날마다 죽는다고 고백을 하기도 하는데요, 그 고백의 진정성은 내 자신의 어떤 악의 모양을 좀 참았거나 눌러놓은 것으로 고백하는 것이 아니라, 말씀으로 비추어보아 악의 모양은 아니지만 세상에서 만들어진 나의 옳음과 가치판단기준마저도 상대의 유익과 생명을 위해서라면 내려놓는 것을 말하는 것입니다.

넷째는 이제는 본성속의 악을 발견하는 연단을 거치게 하십니다. 본성속의 악! 무슨 말입니까. 바로 부모로부터 내리받은 육에 속한 기질마저도 버리는 과정을 말하는 것입니다. 쉽게 말하면 성질머리 뜯어고치는 과정이라는 것입니다. 많은 목회자들이 그리 말하지요. 하나님 믿는 다해도 변화되려고 노력은 하는 거지, 성격마저 고쳐지는 것은 아니라고요. 그럼 이젠 사람들 중에는 이런 연단의 과정을 모르거나 깨우쳐보지 못한 사람들은 "아멘, 아멘 맞아요. 그냥 우리는 노력을 좀 할 뿐인지 못 고쳐요. 그러니 스트레스 받지 말고 적절히 신앙 생활하는 것이 자유 함입니다." 이렇게 쉽게 말할 수도 있을 것입니다.

그런데 미안합니다만 성질머리가 고쳐지지 않으면 신령한 영의 사람이 될 수가 없습니다. 성질이 고쳐지지 않았다면 여전하게 육의 사람입니다. 생명의 말씀과 성령으로 땅의 사람의 성질머리를 영의사람(예수님) 성질로 바꾸어야 합니다. 제가 체험한 바로는 성령께서 자동적으로 성질을 고치도록 하십니다. 성질을 내면 반드시 문제가 생기는 것이 있기 때문입니다. 성질을 내고 나면 기도가 되지 않는다든지, 말씀이 들리지 않고, 보이지 않는다든지, 가슴이 답답하든지, 허리가 아파진다든지, 소화가 되지 않는다든지, 밤에 잠을 이룰 수가 없다든지, 등등의 이상 현상을 체험하게 하십니다.

성령께서는 어찌하든지 성도를 신령한 영의 사람으로 바꾸기 위하여 역사하시기 때문입니다. 이는 경험하여 보지 않으면 알 수가 없습니다. 이 분야는 아무리 많은 설명을 해도 경험해보지 않으면 이해가 안 되고, 오해가 되는 소지가 있기에 여기까지에 연단이 있다는 것을 우리는 알아두시면 좋겠습니다.

2장 겉 사람과 속사람을 구분하는 법

(고후 4:16-18)"그러므로 우리가 낙심하지 아니하노니 우리의 겉사람은 낡아지나 우리의 속사람은 날로 새로워지도다. 우리가 잠시 받는 환난의 경한 것이 지극히 크고 영원한 영광의 중한 것을 우리에게 이루게 함이니 우리가 주목하는 것은 보이는 것이 아니요 보이지 않는 것이니 보이는 것은 잠깐이요 보이지 않는 것은 영원함이라"

하나님께서 흙으로 아담을 지으시고 그 코에 생기를 불어 넣어 생령이 되었다고 했습니다. 그 생령이 바로 하나님의 영 우리의 속사람입니다. 어떤 사람이 말하기를 "사람이 하나님의 형상과 모양을 따라 지음 받았으면 왜 사람은 남자도 있고 여자도 있고 다르지 않느냐." 남자와 여자라는 것은 그 사람의 모습이고 속사람이 하나님의 형상과 모양대로 지음을 받은 것입니다.

성경에는 하나님은 영이시라. 그렇게 말씀하고 있습니다. 인간도 영으로 지음을 받아 육신 즉 겉 사람을 옷 입고 살아가게 하셨습니다. 그러나 아담이 하나님께 범죄 할 때 죄 값으로 영의 사람 즉 속사람은 떠나고, 아담은 육신의 사람 즉 겉 사람이 되고 만 것입니다.

첫째, 사람이 사단의 말을 믿고 타락하여 영이 죽었다. 영이 죽었다는 것은 없어지는 것이 아니요, 하나님과 교통이 끊어진 것을 말합니다. 대화가 없으면 헤어질 수밖에 없지요. 제 아버님이 제가 17살 때, 아버지 나이 49세로 세상을 떠나 천국에 가셨습니다. 아버님은 공부를 많이 하고 귀공자로 자라서 글을 잘 쓰시고 아는 것이 많은 분이라, 이야기 하는 것을 좋아 하셔서 저에게 어릴 때부터 많은 이야기를 해주셨습니다.

그런데 아버님이 질병으로 고생을 하시다가 숨을 거두시고 세상을 떠나신 후 반드시 누워 계시는데 무슨 말을 해도 대화가 없으십니다. 불러도 대답하지 않습니다. 제가 막 울어도 아무말도 하시지 않습니다. 만져도 대답하지 않습니다. 그래서 죽는다는 것은 서로 교통이 끊어진다는 것을 말하는 것입니다. 그러나 죽는 다고해도 육의 형체는 없어지는 것은 아닙니다. 영혼이 떠나면 육신은 죽은 몸이기 때문에 대화가 없어지는 것입니다. 사59: 2에 "오직 너희 죄악이 너희와 너희 하나님 사이를 갈라놓았고 너희 죄가 그의 얼굴을 가리어서 너희에게서 듣지 않으시게 함이니라."고 말씀한 것입니다.

아담과 하와가 영적으로 죽었다는 것은 영이신 하나님과 천국과의 교통이 끊어지고, 하나님으로부터 오는 신령한 지식이나 체험이나 카리스마를 사용하지 못하게 되었다는 것입니다. 죽은 사람은 세상에 대해서 아무런 반응이 없기 때문에 보지 못하고 듣지 못하고 냄새 못 맡고 맛도 못보고 촉감도 없습니다.

그러므로 세상에 일어나는 일을 전혀 알지 못하는 것처럼, 영적으로 죽은 사람은 영적으로 죽었기 때문에 하나님을 믿지도 못하고, 하나님을 보지도 못하고, 듣지도 못하고, 교통하지도 못하고, 예수님을 깨달아 알지 못하고, 성령의 역사에도 느낌이 없고 천사들이 오르락내리락해도 전혀 모릅니다.

천국 하나님나라에 대한 지식은 아예 전혀 몰라요. 짐승들이 왜 신앙이 없습니까? 영혼이 없기 때문에 짐승들은 하루하루 먹고 사는 현실적인 만족을 위해서만 살지 사후 영적인 세계는 전혀 모릅니다. 아무리 침팬지가 사람을 닮았다고 해도 침팬지가 예배를 드리거나 교회를 짓거나 성당을 지었다는 말은 기록한 적이 없습니다. 왜냐하면 영적으로 죽은 침팬지는 영이 없기 때문에 육신의 일만 생각하지 영의 일은 생각하지 않습니다.

오늘 사람도 하나님의 형상과 모양대로 지음을 받았지만 영이 죽었으므로 하나님과의 관계가 끊어져서 전혀 교통을 하지 아니하므로 하나님에 대한 지식이 하나도 없습니다. 안 믿는 사람들에게 물어보세요. 하나님을 아는가. 전혀 모르지요. 예수님을 아느냐, 모르지요. 성령님을 아느냐, 전혀 모르지요. 천국과 지옥을 아느냐, 전혀 모릅니다. 하나님과의 교통이 끊어지므로 하늘나라에 대한 영적 지식이 하나도 없게 된 것입니다.

고전 2:14에 "육에 속한 사람은 하나님의 성령의 일들을 받지 아니하나니 이는 그것들이 그에게는 어리석게 보임이요, 또 그는 그것들을 알 수도 없나니 그러한 일은 영적으로 분별되기 때문이라" 성령이 오셔서 영을 살려 주어야 영의 세계에 반응이 있습니다. 중국은 특별히 예수를 믿지 않는 곳입니다. 일본에는 우상이 굉장히 많습니다. 하나님을 모르기 때문에 귀신이 무서워서 귀신(우상)들을 섬기는 것입니다. 종교는 알고 보면 모두 귀신을 섬기는 것입니다. 이들은 영적으로 사람들이 죽었기 때문에 그리스도의 복음을 경청하지 않습니다.

그러나 예수를 영접하고 예배에 참석한 사람들에게는 성령이 임하여 그 영혼에 생기를 불어넣어 주니 성령으로 영이 살아나자, 모두 하나님을 알게 되고, 예수님을 믿게 되고, 성령의 감동을 받게 되고, 기적을 체험할 수 있게 된 것입니다. 성령으로 말미암지 않고는 하나님을 아버지라고 부를 수 없고 예수님을 구주로 부를 수도 없습니다.

하나님의 기적을 체험할 수도 없는 것입니다. 그렇기 때문에 영적으로 죽는다는 것은 없어지는 것은 아닙니다. 그러나 하나님과의 교제가 끊어지고 교제가 끊어진 결과로 하나님에 대한 지식이 전혀 없다는 것입니다. 하늘나라에 대한 정보를 전혀 소유하지 못했습니다. 그래서 하늘나라에 들어가지를 못하는 것입니다. 그리고 죽은 것은 부패하는 것처럼, 영적으로 부패하여 악령의 거처가 될 수가 있습니다.

사람들도 죽으면 집에 두지 못하지 않습니까? 얼마 안 있으면 시체가 부패하여 썩는 냄새가 진동하기 때문에 땅에 파묻는 것입니다. 영적으로 죽었다는 것은 영이 부패하여 하나님과 관계가 끊어진 것을 말합니다. 샘물의 근원이 끊어져 고여 있는 도랑물은 썩어집니다. 거기에 가면 온갖 더러운 무당벌레나 장구벌레 모기 유충 같은 것이 우굴 거리는 것입니다. 영적으로 죽었기 때문에 썩어짐으로 온갖 마귀와 귀신들이 사람들의 마음속에 들어와서 우글거리는 것입니다.

"악한 사람에게 사람들이 이렇게 말합니다. 어떻게 사람의 얼굴을 쓰고 저런 말을 하는가, 사람의 얼굴을 쓰고 저런 행동을 하는가." 그런 말을 합니다. 그것은 겉으로는 사람으로 얼굴을 갖고 몸을 갖고 있지만, 귀신이 그 썩은 영혼에 들어와서, 사람을 귀신의 인격으로 완전히 장악해서 악마와 똑같이 되었기 때문에 사람이 할 수 없는 말을 하고 행동을 하게 되는 것입니다.

영이 죽어 있으니 기쁨의 샘이 말라버린 것입니다. 하나님이 인간의 기쁨의 근원이 되시는데, 하나님은 예수를 구주로 영접하여 살아있는 영혼 속에 들어와서 기쁨의 샘이 되는 것입니다. 성경에는 하나님 앞에는 기쁨이 충만하고 그 우편에는 즐거움이 넘친다고 했으므로 하나님이 우리 영혼 속에 들어오셔서 좌정하고 계셔야, 기쁨의 샘에서 쉴 사이 없이 기쁨의 생수가 흘러넘치니 우리의 삶에 힘이 생기고, 용기가 생기고, 치료의 역사가 넘쳐나게 되는 것입니다.

그러나 하나님이 없는 사람은 그 속에 기쁨의 샘이 없으므로, 하나님을 떠난 사람은 늘 슬픕니다. 몇 년 전에 텔레비전 방송을 보니까 남산에서 세 사람이 30대인데 드러누워서 독약을 먹고 죽었다고 말했습니다. 얼마나 마음이 슬프고, 우울하고, 절망했기 때문에 스스로 독약을 먹고 죽겠습니까? 마음에 조금도 즐거움이 없기 때문에 그런 것입니다. 한 방울의 즐거움이라도 있으면 독약을 먹고 자살하지 아니할 것입니다. 수없는 사람들이 슬픔가운데 행하고 좌절과 절망을 가지고 사는 것입니다.

많은 사람들이 저에게 와서 이렇게 말을 합니다. 육신의 병보다 마음의 병이 너무 깊이 들어서 슬프고, 좌절되고, 절망가운데 살았는데, 우리 교회 치유집회에 참석해서 살아계신 예수 그리스도를 체험하니 슬픔이 사라지고 절망을 치료받았다고, 육신의 질병의 고통보다, 마음의 고통에서 해방된 것이 너무나 즐겁다는 말을 들었습니다. 모든 세상 사람들은 죄악 가운데 살고 육신의 사람을 가지고 살기 때문에 슬픔의 삶을 면할 수가 없는 것입니다.

겉 사람은 타락으로 인해 영적으로 죽은 상태이기 때문에 죄와 악, 질병과 고통, 죽음으로 육에 쌓여 살고 있는 것입니다. 그 사람은 또한 하루도 쉬지 않고 염려, 근심, 낙심, 절망, 슬픔, 미움, 분노, 시기, 질투 등 온갖 마음의 억압으로 답답한 인생을 삽니다. 답답하지 않은 사람이 하나도 없어요. 남편을 봐도 답답하고, 아내를 봐도 답답하고, 자식을 봐도 답답하고, 직장을 봐도 답답하고, 우리 국가를 봐도 답답하고, 어디가도 답답하지 않는 곳이 없습니다.

매일같이 신문을 봐도 답답한 소식만 꽉 들어차 있고, 텔레비전이나 라디오를 들어도 답답한 일들만 가득 차 있는 것입니다. 왜냐하면 겉 사람이 사는 세계는 답답한 세계인 것입니다. 겉 사람들이 사는 세계는 염려, 근심, 낙심, 절망, 슬픔, 미움, 분노, 시기, 질투

등이 있는데, 이를 짊어지고 살아가자니 얼마나 고통스럽습니까? 짐은 무겁고 끌고 갈 힘은 없고, 그래서 마음에 분노가 생기고 염려, 근심, 불안, 초조, 절망이 생겨난 것입니다.

시38: 8에 "내가 피곤하고 심히 상하였으매 마음이 불안하여 신음하나이다" 피곤하고 심히 상했으니까 어찌할 수 없이 마음이 불안하고 신음을 하지 아니할 수 없습니다. 욥17: 7에 "내 눈은 근심 때문에 어두워지고 나의 온 지체는 그림자 같구나" 사는 것이 그림자같이 살고, 희망 없이 살고 온 천지가 낙심천지인 것입니다. 이것이 아담 안에서 태어나면서 타고난 사람의 삶인 것입니다. 그 사람은 인간관계의 갈등, 억압, 소외, 대결 등 끝없는 알력 속에 삽니다.

그 사람이 사는 곳에는 언제나 소리가 시끄럽습니다. 우리나라만 보더라도 동서가 언제나 시끄럽습니다. 당신은 전라도 사람이다. 당신은 경상도 사람이다. 도를 가지고 티격태격합니다. 그리고 동서가 나누어졌을 뿐 아니라 상하가 나뉘어져서 젊은 사람은 나이 많은 사람에게 나이 많은 사람은 젊은 사람에게 서로 티격태격합니다. 계층 간에 갈라져서 잘사는 사람, 못사는 사람도 밀고 당깁니다. 남북이 갈라져서 죽고 살기 아니면 서로 논쟁을 합니다.

한평생을 사랑하며 희로애락을 같이하며 살자고 결혼한 부부도 얼마가지 아니하여 서로 부딪히고 서로 욕하고 손가락질하고 밀고 당기게 되는 것입니다. 부모 자식 간에도 서로 원망, 불평, 탄식을 하지 않습니까? 얼마 전에 부천에서는 목사가 딸을 때려서 죽게 했습니다. 그리고 10개월이나 방안에 방치하다가 발각이 되었습니다. 그것뿐만이 아니고 한 자식이 팔십 노모가 중풍에 걸려서 방바닥에 오줌을 쌌다고 머리를 벽에 부딪뜨려 과다출혈로 세상을 떴다는 기사를 읽었습니다. 이럴 수 있습니까? 자기를 낳아서 젖을 먹여서 길러준 어머니를 노모가 되어 오줌을 쌌다고 머리를 기둥에 부딪뜨려 죽게 하다니 그럴 수가 있습니까? 자기는 자라면서 오줌 안 쌌습니까? 오줌을 몇 말을 싸고, 대변을 몇 섬을 쏟아냈어도, 그 어머니가 다 처리해 주었는데, 사람이 늙으면 어린아이로 돌아가는 것입니다.

늙으면 말하는 것이, 어린 아이와 같이 말하고, 행동하는 것이 어린아이처럼, 느릿느릿하고 대소변을 가리지 못하고 어찌할 도리가 없어요. 사람이 다 영원히 젊어서 살지는 못합니다. 모두 다 태어났으면 늙고 병들고 죽게 되는 것입니다. 그렇기 때문에 소외된 사람들을 불쌍히 여기는 마음을 가져야 되겠는데 사람들은 그러한 심정이 없습니다. 왜냐하면 속사람이 죽어서 하나님이 없는 사람은 겉 사람으로 살기 때문에 겉 사람은 그런 귀신의 소행을 가지고 살게 되어 있는 것입니다.

아무리 좋은 대학을 공부하고 일류신사가 되어서 살았다 할지라도 겉 사람으로 사는 사람은 어디서 와서, 왜 살며, 어디로 가는지 전혀 모릅니다. 자기를 잃어버리고 삽니다. 당신이 누구요? 대답할 수 없습니다. 자기를 잃어버린 사람으로서 쓸쓸히 인생의 황혼을 맞이하고 처참하게 죽어서 지옥으로 가는 것입니다. 이것이 겉 사람의 운명인 것입니다. 그러나 이 겉 사람에게도 희망의 끈이 아직 남아있습니다. 그 끈은 구원하시는 예수님을 알고 믿는 것입니다. 예수로 죽고 예수로 살아서 영원한 천국에 들어가는 것입니다.

둘째, 인생들을 살리기 위해서 예수님이 오셨다. 오늘 생각하고 싶은 것은 이 영이 죽고 겉 사람만 살아난 이 인생들을 살려주기 위해서 예수님이 이 땅에 오셨다는 것입니다. 2천 년 전에 하나님의 아들이 사람의 몸을 입고, 이 땅에 왔다는 것 너무나 신기한 것입니다. 하나님이 사람을 살리시려고, 그 아들이 사람의 몸을 쓰시고 이 땅에 오셔서 사람처럼 사시고 주님이 십자가를 짊어졌다는 것입니다. 빌라도의 뜰에서 주님이 말뚝에 묶여서 등허리에 채찍을 맞은 것 보십시오. 죄를 지은적도 없고 죄를 알지도 못한 순수한 하나님의 아들이 로마의 무자비한 군인들의 채찍에 등이 갈기갈기 찢어지고 선지피가 콸콸 흘렀습니다. 그는 몸부림치며 고통을 당했습니다. 성경은 말하기를 "저가 채찍에 맞음으로 너희가 병 고침을 얻었느니라."고 말하고 있는 것입니다.

우리를 고쳐 주시기 위해서 그 대가를 지불하기 위해서 엄청난 채찍에 맞고 고통을 당하면서도 참았습니다. 지치고 피곤하고 굶주린 배를 안고 주님은 십자가의 무거운 짐을 지고 골고다로 올라갈 때 넘어지고 또 쓰러지고 넘어졌습니다. 눈물이 얼굴을 가리었습니다. 그는 십자가상에 매달려서 6시간을 고통을 당했습니다.

보통 사람이 그랬으면 자기 죄로 그랬다고 말하지요.

하나님의 아들이 죄를 지은적도 없는 그분이 그렇게 할 필요가 없는데 우리가 죄를 지어서 영원히 멸망으로 갈 것을 불쌍히 여겨서 우리를 건지시려고 당신이 우리의 죄와 불의, 추악, 저주와 절망을 대신 짊어진 것입니다. 성경은 사53: 5-6절에 "그가 찔림은 우리의 허물 때문이요 그가 상함은 우리의 죄악 때문이라 그가 징계를 받으므로 우리는 평화를 누리고 그가 채찍에 맞으므로 우리는 나음을 받았도다. 우리는 다 양 같아서 그릇 행하여 각기 제 길로 갔거늘 여호와께서는 우리 모두의 죄악을 그에게 담당시키셨도다."라고 말한 것입니다.

내 죄 때문에 죄 때문에 우리의 불의, 추악, 저주 때문에 우리의 멸망 때문에 대신 주님이 그것을 갚으려고, 그 억센 고통과 모진 고통을 당하면서도 참고서 십자가에서 내려오시지 않았습니다. 열두 영이나 되는 천사에게 명령해서 십자가에서 내려올 수 있었습니다. 그래도 주님은 안내려왔습니다. 우리를 사랑하시기 때문에 우리 대신 그 죽음을 맛보고 우리에게 자유와 해방을 주시기 위한 것입니다. 예수 그리스도의 십자가 멍에 밑에 들어가면, 그리스도의 흘리신 보혈의 능력으로 말미암아 우리 영혼이 살아나고, 자유와 해방을 선물로 받게 되는 것입니다. 그러므로 주님은 십자가에 못 박혀서 설체절닝의 속사람을 살려 일으킨 것입니다. 우리 속사람은 완전히 죽어서 어찌하든지 살 수 없는 부패한 속사람이 예수 그리스도를 믿음으로 그 보혈로 씻음 받고 성령이 와서 죽은 나사로를 일으키듯이 우리 속사람을 살려 일으켜 주신 것입니다.

엡 2:1-6에 "그는 허물과 죄로 죽었던 너희를 살리셨도다. 그때에 너희는 그 가운데서 행하여 이 세상 풍조를 따르고 공중의 권세 잡은 자를 따랐으니 곧 지금 불순종의 아들들 가운데서 역사하는 영이라 전에는 우리도 다 그 가운데서 우리 육체의 욕심을 따라 지내며 육체와 마음의 원하는 것을 하여 다른 이들과 같이 본질상 진노의 자녀이었더니 긍휼이 풍성하신 하나님이 우리를 사랑하신 그 큰 사랑을 인하여 허물로 죽은 우리를 그리스도와 함께 살리셨고 (너희는 은혜로 구원을 받은 것이라) 또 함께 일으키사 그리스도 예수 안에서 함께 하늘에 앉히시니"라고 말한 것입니다.

그러므로 예수 그리스도를 통해서 우리는 값없이 선물을 받아 죽은 영혼이 살아나서 그리스도와 함께 부활, 승천 이미 영적으로 하늘에 앉아있는 것입니다. 성경은 "그런즉 누구든지 그리스도 안에 있으면 새로운 피조물이라 이전 것은 지나갔으니 보라 새 것이 되었도다."(고후 5:17), 라고 말했는데 우리 힘으로는 새것이 될 수가 없습니다. 새로운 옷을 입었다고 새것이 되는 것이 아닙니다.

새로운 집에 이사 갔다고 새사람이 됩니까? 예수를 믿고 성령이 임재 하여 속사람이 살아나서 새것이 되어야 새것이 되지, 겉을 아무리 변화시켜도 소용이 없는데 예수 그리스도가 오시면 그리스도를 통해서 옛사람은 십자가에 못 박아 버리고 겉 사람은 없애 버리고 속사람을 살려 일으켜 주는 것입니다. 고후 5:17에 "그런즉 누구든지 그리스도 안에 있으면 새로운 피조물이라 이전 것은 지나갔으니 보라 새 것이 되었도다"라고 말하는 것입니다.

우리는 십자가 멍에 밑에 들어가면 그 십자가의 보배로운 피로 말미암아 죄인 된 옛사람은 사라지고 용서와 의를 받은 사람으로 거듭나게 되는 것입니다. 의인으로 거듭나서 우리 주님과 함께 교통하고 하나님의 영광을 체험할 수 있습니다. 죄의 담이 하나님과 우리 사이를 첩첩이 막아 놓았는데 예수님의 십자가의 보혈이 죄의 담을 헐어 버리고 용서와 의의 옷을 입혀 주시고 하나님의 영광에 참여하게 된 것입니다.

그리스도의 십자가 멍에 밑에 들어가면 모든 세속과 더러움이 다 사라지고 보혈로 말미암아 성령이 오셔서 우리를 거룩하고 성령 충만한 사람으로 만들어 주시는 것입니다. 오늘 우리 힘으로 아무리 거룩하게 되려고 해도 세상과 죄악으로 묶여 있으니 못됩니다. 예수님의 보혈이 내려와야 우리를 세상과 죄악에서 씻어 버리고 그 사슬을 끊고 성령이 오셔서 거룩한 사람으로 만들어 주는 것입니다.

예수님의 십자가의 멍에 밑에 우리가 들어가서 믿고 순종하고 따라가면 주님은 그 멍에를 통하여 우리의 육신의 연약과 질병을 대속하시고 우리에게 치료와 건강을 허락하여 주시는 것입니다. 우리 힘으로 되는 것이 아니라, 십자가 멍에 밑에 들어가서 성령의 인도를 받으면서 예수님을 따라가면 그렇게 되는 것입니다. 주님이 십자가를 통하여 우리의 저주를 짊어지시고 아브라함의 축복을 허락하여 주신 것입니다.

그렇기 때문에 우리가 이 세상에서 헐벗고 굶주리고 피땀을 흘리고 괴로워하는 삶이 십자가로 청산되고 예수님의 십자가를 믿고 순종하면 예수님은 십자가의 보혈을 통하여 우리를 저주에서 해방시켜 주시고 아브라함의 복으로 채워 주시는 것입니다. 그 무엇보다도 우리가 십자가 밑에 들어가서 주님을 따라가면 주님은 십자가에 죽으심과 부활의 은혜를 통해서 우리에게 영생 천국을 소유하게 만들어 주시는 것입니다.

겉 사람이 속사람을 자꾸 유혹해서 넘어뜨리려고 합니다. 이러므로 겉 사람의 말을 듣지 말고 속사람의 능력으로 겉 사람을 제어하고 다스릴 수 있어야 된다는 것을 깨달아 알아야 되는 것입니다. 겉 사람으로 살지 말고 속사람으로 살아야 됩니다. 겉 사람은 감각적이고 체험적이고 환경적이고 유혹적이고 억압적으로 속사람을 자꾸만 괴롭히는 것입니다.

우리가 교회 나오려 하는데, 겉 사람은 나가지 말라고 하고, 세상으로 향하지 않으려고 하는데, 겉 사람이 자꾸 세상을 바라보게 하고, 음란 안하려고 하는데 겉 사람은 자꾸 음란하게 하고, 도둑질 안하려고 하는데 자꾸 도둑질 하라고 하고, 미워 안하려고 하는데, 미워하라고 사사건건이 겉 사람이 속사람의 발을 겁니다. 그러므로 우리의 속사람과 겉 사람은 끊임없이 씨름을 해야 되는 것입니다.

셋째, 겉 사람으로 살지 말고 속사람으로 살아야 한다. 속사람이 새로워지고 힘을 얻고 능력을 얻어서, 겉 사람으로 살지 말고 이제 우리는 속사람으로 살아야 되겠습니다. 속사람이 어떻게 새로워집니까? 말씀과 성령으로 새로워지는 것입니다. 말씀을 통해서 영적인 내가 누군지를 발견하게 되는 것입니다. 속사람이 어떠한 사람이냐, 의로운 사람, 거룩한 사람, 성령의 인도를 받는 사람, 치료받은 사람, 축복받은 사람, 영생복락을 얻은 사람, 영혼이 잘 되고 범사에 잘되며 강건하게 된 사람이 속사람입니다.

속사람은 택하신 족속이요, 왕 같은 제사장이요, 거룩한 나라요, 그의 소유된 백성이 되었습니다. 속사람은 말씀을 듣고 깨어나면 깨어날수록 겉 사람의 소욕에 대해서 강하게 대적하고 일어설 수 있는 것입니다. 겉 사람의 공격을 물리치고 겉 사람을 따라 가지 않는 것입니다. 유혹에 넘어가지 않는 것입니다. 그러므로 우리는 속사람을 말씀과 성령으로 강하게 무장해야 되는 것입니다.

롬12: 2에 "너희는 이 세대를 본받지 말고 오직 마음을 새롭게 함으로 변화를 받아 하나님의 선하시고 기뻐하시고 온전하신 뜻이 무엇인지 분별하도록 하라" 말씀으로 우리는 새로워집니다. 또한 나의 의인은 믿음으로 말미암아 살리라고 했으므로 속사람은 육신이 주는 감각적인 정보로 살지 않고, 말씀이 주는 하늘나라 정보로 삽니다. 눈에는 아무 증거 안보이고 귀에는 아무 소리 안 들리고 손에는 잡히는 것 없어도, 하나님이 주신 말씀에 입각해서 말씀을 믿는 믿음으로 사는 것이 속사람인 것입니다.

겉 사람은 눈에 보이는 것, 귀에 들리는 것, 냄새 맡고 맛보는 것, 만져보는 것, 현실적인 감각과 체험을 통해서 삽니다. 그러므로 겉 사람이 자꾸 속사람을 공격합니다. '믿음, 헛된 소리다. 안 보이는데 왜 믿느냐. 안 들리는데 왜 믿느냐. 냄새도 안 나고 맛도 없고 체험도 못했는데 왜 믿느냐. 거짓말하지 마라. 믿지 마라.' 겉 사람의 공격은 심합니다.

나사로가 무덤에 들어가서 나흘이 되어 썩은 냄새가 나는데 예수님이 오셔서 무덤 문을 열어 놓으라고 하니까 예수님의 말씀은 속사람의 말씀입니다. 그러나 마리아와 마르다는 아직 속사람이 살아나지 못하여, 겉 사람으로 살기 때문에 예수님보고 이렇게 말했습니다. "주여! 죽은 지 나흘이 되어 썩은 냄새가 납니다. 그 사람을 무덤에서 왜 끌어냅니까?" 주님이 "마르다야, 네가 믿으면 하나님의 영광을 보리라 하지 않았느냐!" 믿음은 속사람이 믿는 것입니다.

겉 사람은 감각적으로 합리적으로 삽니다. 우리가 믿음으로 살려고 하면 겉 사람이 자꾸 저항을 하고 반대를 하는 것입니다. 그렇기 때문에 말씀을 많이 읽고 많이 성령으로 기도해서 속사람이 강해져서 믿음으로 사시기를 바랍니다. 세상 사람은 육신의 감각을 쫓아 살지만 우리는 하나님의 말씀을 믿음으로 눈에는 아무 증거 안보이고 귀에는 아무 소리 안 들려도 말씀대로 믿는 믿음으로 살아가는 것입니다.

롬 1:17에 "복음에는 하나님의 의가 나타나서 믿음으로 믿음에 이르게 하나니 기록된바 오직 의인은 믿음으로 말미암아 살리라 함과 같으니라."고 말한 것입니다. 그리고 속사람은 성령의 은혜로 삽니다. 우리는 속사람을 살리기 위해서 하나님이 주신 성령을 모시고 있습니다. 성령은 바람과 같이 우리와 같이 계시고 우리 안에 와서 계십니다. 우리 속사람은 성령이 도와 주셔야 힘을 얻을 수 있습니다.

그렇기 때문에 속사람은 언제나 성령님을 인정하고 환영하고 모셔 들이고 의지하며 성령의 도움을 간구해야 되는 것입니다. 성령은 우리의 가정교사요, 우리의 변호사요, 우리의 안내인이요, 우리를 돕는 선생인 것입니다. 보혜사 성령님이 우리 속사람을 강하게 하셔서, 늘 겉 사람을 이기고 하나님을 기쁘게 하는 영적인 삶을 살 수 있게 도와주는 것입니다.

그리고 우리는 기도의 힘으로 살아야 됩니다. 속사람은 기도를 통해서 삽니다. 겉 사람은 기도하지 말라고 말합니다. 우리 사모 친구가 대만에서 선교를 하는데 몇 년 전에 서울에 와서 간증하는 말이, 마귀 역사가 얼마나 강한지 형언할 수 없다고 합니다. 얼마나 많은 마귀가 덤벼들고 어깨위에 올라타고 누르고 때리고, 치고 박고 발로차고 하니까, 온 전신이 매를 맞은 것 같이 욱신거리고 고통스럽답니다.

그 선교사는 아침, 점심, 저녁 먹으러 식당가는 그 시간까지 하루 종일 엎드려서 기도한다고 합니다. 얼마나 마귀가 떼를 지어서 습격을 하는지 감당을 할 수가 없다고 합니다. 왜냐하면! 속사람이 살아서 복음을 증거 하려고 하니까 마귀가 겉 사람을 통해서 공격을 합니다. 육이 피곤하고, 아프고, 고달프고, 괴롭습니다. 그래서 겉 사람이 자꾸 속사람보고 말하기를 "기도하지 마라. 편안히 쉬어라. 관광이나 해라. 그러면 좋지 않으냐. 왜 하루 종일 엎드려 있느냐." 겉 사람과 싸우고 마귀와 싸우는 것이 쉽지 않습니다. 그래서 우리가 예수를 믿고 구원을 받았다고 쉽게 말하지 말고 속사람이 강건해지기 위하여 끊임없이 기도해야만 하는 것입니다.

영혼은 그냥 구원받지 않는 것입니다. 기도의 힘이 아니면 결코 영혼 구원을 할 수 없습니다. 기도의 힘을 통해서 순간순간마다 마귀의 공격을 밀어내고 속사람의 힘을 강하게 해서 속사람을 통해서 겉 사람을 누르고 마귀를 대적하고 영혼을 지키는데 기도가 아니고는 안 됩니다.

기도는 우리가 호흡하는 것과 같습니다. 숨을 안 쉬면 4분 만에 죽습니다. 기도하지 아니하면 속사람은 살아나지 못합니다. 그러므로 우리는 앉아도 기도하고서도 기도하고 걸어도 기도하고 찬송은 곡조 붙은 기도입니다. 늘 찬송 부르고 이렇게 해서 기도를 통해서 속사람이 생명이 넘쳐나야 되는 것입니다.

시37: 4~5에 "또 여호와를 기뻐하라 그가 네 마음의 소원을 네게 이루어 주시리로다. 네 길을 여호와께 맡기라 그를 의지하면 그가 이루시고"라고 했는데 여호와를 기뻐하고 여호와께 길을 맡기기 위해서는 부르짖어 기도하는 도리밖에 없는 것입니다. 귀중한 속사람을 보존하기 위하여 성령으로 기도하시기를 바랍니다.

3장 땅의 사람과 하늘의 사람을 식별하는 법

(빌 3:18-21) "내가 여러 번 너희에게 말하였거니와 이제도 눈물을 흘리며 말하노니 여러 사람들이 그리스도의 십자가의 원수로 행하느니라. 그들의 마침은 멸망이요, 그들의 신은 배요, 그 영광은 그들의 부끄러움에 있고 땅의 일을 생각하는 자라. 그러나 우리의 시민권은 하늘에 있는지라 거기로부터 구원하는 자 곧 주 예수 그리스도를 기다리노니, 그는 만물을 자기에게 복종하게 하실 수 있는 자의 역사로 우리의 낮은 몸을 자기 영광의 몸의 형체와 같이 변하게 하시리라"

하늘을 향하여 달리는 자신의 삶을 이야기한 사도 바울은 그러한 삶을 빌립보 교회의 성도들도 이해하고 동참하기를 권고합니다. '나를 모방하라' '나와 같은 삶을 살아가는 사람들을 자세히 관찰하고 따라하라'고 말한 바울은 이제 갑자기 감정이 격해져서 말을 이어가고 있습니다. 그것은 바울 자신이 이미 여러 번 경험하고 이야기한 사람들에 대한 생각 때문입니다. 바울이 말하고 있는 사람들은 일차적으로 유대주의자들인데 그들은 아마도 빌립보 교회와 직, 간접적으로 연관이 있던 사람들이었을 것입니다. 그들이 빌립보 교회에 가르친 잘못된 가르침을 제거하려고 바울은 많은 애를 썼습니다.

그러나 결국 그들은 자신들의 생각과 주장을 굽히지 않았습니다. 결국은 교회를 떠났습니다. 하지만 그들은 성도들을 계속적으로 미혹하고 있었습니다. 잘못된 가르침을 전하는 사람들의 활동이 현존하고 있음을 생각하며 안타까움과 깊은 슬픔을 느끼면서 바울은 자신의 이야기를 이어가고 있습니다. 거짓된 신앙의 특징과 참된 신앙의 특징을 비교하면서 성도들로 하여금 하늘을 향한 경주를 계속하기를 권고하는 것입니다.

첫째, 땅의 사람은 그리스도의 원수들이다. 바울은 앞에서 말한 유대주의자들에 대하여 노골적으로 그리스도의 십자가의 원수들이라고 말합니다. 바울은 그리스도와 십자가를 일렬에 놓고 설명합니다. 즉 그리스도의 사역의 핵심이 십자가이며 십자가는 그리스도를 나타내는 본질적인 상징이라는 것입니다. 그러므로 그리스도를 이해하는데 있어서 가장 중심적인 것은 바로 십자가입니다. 왜냐하면 그리스도께서 십자가를 지신 것이 복음의 핵심이기 때문입니다. 그리스도의 십자가는 대속의 십자가였습니다. 그리고 그것으로 충족했습니다. 십자가만으로는 부족함으로 달리 보충해야 할 어떤 것이 아무 것도 없다는 것입니다.

왜 이 십자가만으로 충족합니까? 그것은 그 위에 달리신 이가 참 하나님이시며 참 사람이시기 때문입니다. 바울이 말하는 십자가는 도덕적으로 뛰어난 철학자나 사상가의 죽은 것이 아닙니다. 또는 만세에 남을 업적을 이룩한 군왕이나 장군이 죽은 것이 아닙니다. 오직 사람의 본성의 속까지 오염된 죄로 말미암은 하나님과의 단절과 소외를 친히 감당하시고 하나님과 사람을 화목케 하시기 위하여 하나님의 아들이 십자가에 죽으신 것입니다. 하나님의 아들이 죄인 된 우리의 죄를 대속하기 위하여 죽으신 것입니다. 그러기에 그리스도의 십자가로 충족한 것입니다. 죄인들 스스로는 할 수 없는 일을 하나님이 하신 것이기 때문에 그리스도의 죽음이 충족한 것입니다.

바울은 고통스러운 로마감옥에 갇혀있으면서도 빌립보교회를 향해 기쁨으로 설교했습니다. 그러나 어떤 일에 관해서는 '내가 통곡하며 너희에게 말한다.'고 한 것이 있습니다. 곧 교회 안에 "그리스도의 십자가의 원수로 행하는 자들" 때문이었습니다. 바울이 이들에 대하여 "저희의 마침은 멸망이요 저희의 신은 배요, 그 영광은 저희의 부끄러움에 있고 땅의 일을 생각하는 자라"고 말하는 것을 볼 때에 이들은 소위 오늘 복음주의자들처럼 '이제 예수 믿고 구원받았으니 복 받고 잘 사는 것만 남았다'고 생각하는 자들입니다(빌3:18-19). 이들은 예수님을 구주로 믿는다고 말했지만 실상은 자기 자신을 숭배하는 자들이었습니다.

오직 자신의 배나 욕망을 채우기 위해 복음의 능력을 짓밟는 사기꾼들이며, 복음을 방패삼아 교회 안에서 방탕한 생활을 즐기는 자들이었습니다. 이들은 마치 복음을 즐거워하는 것처럼 하면서 자신의 육체의 이익을 위하여 복음을 이용합니다. 이런 음란한 자들의 신앙생활이 얼마나 안타깝고 마음의 탄식이 깊었으면 바울이 '내가 다시 한 번 눈물로, 통곡하며 말한다.'고 하겠습니까?

오늘 교회 안에 그리스도의 복음을 이용하여 자기 욕심을 채우려는 자들이 많습니다. 여기에는 집사도, 장로도, 일반성도도, 심지어 목사도 선교사도 예외가 없습니다. 자기 배만 부를 수 있다면, 사업에 유용하기만 하다면, 복만 받을 수 있다면 성경을 얼마든지 왜곡할 수 있고, 예수 그깟 이것 믿어줄 수도 있고, 헌금도 낼 수 있다는 것입니다. 표만 더 얻을 수가 있다면 교회를 얼마든지 다닐 수 있다고 생각하는 자들입니다.

세상에서 일이 잘되면 말씀의 기갈을 느끼지 못하고, 자기 배가 부르면 심령의 궁핍을 알지 못하는 자들입니다. 법을 어겨도 돈만 많이 벌면 하나님께 영광이고, 교인들이 죽음의 구렁텅이를 걸어가더라도 내가 목표한 사람숫자를 채우고, 예배당 건물을 세우면 그것이 자기 목회의 자랑이 됩니다. 성도들 한 사람 한 사람이 성전 되는 일에는 안중에도 없습니다. 그들에게는 하나님을 경외함이 없기에 이렇게 살아가고, 행하는 것이 복음의 원수가 된다고 할지라도 육체의 자랑이 되고, 사람들의 인정을 받는다면 어떤 부끄러움도 상관없이 자랑할 수 있는 것입니다. 바울은 이들의 결국을 잘 알고 있었습니다. "저희의 마침은 멸망이라" 그러니 어찌 눈물로 호소하지 않을 수 있겠습니까? 이들의 영혼을 생각할진대 어찌 탄식하고 통곡하지 않을 수 있겠습니까?

바울의 이 눈물은 참된 주님의 교회가 세워지기를 간절히 원하던 사도가 너무나 어리석고 불쌍한 길을 가고 있는 자들을 향하여 그 애정을 억제하지 못하여 터트리는 눈물이고, 그 영혼을 사랑함으로 하나님께 호소하는, 한 영혼도 멸망치 않고 다 구원에 이르기를 간절히 소원하는 주님의 심정을 아는 자의 눈물입니다(딤전2:4). 오늘 자기 배를 위하여 신앙생활을 하는 자들이 점점 많아지고 있습니다. 전형적인 땅에 속한 자들입니다. 이는 일차적으로 자기 배의 욕망을 위하여 목회하는 자들의 책임입니다. 성경을 왜곡하여 성도들의 욕망을 부추기고, 욕망을 이루는 것이 하나님께 영광을 돌리는 것인 냥 왜곡하고, 심지어 불법한 일을 행하고도 그것이 자랑인줄 알고 떠들어 대니 성도들도 죄를 모릅니다.

오늘 교회 안에 도대체 부끄러움이 무엇이고 하나님께 온전히 나아가는 것이 무엇인지를 모르는 자들이 너무나 많습니다. 그러나 사람의 가치와 영광은 그 배와 머리에 있는 것이 아닙니다. 창조주이신, 우리의 심판 주이신 주님을 위하여, 그리고 주님의 말씀대로 사는 것에 비례합니다. '땅의 일을 생각하는 자'들의 결국은 멸망입니다. 자기의 욕심을 따라 실컷 배만 위한 삶은 수치로 얼룩질 뿐입니다.

둘째, 하늘에 속한 사람이란, 참된 그리스도의 은혜 아래 사는 사람은 그들이 하늘에 속한 사람임을 아는 사람들이라고 사도는 말합니다. 사도는 '우리의 시민권은 하늘에 있는지라'고 말합니다. 이 시민권(politeuma : citizenship)이라는 말은 신약에서 단 한번 사용된 말인데 정확한 의미는 국가(state, commonwealth)를 말합니다. 그리고 이 문상의 상소는 '우리'라는 사람에게 있습니다. 그래서 이 말의 보다 정확한 뜻은 '우리의 국가는 하늘에 있다.' 또는 '우리는 하늘에 시민권이 있다.'

라고 할 수 있습니다.

　사도가 이 말을 할 때 빌립보 사람들은 그 의미를 잘 이해할 수 있었습니다. 당시의 지중해 중심의 세계에서 로마의 시민권은 대단한 특권이자 자랑이었습니다. 이 로마의 시민권은 로마에 사는 자유민에게만 부여되는 것이었습니다. 그런데 빌립보는 로마의 식민지였는데 다른 도시들과는 다르게 특별한 지위가 부여되어서 빌립보 사람들도 로마의 시민과 동일한 대우를 받았던 것입니다. 그들은 로마에 가보지 않았지만 로마의 시민과 같은 대우를 받았던 것입니다.

　이처럼 그리스도인들은 그리스도로 말미암아 하늘나라의 시민이 되었다는 것입니다. 소속이 하늘나라라는 것입니다. 또한 그리스도인이 모이는 교회는 하늘나라의 식민지가 되어서 교회에 있을 때에는 하늘의 시민과 같은 대우를 받는다는 것입니다. 물론 우리는 이미 시민권을 갖고 있지만 아직 하늘나라에 이른 것이 아님으로 그 나라를 바라보고 있습니다. 그래서 사도는 거기로서 구원하는 자 주 예수 그리스도를 기다린다고 말합니다. 여기의 기다린다는 말은 '간절히 열망하는 기다림(eager waiting)'을 말합니다. 이것은 그리스도인의 삶의 종착역이 하늘에 있다는 것을 분명히 아는 사람의 고백입니다. 여기 이 땅은 그들의 소속이 아니며 조국도 아니고, 다만 나그네로 사는 것일 뿐이라는 것입니다. 그래서 우리의 참된 소속인 하늘나라를 갈망하고 있다는 것입니다.

　그리고 주께서 오시면, 우리가 하늘나라에 이르게 되면 우리의 몸을 변화시킬 것이라는 것을 사도는 강조합니다. 주께서는 우리의 낮은 몸, 혹은 부끄러운 몸을 변화시키실 것입니다. 약하고 병들고 쇠하게 된 몸을 그리스도의 몸과 같이 변화시키실 것입니다(고전15:42-57/고후5:1-5). 그리스도와 같은 영광의 몸으로 변화시키실 것이며(고전15:42), 신령한 몸으로 될 것이며(고전15:44절), 하나님의 형상을 입을 것입니다(고전15:49절). 그리고 그 몸은 죽지 아니함을 입을 것입니다(고전15:54절). 이 땅에서의 몸은 연약하고 쇠할 것입니다만 완전한 몸, 하나님의 처음 창조의 모습으로 회복될 것입니다. 이것이 그리스도인에게 약속된 십자가의 선물인 것입니다.

사도는 이러한 변화를 주께서 하실 수 있다고 강조합니다. 어떻게 그런 일이 있을 수 있는지에 대하여 본문에서는 설명하지 않지만 고린도전서 15장에서는 조금 설명하고 있습니다. 사도는 씨를 뿌리고 그 씨가 죽은 다음에 그것으로부터 새로운 생명이 움돋아서 자라는 것으로 설명하고 있습니다(고전15:35-37). 그리고 이것은 마치 애벌레가 나비가 되는 것과 같은 것일 것입니다. 지금의 이 모습과 동일한 모습도 있을 것입니다만 영생의 불멸의 모습으로 될 것입니다.

이렇게 말함으로서 사도는 자기가 왜 하늘을 향하여 달려가고 있는지를 설명하는 것입니다. 그리스도를 닮으려고 쫓아가는 것은 바로 이런 이유 때문인 것입니다. 이미 우리는 천국의 시민이 되었으며, 우리가 이 땅에 살고 있을지라도 그 나라를 향하여 달려가는 것은 그리스도께서 우리를 자기의 몸과 같이 변화시킬 것을 소망하는 까닭입니다. 이것이 진정한 그리스도인의 모습인 것입니다. 하늘에 속한 하늘나라의 시민권이 있는 사람이 따라가야 하는 영적인 길은 이렇습니다.

첫째로 십자가를 따르는 삶이다. 십자가는 죽었다가 다시 사는 것입니다. 우리는 예수를 믿는 순간 죽었습니다. 다시 예수님으로 태어난 영의 사람입니다. 그래서 육체를 철저하게 부인해야 합니다. 육체를 신뢰하지 말라는 말입니다. 사도의 이러한 설명을 이해한다면 우리가 어떤 사람이 되어야 할 것입니까? 어떤 삶을 살아야 할 것입니까? 우리가 복음을 바르게 이해했다면 배만을 위하는 삶을 살지는 않을 것입니다. 땅에 속한 것만을 생각하며 살지는 않을 것입니다.

그러나 이러한 생각은 구체적이고 현실적이어야 합니다. 참으로 하나님의 나라와 그 의를 구하는 삶을 살아야 하는 것입니다. 우리가 어떻게 말하든지 우리의 몸이 있는 곳에 마음이 있는 것입니다. 실질적으로 우리가 관심을 쏟고 있는 분야가 우리의 생각이고 소망인 것입니다. 하나님 나라를 소망한다면, 그리스도를 닮기를 소망한다면, 그리스도의 하신 일을 하기를 원한다면 우리도 그렇게 삶을 살아갈 것입니다. 복음을 삶으로 살아가는 사람이 될 것입니다.

우리는 땅의 것만을 생각하는 사람들에 대하여 어떤 생각을 가지고 있습니까? 그 사람들을 부러워하고 있습니까? 아니면 사도바울처럼 안타까워하고 있습니까? 그들을 생각할 때 마다 깊은 슬픔이 밀려드는 것을 경험합니까? 아니면 아무렇지도 않게 지나가고 있습니까?

　그리스도인의 삶이란 스스로 천국을 향해서 달려가면서 또한 다른 사람들을 향한 안타까운 마음으로 살아가는 사람들입니다. 비록 우리가 그 실체를 지금 알지 못하지만 그 날이 되면 알게 될 것입니다. 이는 마치 태중의 아기가 어머니의 자궁이 가장 좋은 것으로 생각하지만 세상에 태어나면 더 완전한 모습으로 더 아름다운 세상을 경험하는 것과 같습니다. 그러므로 우리 역시 이 땅에 살아가고 있지만 하늘에 속한 사람으로 살아가기를 소원합니다.

　둘째로 구원자 예수님을 기다리는 자이다. 기다리는 자들은 어떤 자세를 가져야 하고 어떻게 살아야 할까요? 깨어서 성령으로 기도해야 합니다. 이것이 중요합니다. 우리는 마냥 기다리기만 하면 안 됩니다. 또 기다림의 자세도 필요합니다. 한 예로 마 25:1-13에서 보면 신랑을 열 처녀가 다 같이 기다립니다. 그러나 다섯 처녀는 못 만납니다. 그 이유는 준비가 없었기 때문입니다. 그래서 이것을 살펴본다면 다음과 같습니다.

　①예수님을 만나고 은혜의 해를 바라는 자들은 자신이 하나님의 성전 된 일을 자랑하고 사랑하고 위하는 자가 되어야 합니다. 하나님은 성도 한 사람 한 사람의 마음 안에 임재하여 계십니다. 물론 보이는 예배당인 유형교회도 동일하게 사랑해야 합니다. 예배당인 유형교회를 통하여 성도들이 성숙 되어가면서 성장하기 때문입니다. 예수님은 요한복음 4장 23절에서 "아버지께 참되게 예배하는 자들은 영과 진리로 예배할 때가 오나니 곧 이 때

라 아버지께서는 자기에게 이렇게 예배하는 자들을 찾으시느니라. 하나님은 영이시니 예배하는 자가 영과 진리로 예배할지니라." 이처럼 하나님께 영과 진리로 예배드리고 있다면 예수그리스도의 몸이요, 하나님의 집이요, 성도의 신앙생활의 터전이고, 하나님의 뜻을 이루는 장소인 교회 안에 있어야 합니다. 항상 마음이 하나님께 향해 있어야 합니다. 하나님을 사랑하고 하나님을 주인으로 모시는 자가 되어야 합니다. 이것이 없다면 결코 얻지 못합니다. 자신이 하나님께서 거하시는 성전 되도록 가꾸어야 합니다.

그럼 무엇이 교회 사랑이고 위하는 일일까요? 그것은 교회로 모이는 일에 열심이어야 합니다. 이는 모인다는 것은 교회를 세상보다 더 사랑함의 표시오, 가까이 함의 표시입니다. 또한 성도는 하나님 나라 건설이라는 대 사명을 가집니다. 이것을 위하여 전도하고 성도끼리 섬기며 사랑해야 합니다. 그래서 교회를 부흥시키고 평안하게 해야 합니다. 이뿐 아니라 자신의 시간을 드리고 물질도 드리고 주의 일에 신앙생활에 헌신하고 충성하는 것이 교회 사랑입니다. 그러므로 하나님의 위로를 기다리는 자라면 항상 하나님 안에서 교회 안에서 계시면서 충성된 자가 되시기를 바랍니다.

②의로운 삶을 살아야 합니다. 이것은 윤리 도덕적으로 착하고 선한 사람이 되라는 의미만이 아닙니다. 성도는 하나님 앞에서 하나님의 말씀을 지키기 위해서 힘을 쓰고 믿음으로써 얻어지는 것입니다. 시몬도 하나님의 말씀을 듣고는 믿었고 기다리

면서 말씀을 따라서 살았습니다. 이런 자이기에 그 암흑기 속에서도 그 분에게는 성령님이 함께 계시며 역사하십니다. 그러니 우리도 성령으로 기도하며 이렇게 살아야 합니다.

③경건한 삶을 살아야 합니다. 여기서 경건이란 앞에서는 신앙적인 삶이라고 했습니다. 이처럼 성도는 하나님 앞에서 항상 자신의 몸을 살펴서 구별해야 하고, 말이나 생각이나 삶 전체가 예의바르고, 하나님의 뜻에 맞게 해야 하고, 세상과는 구별된 삶을 살아야 합니다. 이것이 없으면 예수그리스도 믿는데도 자기 욕심을 따르고 세상 유혹을 따라가게 되어 욕을 얻게 됩니다. 그러나 경건이 있으면 칭송받게 되니 경건한 삶을 사시길 바랍니다. 이런 삶을 살면서 기다리고 만나야 합니다.

④성령이 충만한 자가 되어야 합니다. 이는 성령의 지시와 인도를 받는 자로써 이것을 다른 말로 바꾼다면 하나님의 말씀을 실천하는 삶, 하나님께로부터 도움을 받는 자의 삶을 말합니다. 시몬은 성령님의 음성을 들었습니다. 지시를 받았습니다. 이 때문에 아기 예수그리스도를 만났고 축복했던 것입니다. 그러니 우리도 성령 충만을 늘 사모하면서 말씀의 인도를 받고자, 읽고 듣는 일에 힘쓰시고 하나님의 말씀 성취를 위해서 힘쓰는 성도가 되시기를 소원합니다. 이렇게 기다릴 때 예수님은 만나 주시고 말씀처럼 만족과 기쁨을 주실 것입니다.

셋째로 낮은 몸이 영광의 몸으로 변화될 자들이다. 낮은 몸이란 죄악 속에서 형편없게 된 비참한 지경을 말합니다. 반면 영광의 몸이란 부활하신 주님, 변화산의 주님처럼 존귀하고 영광스럽게 변화된 몸을 의미합니다. 우리의 몸도 주님의 몸처럼 변화 받는다는 말입니다. 우리는 하나님의 자녀들이지만 아직 하나님의 자녀로서의 신령한 몸을 입고 아들로서의 생활을 하고 있는 것은 아닙니다. 하나님의 자녀로서의 완성된 몸은 부활한 몸인데, 이 몸을 신령한 몸이라고 합니다(고전15:44).

이 신령한 몸의 형태는 아직 우리는 알 수 없습니다. 그러나 그 몸은 예수님의 몸과 동일한 몸입니다. '장래에 어떻게 될 것은 아직 나타나지 아니하였다'는 말씀은 우리의 몸이 장래에 가질 그런 신령한 몸을 아직 우리가 가지고 있지 않다는 뜻입니다.

그러나 주님이 재림하셔서 우리들 앞에 그의 모습을 나타내시면 장차 우리의 덧입을 영화로운 몸도 그 주님의 몸과 같은 몸인 줄로 안다는 말입니다. 그래서 '우리가 그와 같을 줄을 안다'고 한 것입니다. 이 말씀은 예수님의 재림 시에 우리의 몸이 그의 몸과 같이 신령한 몸으로 변화 받게 된다는 뜻이 아닙니다. 장차 부활의 날에 우리의 몸도 재림하시는 주님의 그 영광의 몸과 같은 몸으로 변하게 될 줄로 안다는 말입니다.

이와 비슷한 말씀이 빌3:21절에도 있습니다. "그가 만물을 자기에게 복종케 하실 수 있는 자의 역사로 우리의 낮은 몸을 자기 영광의 몸의 형체와 같이 변케 하시리라"고 하신 것입니다. 마지막 부활의 날에 우리 주님의 권능의 역사로 우리의 몸을 그 분의 몸의 형체처럼 변케 하실 것이라고 하신 말씀입니다.

우리들이 이 몸을 덧입을 때, 우리의 구원이 완성되며, 그리스도 안에서 창조하시는 하나님의 아들로서의 창조가 완성되는 것입니다. 우리는 그 날을 소망으로 살아가며 지금 천국에서 영적 안식을 취하고 있는 성도들도 최종적인 부활의 몸을 덧입기 위해 그 날이 오기를 소망으로 기다리고 있는 것입니다.

①기다린다는 것은 평범하게 기다린다는 뜻이 아니고 마음으로 간절히, 끝까지, 애타게 기다린다는 뜻입니다. 주님이 오시면 우리의 낮은 몸이 영광의 몸으로 변화되고 구원의 완성이 되기 때문입니다. 주님을 이렇게 기다리는 것입니다. 고린도교회가 이렇게 기다렸는데 모든 크리스천은 이렇게 기다려야 합니다. 초대교회 성도들도 사도들의 가르침을 따라 얼마나 간절히 기다렸는지 인사가 "마라나타!" "주님이 오십니다!"였습니다. 이것이 위로의 말입니다. 신랑이 신부 만날 날을 간절히 기다리듯이 신부도 신랑을 간절한 마음으로 기다려야 합니다.

②선한 싸움을 다 싸우고 달려갈 길 곧 사명을 감당하고 지조 있고 충성된 믿음을 지키면서 주님오심을 사모해야 합니다. 이는 성령 충만 할 때 가능합니다. 영적인 선한 싸움을 하면서 세상 죄악에 물들지 않도록 하고, 악을 선으로, 미움을 사랑으로 하는 것이 모두 영적인 싸움인데 무조건 이겨야 합니다. 주님께서 하라고 하신 사명을 잘 감당해야 합니다. 끝까지 충성된 믿음, 주님을 사랑하는 믿음, 세상을 사랑하지 않는 믿음, 충성되고 지조 있는 믿음을 잘 지켜야 합니다. 주님 만날 날을 간절히 기다리는 동안 끊임없이 성화가 되고 변화가 되어야 영광으로 영광에 점점 이르게 됩니다. 외적으로는 달려갈 사명을 감당하면서 내적으로 우리가 변화가 되어야 합니다. 그것이 기다리는

의미입니다. '근신함과 의로움과 경건함으로 이 세상에 살고 이 소망을 가진 자마다 자기를 깨끗케 하느니라.' 이렇게 잘할수록 그날에 책망할 것이 없고 소망이 부끄럽지 않게 되고 그래서 영광중에 주님을 뵙게 됩니다. 이런 여러 가지 조건이 안 되면 주님을 뵙지 못합니다.

③성령을 통해서 의의 소망과 영광의 소망이 계속 이루어집니다. 성령으로 말미암아 죄와 사망에서 해방되고, 하나님의 성전 되어 가고 하나님의 자녀가 되고, 아버지라 부르고, 인도를 받고, 의의 소망, 영광의 소망이 계속 이루어집니다. 진정한 기독교인은 주님을 기다릴 때 성령께서 아름다운 열매를 맺게 하십니다. 신약은 전부 그리스도 안에서 성령으로 하는 것입니다. 주님 안에 들어와서 성령을 무시해서 능력 없는 신앙생활을 하다가 세상으로 빠집니다.

④시대와 환경과 상관이 없이 주님오심을 간절히 기다리는 이것이 기본이고 정상적인 신앙입니다. 예수님께 직접 전수받은 사도들의 가르침이 얼마나 정확하겠습니까! 사도들은 다 주님 오심을 간절히 사모하라고 하십니다. 우리는 다시 오시는 예수님을 간절히 기다리는데 초대교회 때에도 중세 때에도 지금도 이것이 정상적인 신앙입니다.

⑤주님을 기다리되 성경대로 준비해야 합니다. 거룩한 행실과 경건함으로 하나님의 날이 임하기를 바라보고 간절히 사모하면서 천국을 바라보면서 그날에 책망할 것이 없도록 잘했다 칭찬받도록 잘 준비해야 합니다. 이렇게 경건의 훈련이 늘 되어야 합니

다. (딛3:14)"그러므로 사랑하는 자들아 너희가 이것을 바라보나니 주 앞에서 점도 없고 흠도 없이 평강 가운데서 나타나기를 힘쓰라." 이 복스러운 소망으로 영원한 천국소망으로 살게 하시고 주님오심을 기다리는 신앙으로 우리에게 가르치십니다. 주님은 간절히 기다림을 기다림으로 보십니다. 열심을 품고 주를 섬기는 것을 섬김으로 보십니다. 우리는 의가 거하는 그곳, 의와 평화와 사랑이 머물고 있는 새 하늘과 새 땅을 바라봅니다. 신앙은 어느 때나 이것을 바라보는 것입니다. 우리가 할 일은 그날에 책망할 것이 없도록 잘했다 칭찬받도록 그렇게 잘 준비해야 합니다.

⑥영원한 천국도 영광도 주의 뜻대로 준비해야 합니다. 영원한 천국도, 영광도 주의 뜻대로 준비하고, 주의 뜻대로 행하신 분들은 주님께서 왕 중 왕으로 오실 때 큰 영광중에 나타납니다. 그래서 참고 선을 행하고 영광과 썩지 아니할 것을 구하고 참으면 왕 노릇 할 것이요! 영광중에 주님과 함께 보좌에 계신 주님을 보듯이 주님 곁에 그들이 앉아 있는 것을 보게 됩니다.

⑦신앙은 간단합니다. 단순합니다. 그날에 칭찬과 존귀와 영광을 받아보려고 이렇게 합니다. 모든 은혜들은 결국 이 한 목적을 위한 것입니다. 푯대를 향해서 성령께서 인도하신대로 이 목표로 계속 인도하심을 우리가 알고 있습니다. 더 영광중에 주를 뵈옵도록 부족함이 없도록 최선을 다해 모든 것을 공급하시고 계십니다. 오늘도 이런 믿음 안에서 영광의 소망이 또 이루어져 가는 풍성히 이루어져가는 영광의 복된 하루하루가 되게 하시기 바랍니다.

4장 육체의 사람과 영의 사람의 특성

(롬 8:12-14) "그러므로 형제들아 우리가 빚진 자로되 육신에게 져서 육신대로 살 것이 아니니라. 너희가 육신대로 살면 반드시 죽을 것이로되 영으로써 몸의 행실을 죽이면 살리니, 무릇 하나님의 영으로 인도함을 받는 사람은 곧 하나님의 아들이라"

예수를 믿는 순간 십자가에서 예수와 함께 죽고, 다시 부활하신 예수님으로 태어난 크리스천은 안과 밖으로 특성이 나타납니다. 삶에서 행동에서 그리스도의 인격이 나타납니다. 이들은 주님 오시는 날까지 십자가의 믿음을 지키는 '믿음의 경주'를 하게 될 것입니다. 그러나 이 단계에서 다시 육신에 속한 상태로 돌아가는 사람도 있습니다. 하나님이 그를 버려서가 아니라, 그의 선택에 의한 것입니다. 그리스도를 믿는 사람들 중에 아주 적은 소수만이 여기에 이르며 그것도 끝까지 믿음을 지키는 자는 더욱 소수가 될 것입니다.

십자가에 대한 믿음으로 자신의 죽음과 부활을 경험한 그리스도인은 예수의 생명으로 사는 사람입니다. 자신을 부인하는 사람입니다. 하나님만 바라는 사람입니다. 거룩을 추구하고 의에 목마른 사람입니다. 마음이 가난하고 겸손하고 온유한 자입니다. 자기 목숨을 기꺼이 버리는 자입니다. 세상을 거부하는 자입니다. 자신의 행복을 거부하는 자입니다. 예수의 나타나심을 위해 자신을 드리는 자입니다. 자신을 의식하지 않는 자입니다. 하늘에 속한 모든 신령한 복을 받은 자입니다. 말할 수 없는 즐거움으로 기뻐하는 자입니다.

측량할 수 없는 하나님의 은혜로 인해 즐거워하는 자입니다. 자신의 뜻은 뒤로하고 하나님의 뜻을 이루어 드리는 자입니다. 하나님의 성품이 나타나는 자입니다. 항상 기뻐하고, 범사에 감사하고, 쉬지 않고 기도하는 자입니다. 자신의 정욕을 거부하는 자입니다. 하나님 나라 확장을 위해 절대적으로 헌신하는 자입니다. 사방으로 욱여쌈을 당하여도 낙심하지 않는 자입니다. 목숨을 구차하게 아끼지 않는 자입니다. 가난하고 궁핍하나 다른 사람을 부요케 하는 자입니다. 하나님 사랑을 의심하지 않는 자입니다. 자신을 내세우지 않는 자입니다. '하나님과의 연합'을 위해 자신을 항상 드리는 자입니다. 주님의 도구가 되기 위해 기꺼이 자신을 헌신하는 자입니다. 자신의 전적 무능과 부패를 인정하는 자입니다.

자신의 생명으로 살려하지 않는 자입니다. 영원한 안식을 얻은 자입니다. 자신의 계획이 없고 하나님의 계획에 묵묵히 따르는 자입니다. 자신의 의지가 하나님의 의지로 대치된 자입니다. 하나님의 영광에 이른 자입니다. 하나님의 아들의 정체성을 가진 자입니다. 그리스도의 신부의 정체성을 가진 자입니다. 그리스도와 동행하는 자입니다. 성령의 지배와 장악을 받는 자입니다. 내일에 대한 염려 없이 주님을 전적으로 신뢰하는 자입니다. 주님만을 희망으로 삼는 자입니다.

자신의 영광을 구하지 않는 자입니다. 정직하고 입에 거짓이 없는 자입니다. 성령의 인도하심에 따르는 자입니다. 성령의 열매를 맺는 자입니다. 성령의 깨끗케 하심을 입는 자입니다. 죄와 율법과 세상과 자아와 사단의 권세에서 자유한 자입니다. 죄를 짓지 않는 자입니다. 오직 은혜로 사는 자입니다. 평강이 넘치는 자입니다. 배에서 생수의 강이 흐르는 자입니다. 급속하게 성장하는 자입니다. 옛사람의 습관과 버릇이 나타나지 않는 자입니다. 삶의 가치관이 달라진 자입니다. 하나님의 언어를 사용하는 자입니다.

첫째, 육의 사람의 특성. 육의 사람의 특성을 성경이 우리에게 보여 주는 것을 살펴보고 육의 사람이 다가올 때 그를 대적하고 물리쳐야 되겠습니다. 우리는 끊임없이 육신에 둘려서 살고 있기 때문에 육의 사람, 우리를 도적질하고 죽이고 멸망시키는 마귀와 손을 잡고 우리 속사람을 죽이려고 하는 육의 사람의 공격은 끊임없이 다가옵니다. 그러므로 우리가 먼저 우리 원수가 누구인지를 알고 대적해야겠습니다. 성경은 이렇게 말하고 있습니다.

육의 사람의 성품은 먼저 음행이 그 성품의 처음 나타나는 것입니다. 육의 사람의 나타남은 벌써 음행으로 시작되고 더러운 것입니다. 음행이란 두 가지로 설명 가능합니다. 육적인 음란을 성적인 행위로서 성생활을 부부에 한정하지 않고 방종 하는 것을 음행이라고 말합니다. 영적인 음란은 잡신을 섬기는 것입니다. 우상을 섬기는 것입니다. 육의 사람들은 끊임없이 육과 마귀의 유혹을 받아서 생각과 말과 행동이 부도덕하고 음탕함 속에 있습니다.

그리고 호색합니다. 무절제하게 성적 욕망에 빠져서 그것을 추구하다가 몸도 마음도 가산도 탕진하는 그러한 삶을 삽니다. 육의 사람은 우상숭배를 합니다. 하나님 이외에 자연이나 인간이 만든 것을 신으로 섬깁니다.

그러므로 무엇이든지 복 받는다면 해 앞에도 달 앞에도 물 앞에도 나무나 돌 앞에도 굽실거리는 이것이 육의 사람인 것입니다. 육의 사람은 술수를 행합니다. 육신적으로 주술을 통해 운명과 환경을 변화시키는 행위인 것입니다. 입으로 주술을 외우면 운명이 변화되고 복이 온다고 생각하고 있습니다.

육의 사람은 원수를 맺습니다. 화해를 거부하고 대적합니다. 오늘날 세상에 이렇게 미움과 원한이 꽉 들어차고 조금만 하면 원수가 되는 것입니다. 육의 사람이 살아 있기 때문인 것입니다.

육의 사람은 분쟁을 잘 합니다. 이해가 상반하여 다툽니다. 이해와 타협과 양보가 없습니다. 우리 한국에 노사 분쟁 같은 것은 육의 사람들이 모여서 그렇게 싸웁니다. 조금이라도 서로 이해하고 타협하고 양보가 있으면 문제가 해결될 것인데 이해가 상반하면 좌우간 남은 죽고 나는 살아야 된다는 그러한 욕심 가운데서 서로 분쟁을 합니다. 육의 사람입니다.

그리고 육의 사람은 시기힙니다. 남이 잘 되는 것을 미움에 쓰디쓴 마음을 품고 좋아하지 않습니다. 육의 사람은 분을 냅니다. 미움이 폭발하여 공격적이 되는 것입니다. 요사이는 걸핏하면 공격적이 되어서 분을 내어서 사람을 때려죽입니다. 육의 사람의 행위인 것입니다.

그리고 육의 사람은 당을 짓습니다. 파당을 지어서 화합을 깨뜨립니다. 조금만 하면 파당을 지어서 서로 대결하고 싸웁니다.

육의 사람은 분리합니다. 본 단체에서 떨어져 나가 협력을 거부합니다. 자기 마음에 맞지 아니하면 대다수가 좋아하면 그것에 따라 가야 할 것인데 민주주의 원칙입니다. 그러나 육의 사람은 분리합니다. 자기 뜻대로 안되면 사분오열이 되어서 물어 찢습니다.

육의 사람은 이단을 따라 갑니다. 말씀의 근원적인 진리를 벗어나서 암적 조직체가 되는 것이 이단인데 이 이단이란 하나님의 성경의 정상적인 가르침을 떠나서 자기의 욕심을 좇아 새로운 단체를 결성하고 따라 나가나 종국에는 멸망당하고 말 것입니다. 육의 사람은 투기합니다. 자기보다 더 사랑을 받거나 인정을 받거나 성공하는 것을 마음속에 극히 시기합니다.

육의 사람은 술 취함 속에 삽니다. 술 취함이란 이성이 마비되어 정상적인 말과 행위를 잃어버립니다. 세상에 취해서 사는 사람입니다. 성경에는 술 취하지 말라 이는 방탕한 것이라고 말씀하셨습니다. 술이 취하면 방탕하게 되고 생활을 파탄에 이르게 합니다.

그리고 육의 사람은 방탕합니다. 방탕이란 무질서, 무절제한 생활로 인격을 상실해 버린 것을 말합니다. 성경은 말씀하시기를 이와 같은 일을 하는 자들은 하나님의 나라를 유업으로 받지 못할 것이라고 말했습니다.

육의 사람은 욕심에 끌려서 살아갑니다. 물질을 하나님보다 더 사랑합니다. 물질을 위해서는 하나님도 찾지 않습니다. 예수를 믿는 다고 하면서도 겨우 주일에 한번 예배당에 얼굴을 내미는 정도입니다. 그것도 사업에 문제가 있거나 생활에 문제가 있으면 가차 없이 주일을 범합니다. 그러다가 자신의 건강이나 사업이나 가정에 문제가 생기면 하나님을 원망합니다. 자신의 행위는 살피지 아니하고 하나님을 원망하는 것입니다. 예수님을 믿어도 소용이 없더라하며 불평과 불만을 합니다. 자신의 마음 안에 하나님께서 주인으로 계시지 않기 때문에 모든 문제가 생기를 것이라는 것을 알아차리지 못합니다.

그러므로 육에 잡혀서 사는 사람들은 절대로 하늘나라를 유업으로 받지 못하고 또 하늘나라를 이해 못합니다. 왜냐하면 육이란 마귀의 노예입니다. 그러므로 육과 마귀는 손을 잡고 우리 인생들을 도적질하고 죽이고 멸망시킵니다.

육은 일어나서 마귀와 손을 잡고 영적인 사람을 철저히 짓밟아 버리고 노예화하고 그리고 죽이려고 하는 것입니다. 이렇기 때문에 우리는 이 육으로 둘러 싸여 있는 이상 우리의 원수가 구만리 장천 멀리 있는 것이 아니라 24시간 우리를 둘러싸고 있습니다.

육은 마귀와 손을 잡고 끊임없이 우리에게 도전해 오는 것입니다. 그러나 예수 그리스도가 십자가에 못 박힐 때 육신을 갖고 십자가에 못 박아 육을 죽이고 장사해 버리고 신령한 사람으로 부활한 것처럼 우리가 예수를 구주로 믿을 때 우리의 육은 십자가에 죽은 것입니다. 그러므로 우리는 끊임없이 예수 그리스도로 말미암아 이 육을 십자가에 계속 못 박아야 됩니다. 이것은 하루 이틀 만에 완성되는 것이 아닙니다. 계속해서 육은 십자가에 못 박고 예수 그리스도로 말미암아 부활의 생명인 신령한 속사람이 일어나야 되는 것입니다.

이렇기 때문에 이 육과의 싸움은 우리의 육으로서는 절대로 안 됩니다. 예수 믿고 하나님의 성령을 우리에게 보내 주셨기 때문에 성령이 눈에 안 보이지만 성령의 능력을 의지하지 않고는 이 육의 일을 멸하고 신령한 신앙생활을 절대로 못합니다. 우리가 추운 날이나 더운 날이나 교회에 와서 앉아서 예배하며 기도하는 것은 육의 모든 반발을 이기고 교회에 와 있다는 이 자체가 우리 속에 성령이 계시기 때문에 그렇게 된 것입니다. 자신의 생각으로는 자신 스스로가 교회에 왔다고 생각하지만 그렇지 않습니다.

성령께서 자신 속에 계셔서 자신을 붙잡아서 자신으로 하여금 신령한 사람이 육을 정복하고 일어날 수 있도록 도와주었기 때문에 그런 것입니다. 이러므로 성령으로 말미암지 않고는 예수를 주라고도 할 수 없고 성령으로 말미암지 않고는 하나님 아버지를 부를 수도 없고 성령으로 말미암지 않고는 육을 이기고 신앙생활을 계속 할 수 없습니다.

이렇기 때문에 우리 예수 믿고 난 다음에 하나님이 우리 속에 보내 주신 이 성령님을 우리는 늘 인정하고 환영하고 모셔 들이고 성령께 의지해야 합니다. 성령 없는 사람은 비가 없는 구름, 불이 없는 화로와 같습니다. 열매 없는 나무와 같습니다.

그러므로 성령 없이는 종교적인 의식이나 형식은 가지고 있을지 몰라도 생명은 없습니다. 그렇기 때문에 성령 없는 수많은 사람들이 교회에 왔다 갔다 하면서 교회 밖에 나가서는 예수 안 믿는 사람과 똑같이 육의 생활을 합니다. 세상에서 썩어진 생활을 하고 어둡고 캄캄한 생활을 합니다. 그 사람은 종교는 있어도 영적으로 죽은 사람이요 육의 사람이 살아서 있습니다.

종교가 그런 사람을 구원하지 못합니다. 그러한 사람은 종교를 가졌을지라도 마침내는 멸망하고 마는 것입니다. 신령한 사람이 일어나서 성령의 힘을 입어 육의 사람을 정복하고 육의 사람을 죽이고 생활하면 이러한 사람은 어느 곳에 가도 빛이 되고 소금이 됩니다. 이러한 사람의 종국은 영원한 영광이요, 영생인 것입니다.

둘째, 영의 사람의 특성. 영의 사람 성령의 사람은 사랑의 사람입니다. 사랑이란 남을 귀중히 여기고 섬기는 것을 말합니다. 나를 섬겨달라고 내 중심으로 사는 이기주의는 성령의 사람이 아닌 것입니다. 성령의 사람은 사랑의 사람입니다. 그래서 남편은 아내를 아내는 남편을 부모는 자식을 자식은 부모를 또 이웃을 섬기는 삶, 귀중히 여기는 삶, 이것이 사랑의 삶인 것입니다. 성령의 사람은 또한 희락의 사람입니다. 그 마음속에 소원이 있어요. 성령이 계시므로 그 뱃속에서 늘 슬거움이 있습니다. 기도를 통해서 슬픔과 고통은 십자가에 맡겨 버리고 늘 마음에 즐거움이 있습니다.

제가 강단에 서서 보면 찬송을 부를 때 많은 사람들의 얼굴이

환해서 기쁨을 가지고 찬송을 부르는가 하면 어떠한 사람은 입이 길게 나와서 기쁨이 하나도 없는 사람이 있습니다. 얼굴에 오만가지 근심과 두려움이 가득합니다. 그는 성령의 사람이 아닐 수도 있습니다. 성령의 사람은 희락이 있습니다. 성령의 사람은 화평의 사람입니다. 마음속에 평안이 있어서 세상에 많은 요란함이 있더라도 하나님께 늘 맡기고 의지하기 때문에 그 영혼의 깊숙한 속에 평화가 있는 것입니다. 성령의 사람은 오래 참습니다. 성급하게 언어, 행동하지 않습니다. 육의 사람은 성급하게 언어 행동을 하고 파괴적이지만 성령의 사람은 오래 참습니다.

그 다음 성령의 사람은 오래 자비심을 갖습니다. 불쌍히 여깁니다. 이웃에 헐벗고 굶주리고 고통당하는 것을 함께 마음으로 짐을 지고 육신으로 함께 짐을 지고 고통을 당하며 최선을 다해서 협조하고 도와주려는 자비심을 가지고 있습니다. 남이야 죽든 말든 내가 살면 되지 뭐 남에게 관심을 가질 것 뭐냐? 이것은 육의 사람의 행동인 것입니다. 성령의 사람은 양선한 사람입니다. 착한 마음을 가지고 있지요. 육의 사람은 간사하거나 악합니다. 아주 악한 행동을 합니다. 그러나 성령의 사람은 아주 양선 합니다. 착한 마음을 가지고 있습니다.

그 다음에 성령의 사람은 충성스럽습니다. 배신을 하지 않고 마음을 다해 받들어 섬깁니다. 육의 사람은 배신합니다. 자기에게 많은 사랑을 베풀고 은혜를 베푼 사람도 자기 이해에 부딪치면 눈물도 없이 배신하고 돌아서는 것이 육의 사람입니다. 그러나 성령의 사람은 그렇지 않습니다.

성령의 사람은 사랑을 받고 은혜를 입었으면 자기에게 여간 불리하고 어려운 일이 다가온다 할지라도 그는 충성스러워서 배신하지 않고 마음을 다해서 받들어 섬기는 이것이 바로 충성스러운 마음입니다. 성령의 사람의 마음인 것입니다. 성령의 사람은 온유합니다. 따뜻하고 유순하며 잘 길들여진 예수님의 성품을 가지고 있습니다. 사납고 무서운 육의 사람과 다릅니다.

따뜻하고 유순하며 잘 길들여진 성품을 가진 사람이기 때문에 성령의 사람과 같이 있으면 마음이 편안해요. 성령의 사람과 같이 있으면 마음이 즐거워요. 그러나 육의 사람과 같이 있으면 마음이 불안해요. 편안하지 못합니다. 고통스럽습니다.

성령의 사람은 절제합니다. 도나 분수를 잘 지켜 행하는 것입니다. 오늘날 우리 한국에 가장 큰 문제는 우리가 도나 분수를 잃어버린 삶을 살아가고 허영의 지배를 받고 있다는 것입니다. 자신의 처지를 알아차리지 못하고 허영을 일삼는 사람들이 있습니다. 우리 민족이 지금 절제하는 성품, 영의 사람은 없고 도나 분수를 잘 행하지 않습니다. 자본가들은, 있는 사람들은 일확천금이나 하려고 하고 노동자들은 일은 안 하면서 돈은 욕심껏 분수를 넘어서 손의 쥐려고 하고 결국은 분쟁밖에 없습니다.

절대로 이 세상에 우연이란 없고 요행이란 없습니다. 우리가 이 길로 가면 그들이 다 우리보고 주변 사람들이 평가한 대로 5년 이내에 제일 꼬리가 될 것입니다. 그리고 나중에는 구걸하는 처지가 될 것입니다. 빨리빨리 정신을 차려서 우리는 절제의 삶을 살 수 있어야 됩니다.

우리는 생활도 절제하고 그리고 우리의 임금도 절제하며 우리 삶의 모든 행위도 절제가 있어야 합니다. 그러면 앞으로 울지 않고 잘 살 수 있을 것입니다. 이러므로 우리 민족이 살 수 있는 길은 이 육의 사람을 정복하고 성령의 사람들이 살아 일어나는 길밖에 없습니다. 우리가 다 예수 믿고 우리의 육을 정복하고 우리의 속 사람신령한 사람이 일어나서 그래서 사랑과 희락과 화평과 오래 참음과 자비와 양선과 충성과 온유와 절제 이와 같은 성품을 함양해서 살아갈 때 이러한 성품이 우리에게 영생으로 이끌 뿐 아니라 이 땅에 사는 동안에 머리되고 꼬리 되지 않고 위에 있고 아래 내려가지 않고 남에게 꾸어줄 지라고 꾸지 않는 삶을 살 수 있도록 만들어 주시는 것입니다.

셋째, 신령한 영의 사람이 되기 위해서는 어떻게 해야 될까요?
우리가 알아야 될 것은 우리가 예수를 믿었다는 것은 하나의 종교를 받아들인 것이 아니라 완전히 옛 사람은 죽고 새 사람으로 살아났다는 것을 알아야 합니다. "누구든지 그리스도 안에 있으면 새로운 피조물이라 이전 것은 지나갔으니 보라 새것이 되었도다" 아예 육의 사람은 십자가에 못 박아서 제쳐 버렸습니다. 그러므로 지나간 때의 주인이 육의 사람입니다. 육의 사람은 지나간 때의 주인입니다.

옛날에 예수를 믿기 전에는 육의 사람이 완전히 주인 노릇해서 우리를 붙잡아서 마음의 욕심과 육신의 정욕대로 끌려가고 마귀의 종이 되게 만들었는데 십자가를 통하여 이 육의 사람을 우리는 죽여 버리고 성령으로 말미암아 우리는 속사람이 살아났습니다.

신령한 살아 일어나게 된 것입니다. 그러므로 이제 예수 믿는 우리들에게는 이 신령한 사람이 우리의 삶의 주인인 것입니다. 육의 사람이 주인이 아닙니다. 신령한 사람이 주인입니다. 이 주인이 성령의 힘을 얻어서 육의 사람 마귀와의 종의 된 육의 사람이 올 때 이를 쳐서 물리쳐야 되는 것입니다.

그러므로 갈라디아서 5장 1절에 "그리스도께서 우리로 자유롭게 하려고 자유를 주셨으니 그러므로 굳세게 서서 다시는 종의 멍에를 메지 말라"고 말하는 것입니다. 다시 메지 마라. 다시 육의 노예가 되고 마귀의 종이 되지 마라. 그렇게 말하고 있는 것입니다.

주께서 십자가를 통해서 육의 사람을 멸하고 마귀를 정복했기 때문에 예수를 믿고 신령한 사람이 주인으로 살아 일어나고 신령한 사람은 하나님의 성령의 힘을 입어서 사는 것입니다.

그리고 이 신령한 사람은 그 가슴속에 하나님의 길과 하나님의 법을 바로 새겨서 굳세게 잡고 있어야 되는 것입니다. 하나님의 길이라는 것은 바로 예수님의 길이 아닙니까. 예수님께서 십자가에서 성령으로 용서받는 길 성령 충만 받는 길, 병 고침 받는 길, 잠재의식의 상처를 치유 받는 길, 그리고 죽복 받는 길, 영생 얻는 길로써 우리에게 들어오는 것입니다.

예수님이 바로 우리의 길인 것입니다. 그러나 이 길을 바로 가

자면 이 길을 지켜 주는 하나님의 계명과 성령의 법이 필요한 것입니다. 우리나라가 잘 살려면 군대가 있어서 대적을 막아 줘야 하는 것처럼, 우리가 예수 믿고 성령님의 인도로 축복의 길에 들어섰으면 이 길에서 떠나지 않도록 지켜줄 군대가 필요한 것입니다.

그 군대가 바로 하나님의 계명이요, 성령의 법인 것입니다. 이를 성령께서 깨닫게 하시고 인도하시는 것입니다. 오늘날 많은 사람들이 예수를 믿고 구원받는 길에만 들어서서 자기를 지킬 수 없으므로 육체가 들어오고 마귀가 들어와서 그만 은혜의 길에 있는 우리들을 좇아내 버리고 길 잃어버린 자가 되고 도로 멸망 받게 하는 때가 많습니다. 그러나 우리 속에 예수 믿고 우리가 길을 가졌으면 이 길을 지켜줄 수 있는 군대인 하나님의 계명과 성령의 법이 우리 마음을 지켜야 되는 것입니다. 우리가 계명을 지키므로 구원을 받는 것은 아닙니다만 계명이 우리를 지켜 주는 것입니다. 그러므로 하나님의 십계명과 성령의 법이 우리의 마음을 점령해서 원수로부터 우리를 지켜 주는 것입니다. 계명의 법과 성령의 법 이것이 바로 죄와 사망의 법에서 우리를 해방시켜 주는 것입니다.

그렇기 때문에 오늘날 우리는 예수만 믿을 뿐 아니라 우리 마음 속에 십계명도 외우고 성령님을 인정하고 환영하고 모셔 들이고 성령께 의지해서 계명과 성령이 우리를 둘러 진치고 우리를 지켜 주어서 우리가 그리스도의 길에서 떠나가지 않도록 그렇게 만들어야만 하는 것입니다.

그리고 우리가 혹시 죄를 범하면 곧장 회개해야 합니다. 요한 일서 2장 9절에 "만일 우리가 우리 죄를 고백하면 저는 미쁘시고 의로우사 우리 죄를 사하시며 모든 불의에서 우리를 깨끗하게 하실 것이라"고 말씀하고 있는 것입니다. 한 시라도 신속히 회개해서 육체와 마귀가 틈타지 못하도록 해야 되는 것입니다.

그리고 우리는 성령 충만한 삶을 살아야 되는 것입니다. 성령으로 살면 성령으로 행하라고 했는데 성령으로 사는 생활이란 말씀이 충만한 삶이요 성령으로 기도하여 성령으로 충만한 삶인 것입니다. 성령의 인도를 받으면서 온몸으로 기도하면서 자신을 성찰하며 고쳐가는 삶입니다. 우리가 성실하게 하나님 말씀을 늘 공부하고 읽고 말씀을 듣고 기도하기를 힘쓰면 말씀 충만, 기도 충만하면 그것이 바로 성령 충만으로 이어지는 것입니다. 그래서 하나님의 성령이 우리와 같이 계시고 우리가 늘 성령님을 예배드리고 인정하고 환영하고 성령께 의지하면 계명과 성령이 우리를 예수 그리스도의 은혜의 길속에서 걸어가게 만들어 주는 것입니다. 그 나라와 그 의를 구하게 해 주시고 영혼이 잘됨같이 범사에 잘되며 강건한 삶을 살 수 있도록 우리를 마귀와 육체와 세상에서 지켜 주는 것입니다.

우리는 영원한 천국에 올라갈 때까지 부활의 몸을 입을 때까지 육체 안에서 신음하며 끝없이 투쟁을 계속 해야만 합니다. 조금이나도 사만하거나 방심하면 옛 주인 육의 사람이 마귀와 손을 잡고 우리를 종으로 삼으려고 우는 사자와 같이 덤벼드는 것입니다.

우리는 항상 이 육체를 쳐서 십자가를 통하여 복종시키고 성령을 의지하므로 신령한 삶을 계속 해야만 되는 것입니다. 그렇게 할 때 우리는 참으로 빛과 소금이 되고 우리 주 예수님을 기쁘시게 할 수 있는 마음의 준비가 될 수 있습니다.

우리는 이 땅에서 육으로 태어났지만 그대로 있으면 멸망하고 맙니다. 예수를 믿어 영으로 다시 태어나야 되는 것입니다. 그래서 하나님의 자녀가 됩니다. 이것은 육신으로나 사람의 뜻으로 태어나는 것 아닙니다.

하나님으로 태어난 속사람, 영의 사람, 신령한 사람으로 우리는 태어나고 그리고 이 신령한 사람은 예수를 중심으로 삽니다. 예술의 길에 서서 살아 나갑니다. 예수의 길속에 바로 용서가 있고 성령 충만이 있고 필요도 있고 축복도 있고 천국도 있습니다.

예수의 길에서 우리가 살아나갈 때 끊임없이 육이 쳐들어오고 마귀가 우리를 도로 넘어뜨리려고 할 때 우리를 지켜주는 군대가 바로 하나님의 계명이요 성령의 법인 것입니다. 우리가 하나님의 계명으로 무장하고 하나님의 성령으로 무장하고 있으면 이 모든 육과 마귀를 쳐서 복종시켜 영광스러운 승리의 삶을 살게 되는 것입니다. 이러므로 육신의 완전히 성령으로 그 몸의 행실을 죽이고 살아야 되는 것입니다. 이것이 우리의 신앙생활에 끊임없는 투쟁인 것입니다. 그러나 오늘 제가 확실히 말하고 싶은 것은, 자신의 주인은 육신도 아니요, 자신은 혼도 아니요, 자신은 하나님의 형상과 모양대로 지은 받은 영인 것을 알게 되기를 주의 이름으로 축원합니다. 자신은 영원한 영인 것입니다. 영이 귀하의 주인입니다.

영은 혼을 굴복시키고 육의 행실을 죽이고 주인 노릇을 해야 되는 것입니다.

따라 말해보세요. "나는 영의 사람이다. 혼을 굴복시키고 육신의 행실을 죽이고 산다." 성령으로 충만한 영이 주인노릇하고, 성령으로 중심이 잡히면, 그 다음에는 혼은 영에 굴복을 하고, 육은 그 행실을 죽이고, 하나님께 복종하게 되는 것입니다. 그러면 하나님의 복을 받으면서 누리면서 사는 사람이 되는 것입니다. 영으로 사는 삶이란 생명과 평안이 넘치는 삶이요, 하나님께 끊임없이 영광 돌리는 생활이 될 수가 있는 것입니다. 영으로 사는 사람만이 진실로 하나님께 영광을 돌립니다.

충만한 교회에서는 매주 화-수-목 성령치유 집회를 10:30-13:00까지 진행을 합니다. 무료집회입니다. 단 교재를 매주 구입을 해야 입장이 가능합니다. 매주 다른 과목을 가지고 집회를 인도합니다.

오시면 병원이나 세상 방법으로 해결하지 못하는 15가지 질병과 문제도 해결 받겠다는 믿음과 의지를 가지고 참석하면 모두 해결 받습니다. 단 성령께서 자신을 장악해야 치유가 되기 때문에 성령이 장악하는 기간이 사람마다 다릅니다. 오시는 분 모두 지금 천국과 아브라함의 복을 누리면서 하나님쓰임을 받는 목회자 성도가 됩니다. 그래서 무슨 문제이든지 믿음을 가지고 오시면 해결이 된다는 것입니다. 오셔서 모두 치유와 능력을 받으시기를 바랍니다.

5장 쉽게 구별되는 영의 사람 육의 사람

(고전2:14-15)"육에 속한 사람은 하나님의 성령의 일들을 받지 아니하나니 이는 그것들이 그에게는 어리석게 보임이요, 또 그는 그것들을 알 수도 없나니 그러한 일은 영적으로 분별되기 때문이라. 신령한 자는 모든 것을 판단하나 자기는 아무에게도 판단을 받지 아니하느니라."

육에 속한 사람과 영에 속한 사람을 아십니까? 아니 구별할 수가 있습니까? 고전2:13절에 답이 있습니다. "우리가 이것을 말하거니와 사람의 지혜가 가르친 말로 아니하고 오직 성령께서 가르치신 것으로 하니 영적인 일은 영적인 것으로 분별하느니라." 육에 속한 자는 사람의 지혜로 가르침을 받고 가르치는 자들입니다. 영에 속한 자는 성령의 가르침을 받는 자들입니다. 사람의 지혜와, 성령의 가르침을 번갈아 받는 사람도 육을 가진 사람이 하는 것입니다. 성령의 뜻으로 전하는 자와 사람의 지혜로 전하는 자 와는 극과 극이 될 수 있습니다. 그리스도인이라면 소망이 있습니다. 목적도 있습니다. 결국이 있는 것입니다. 그것을 사람의 지혜로 이끌고 간다면 어떻게 되겠습니까? 성령의 이끌림을 따라 가야 완전한 곳으로 가겠지요. 성령의 이끌림 받는 다고 주장하는 이곳에서도 여러 면을 볼 수 있습니다. 모든 분들은 자기가 진리라고 주장 합니다. 진리란 성령의 이끄심에 동일함이 있어야 되는데 글을 보면 다 똑 같지 않고 다릅니다. 하나님에게서 온 것이라면 다 똑같아야 되는데 다 다릅니다.

　이처럼 세상 학문 연구에서 나오는 개인 적인 것일 수도 있고, 거짓말로 미혹하는 것일 수도 있고, 성령을 가장한 거짓 영일 수도 있기 때문에, 다 다르다는 것을 볼 수 있습니다. 그래서 영분별 하는 은혜를 받아 신령한 자가 되어 아무에게도 판단 받지 않고, 그리스도의 마음을 바로 알고, 진리의 영에 속한 자가 되어야 한다고 사도 바울은 편지로 이 시대 우리에게 전하고 있는 것입니다.

　영에 속한 자는 누구일까요? 자신 앞에 골리앗이 버티고 있어도 당황하거나 두려워하지 않고 담대하게 성령이 주시는 하나님의 말씀을 선포하여 물리치는 다윗과 같은 사람입니다. 내 인생 내가 사는 것이 아니요, 하나님께서 사신다는 믿음이 있는 자입니다. 하나님의 영에 속한 자를 통해서 하나님의 일을 하십니다. 성령의 사람이 되어 하나님께 쓰임을 받으려면 하나님께서 원하시는 영에 속한 자가 되어야 합니다. 혼에 속한 자는 어떤 사람일까요? 골리앗을 보고 겁을 내고 있는 사울 왕입니다. 사울왕은 전형적인 혼(이성)에 속한 사람입니다. 사무엘상 17장 33절에 보면 "사울이 다윗에게 이르되 네가 가서 저 블레셋 사람과 싸울 수 없으리니 너는 소년이요 그는 어려서부터 용사임이니라" 말합니다. 사울에게는 하나님은 안중에도 없습니다. 모든 일을 자신이 해결해야 하는 사람입니다. 다윗하고 골리앗하고 비교 분석하여 안 된다고 말하는 사람입니다. 성령으로 거듭나 영에 속하여 하나님께 쓰임을 받을 사람이 사울 왕과 같이 혼(이성)에 속해있으면 애당초 능력을 이끌어낼 생각하지도 말아야 합니다.

육에 속한 사람은 어떤 사람입니까? 사무엘상 17장 24절에 보면 "이스라엘 모든 사람이 그 사람을 보고 심히 두려워하여 그 앞에서 도망하며" 골리앗의 고함 소리에 놀라서 도망하거나 숨는 사람입니다. 스스로 아무것도 할 수 없는 사람입니다. 예를 하나 더 들어 설명하면 홍해 가에 앉아서 아우성을 치는 이스라엘 사람들입니다. "그들이 또 모세에게 이르되 애굽에 매장지가 없어서 당신이 우리를 이끌어 내어 이 광야에서 죽게 하느냐 어찌하여 당신이 우리를 애굽에서 이끌어 내어 우리에게 이같이 하느냐"(출 14:11). 이 사람들이 육에 속한 사람들입니다.

첫째, 육에 속한 사람. 육의 사람은 태어난 그대로의 사람입니다. 어머니의 뱃속에서 나온 그 순간부터 그 사람은 육의 사람인 것입니다. 물론 어머니의 뱃속에 있을 때부터 육의 사람으로 생성된 것입니다. 육의 사람이란 영이 죽은 사람을 말합니다. 하나님의 성령과 교통을 할 수 없는 사람이 바로 육의 사람입니다. 이 세상에 태어나서 선과 악을 전혀 행한 적이 없는 사람도 영이 죽어서 태어났기 때문에 육의 사람입니다.

육에 속한 사람은 요한복음 6장에 나오는 예수님의 표적을 보고 몰려든 군중들입니다. 요한복음 6장 5절에 "예수께서 눈을 들어 큰 무리가 자기에게로 오는 것을 보시고 빌립에게 이르시되 우리가 어디서 떡을 사서 이 사람들을 먹이겠느냐 하시니" 이 사람들은 스스로 아무 것도 할 수없는 사람들입니다. 예수님이 먹이지 아니하면 허기에 지쳐서 쓰러질 사람들입니다. 오로지 육적인 만족을 위해서 예수님이 필요한 사람들입니다. 도저히 하나님을 통해서 아무것도 공급받을 수 없는 사람들입니다.

출애굽기 14장 11절을 보면, 이스라엘 백성들이 홍해 가에서 입을 열어 불평합니다. "그들이 또 모세에게 이르되 애굽에 매장지가 없어서 당신이 우리를 이끌어 내어 이 광야에서 죽게 하느냐 어찌하여 당신이 우리를 애굽에서 이끌어 내어 우리에게 이같이 하느냐" 430년 동안 저들이 노예 생활을 하던 애굽에서 해방 받아서 저들이 약속의 땅 가나안으로 가는데 불과 얼마 지나지 않아서 그 기쁨은 사라져버리고 앞에 홍해가 막히고 뒤에 군사가 쫓아오니까 우리를 차라리 종살이 하게 내버려두지 왜 우리를 건져내갖고 여기서 죽게 하느냐? 우리를 묻을 묘지가 없어서 이곳에 까지 끌고 나오느냐? 다 입을 열고 불평합니다. 육에 속한 사람은 문제를 만났을 때 제일 먼저 하는 것이 불평입니다. 자신이 문제를 해결하려다가 안 되겠으니까, 불평합니다.

하나님께 기도하여 지혜를 받아 문제를 해결하려고 하지 않고 핑계를 대고 불평과 불만만 터트립니다. 하나님을 믿고 따라서 나왔지만 영이신 하나님을 모르는 사람들입니다. 할 수 있는 것이 원망입니다. 남의 탓입니다. 모세를 탓하고 하나님을 원망했어요. 문제가 생겼을 때 내가 문제가 무엇일까? 내 자신을 살펴봐야 하는데 당신 때문에 그렇소… 당신 때문에 그렇소… 원망하면 문제가 더 커져버립니다. 하나님께서 하신다는 믿음이 없으니 원망합니다.

이스라엘 백성이 스로 광야에 들어가서 사흘 동안 물을 얻지 못하매 목이 타서 죽을 지경이었습니다. 그러자 호수를 발견했는데 뛰어가서 물을 마셔보니 물이 써서 마실 수가 없었습니다. 백성들은 그만 또다시 절망하고 말았습니다. 사흘 동안 물을 못 마셨는데 물을 발견하고 마셔보니 독이 있어 그들이 먹자 말자 토하고 배를 안고 뒹굴고 말았습니다. 또다시 하나님과 모세를 원망하고 고함고함을 쳤습니다. 이 사람들은 하나님과 통하는 모세가 없으면 모두 광야에서 죽을 사람들입니다. 성령이 없으니 하나님과 교통할 수가 없기 때문입니다. 모세(신령한 성도 목회자)가 없으면 날마다 문제에 눌려서 죽을 사람들입니다.

그러면 하나님의 성령을 받지 못한 사람은 어떻습니까? 고린도전서 2장 14절을 보십시오. "육에 속한 사람은 하나님의 성령의 일들을 받지 아니하나니 이는 그것들이 그에게는 어리석게 보임이요, 또 그는 그것들을 알 수도 없나니 그러한 일은 영적으로 분별되기 때문이라" 육에 속한 사람은 하나님의 성령을 받지 못한 사람입니다. 하나님의 성령을 받지 못한 사람은 하나님의 성령의 일들을 받지 않습니다. 그들이 보기에는 어리석은 일처럼 보이기 때문입니다. 하나님께서 홍해에 길을 낼 수가 있다는 것을 믿지 못합니다. 모든 것을 자신이 할 수 있는 것만 믿고 받아드리는 육체의 사람들입니다.

둘째, 혼(이성)에 속한 사람. 요한복음 6장에 보면 예수님의 제자 빌립이 이와 같이 계산이 빠른 사람이었습니다. 예수님께서 "우리가 어디서 떡을 사서 이 사람들을 먹이겠느냐"고 물으니까,

빌립은 계산할 시간도 없이 순식간에 저들에게 조금씩 받게 할지라도 이백 데나리온이나 되는 돈이 부족할 것입니다. 언제 계산을 했는지 순식간에 이백 데나리온이라는 돈이 부족하다고 말했습니다. 그렇기 때문에 자기 계산에 의하면, 군중들을 먹이는 것이 불가능하다고 부정적으로 말했습니다. 빌립의 계산은 정확한 듯 보이지만, 빠르게 계산하는 비상한 두뇌를 가지고 있지만 결정적인 결함이 있습니다. 예수님을 모시고 있는 사람, 예수님을 믿는 사람은 문제가 생길 때, 계산을 할 때 반드시 예수님을 계산에 넣어야 하는데 빌립은 예수님을 계산에 넣지 않았습니다. 강력한 능력을 이끌어낼 사람은 무엇을 하든지 문제가 생기면 그 문제에 예수님을 계산에 넣어야 되는 것입니다.

　예수님이 나와 함께 계셔서 우리가 함께 문제를 해결한다고 생각해야지 예수님을 생각하지 않고 문제만 바라보고 우리가 해결하려고 한다면 잘못을 범하게 되는 것입니다. 하나님이 원하시는 사람은 인간적으로 계산이 빠른 머리가 좋은 사람이 아니라 믿음의 사람을 주님은 원하시는 것입니다. 빌립이 문제만 바라봤기 때문에 큰 실수를 했습니다.

　예수님은 어제나 오늘이나 영원히 동일하시며 능치 못하심이 없는 그리스도를 계산해 놓고서 모든 것을 보았더라면 다른 대답이 나왔을 것입니다. 예수님께서는 요한복음 6장 5절로 7절에 "예수께서 눈을 들어 큰 무리가 자기에게로 오는 것을 보시고 빌립에게 이르시되 우리가 어디서 떡을 사서 이 사람들을 먹이겠느냐 하시니 이렇게 말씀하심은 친히 어떻게 하실지를 아시고 빌립을 시험하고자 하심이라" 이 많은 군중을 어디에서 떡을 사서 먹이느냐. 주님이 물으실 때 몰라서 물은 것이 아니라, 어떻게 할 줄 다 아시면서도 빌립의 믿음을 시험해 보셨습니다. "빌립이 대답하되 각 사람으로 조금씩 받게 할지라도 이백 데나리온의 떡이 부족하리이다" 사람의 수는 인산인해인데 어떻게 이 많은 군중을 먹일 수 있겠는가. 돈이 엄청나게 들어서 다 먹이고도 이백 데나리온의 돈이 부족할 것이라고 말했습니다. 그뿐 아니라 떡 살 곳도 없고 왜 예수님이 이런 마음에 들지 않는 질문을 하셨는지 빌립은 기분이 좋지 않았습니다.

그의 눈에는 인산인해인 사람들이 보이고, 광야가 눈에 보이고, 텅 빈 호주머니가 눈에 보이고, 떡살 곳이 없는 것이 눈에 보이지 예수님은 보이지 않았었습니다. 예수님과 같이 있는데 예수님을 못 보았습니다. 우리들도 그렇게 생활할 때가 많지요? 예수님이 볼지어다. 내가 세상 끝날까지 항상 너와 함께 있겠다고 말씀하셨는데 문제가 생기면 문제만 보이고 같이 계신 예수님은 안 보입니다. 계산에 넣지 않습니다. 주님 나와 같이 계시니 주께서 이 문제를 나와 함께 해결해 주실 줄 믿습니다. 주님을 의지합니다. 이렇게 하지 않고 '아이고 나 죽겠다. 이제 큰일 났다. 나는 이 문제로 인하여 파산하겠다.' 그런 부정적인 말을 먼저 하게 되는데 이는 중대한 잘못을 저지르는 것입니다. 우리 인생을 살아가는 경험에 의해서 사물을 판단하면 큰 실수를 하게 되는 것입니다.

인생을 살면서 초년에 실패를 여러 번 계속하고 어려움을 당하면 그 마음에 어떤 생각이 들어오느냐면 '할 수 없다. 못 한다. 안 된다. 나는 능력이 없다.' 그 다음에는 좋은 기회가 생겨나도 그 기회를 잡지 못하고 땅에 붙어서 기어 다니는 것입니다. 사람도 한계를 가지고 있기 때문에 자신의 경험만으로 판단하면, "안 된다, 못한다, 불가능하다"고 결론을 내리게 되는 것입니다. 그러나 우리는 우리의 능력이나 우리의 경험으로 계산해서는 안 됩니다. 우리는 항상 예수님을 모시고 계산해야 되는 것입니다. 예수님을 모시고 계산하면 잘 될 때나 못 될 때나 내가 성공했을 때나 실패했을 때나 그것은 문제가 되지 않는 것입니다. 예수님이 나와 같이 계시므로 예수님을 계산하고 나가면 주님이 우리를 데리고 사망의 음침한 골짜기에서 승리하게 해주시고 원수의 목전 앞에 상을 베풀어 주시는 것입니다. 우리가 아무리 계산을 잘 한다고 하더라도, 하나님보다 잘 할 수는 없습니다. 그러므로 하나님께 집중하여 하나님께서 하라는 대로 하는 것입니다.

　주님! 저는 이 문제를 해결해야 되는데 내 힘으로는 할 수가 없는 것을 알기 때문에 예수님께 의지합니다. 예수님! 저와 같이 계시므로 계산에 예수님의 실력을 넣어서 계산하므로 돌보아주시옵소서. 예수님을 꼭 인정하고 환영하고 모셔드리고 의지하고 계산을 해야 되는 것입니다. 전쟁할 때는 상대방의 전력을 먼저 계산해 봅니다. 상대방의 전력을 계산하지 않고 무조건 들어갔다가는 백전백패하는 것입니다.

　이스라엘 백성이 가나안 땅에 들어갈 때 열두 정탐군을 보낸 것은 미리 적군의 군사력이나 경제력을 계산에 넣어서 이길 수 있느냐 없느냐를 알아보고 작전 계획을 세우려고 한 것입니다. 열두 명의 정탐꾼을 보냈는데 열 명은 돌아와서 고개를 설레설레 흔듭니다. 어림도 없습니다. 우리는 우리 자신을 그들에게 비교해보니 메뚜기와 같습니다. 감당 못 합니다. 다 사로잡힐 것입니다. 하나님의 말씀을 조금도 생각하지 아니하고 하나님을 계산에 넣지 않고 이스라엘 백성 힘만 바라보고 나가니까 가나안의 족속들을 감당할 수 없다고 말했습니다.

여호수아와 갈렙은 하나님을 계산에 넣고 갔기 때문에 아니요! 그 사람들은 우리 밥입니다. 들어가서 우리가 잡아먹으면 되는 것입니다. 하나님이 우리와 같이 계시므로 그들은 우리의 것입니다. 완전히 계산이 달랐습니다. 하나님 없는 계산을 하는 사람은 우리는 그들에 비해서 메뚜기라고 말하고 하나님을 넣어서 계산한 그들은 우리는 그들을 잡아먹는 사람이요, 그들은 우리 밥풀이라고 말한 것입니다. 메뚜기하고 밥풀하고 얼마나 틀립니까? 메뚜기는 밟아버리면 죽지만 밥풀은 먹거리가 되는 것입니다. 인생에 다가오는 현실 문제는 하나님과 같이 계시면 다 밥입니다. 현실 문제가 생기면 즐겁게 생각해야지 두려워할 필요가 없는 것입니다. 하나님이 같이 계시기 때문인 것입니다. 우리가 하나님이 계시면 언제나 환경을 바라보고 두려워하지 않고 예수님을 계산에 넣기 때문에 합력하여 유익이 될 것을 계산하는 것입니다. 하나님을 사랑하는 자 그 뜻대로 부르심을 입은 자들에게는 모든 것이 합력하여 선을 이룬다고 말한 것입니다.

셋째, 영에 속한 사람. 홍해가 막혀있고 뒤에는 바로의 군대가 쫓아와서 430년 만에 애굽에서 탈출한 이스라엘 백성이 원망과 불평을 쏟아놓을 때 가만히 있으라는 말이 나옵니다. 모세가 하나님이 함께 하신다는 음성을 듣고 담대히 말했습니다. 출애굽기 14장 13-14절 말씀을 봅니다. "모세가 백성에게 이르되 너희는 두려워하지 말고 가만히 서서 하나님께서 오늘 너희를 위하여 행하시는 구원을 보라 너희가 오늘 본 애굽 사람을 영원히 다시 보지 아니하리라 하나님께서 너희를 위하여 싸우시리니 너희는 가만히 있을 지니라" "하나님께서 우리를 위하여 대신 싸우실 것이므로 너희는 가만히 있을 것이라. 잠잠하고 조용하고 불평하지 말고 가만히 있어라. 그저 주님께서 하라는 대로 순종하고 맡기고 주님 앞에 감사하며 찬양하며 나아갈 것이라." 이것이 바로 하나님이 하실 것을 믿는 살아있는 믿음입니다. 모세가 바로 영에 속한 지도자입니다. 하나님은 능히 하실 수가 있다고 하면서 하나님의 지혜를 구하는 모세입니다.

하나님은 모든 능력자들이 모세와 같은 영에 속한 믿음의 지도자가 되기를 원하십니다. 모세는 당황하지 않고 하나님께서 하라는 대로 순종합니다. 출애굽기 14장 21절에, "모세가 바다 위로 손을 내밀매 하나님께서 큰 동풍이 밤새도록 바닷물을 물러가게 하시니 물이 갈라져 바다가 마른 땅이 된지라" 모세가 하나님의 음성을 듣고 순종하여 바다 위로 손을 내미니까, 이 바다가 갈라져서 육지 같이 된 곳을 남자로만 60만 명, 여자와 아이를 합하여 약 300만 명 가까이 되는 이스라엘 백성들이 그 홍해를 육지처럼 건너갑니다. 하나님은 일찍이 홍해 밑에 다가 길을 만들어 두셨습니다. 크리스천이 성령의 인도를 받고 천성을 향해서 가는 길에 일어나는 모든 문제는 하나님께서 모두 아십니다. 문제 옆에다가 문제를 해결할 방법도 만들어 두셨습니다. 하나님께 기도하여 해결할 방법을 알아내고 순종하면 해결이 되는 것입니다. 믿음을 가지시기를 바랍니다.

이스라엘 백성은 이 홍해를 절대로 가르지 못합니다. 이스라엘 백성의 힘으로는 그 물길이 절대로 갈라질 수 없습니다. 그 많은 사람들이 당장 배를 만들 수도 없는 것이고 그중에 헤엄을 잘 쳐서 그 바다를 건너갈 사람이 몇 사람이 되겠습니까? 그러니까 하나님 말씀이 '가만히 있어라. 불평하지 말라. 원망하지 말라. 부정적인 이야기를 쏟아놓지 말아라. 내가 도와줄 것이다.'

하나님은 성도들이 문제를 만나 하나님께 기도하여 해결하면서 하나님을 체험적으로 알아가게 하시는 것입니다. 하나님은 살아계신 하나님이시기 때문입니다. 성도들이 하나님이 살아계신다는 것을 믿게 하기 위하여 문제를 만나 하나님의 역사로 해결되는 것을 체험하게 하십니다.

하나님은 육신에 속하고 혼에 속한 자를 영에 속한 자로 바꾸어 사용하십니다. 얍복강을 건너가지 않던 혼에 속한 야곱이 허벅지 관절이 어긋나 장애인이 되니 이스라엘로 개명된 사건을 통해 이해할 수가 있을 것입니다. 쉽게 설명하면 육체에 속한 야곱(유대인)이 장애인이 되니 자신의 육체를 신뢰하지 못하고 하나님만을 의지하는 영적인 이스라엘로 바뀐 것입니다. 이제 영이신 하나님의 음성을 듣고 순종하며 사는 이스라엘로 바뀐 것입니다. 우리 강력한 능력을 이끌어내어 하나님께 쓰임을 받을 사람들도 영이신 하나님의 음성을 듣고 순종하는 이스라엘로 바뀌어야 합니다. 뜻을 이해를 잘해야 합니다.

바울은 이렇게 말합니다. "하나님의 나라는 말에 있지 않고 능력에 있습니다."라고 말입니다. 우리 크리스천들이 현실 문제를 하나님의 방법으로 해결 받으려면 성령으로 거듭나서 하나님을 영으로 인식하고 하나님과 같은 영적인 상태로 하나님과 교통하려고 해야 합니다. 하나님은 크리스천들이 당하는 현실 문제를 창세전에 알고 계셨습니다. 문제도 알고 계시고 문제마다 해결방법도 예비해 두셨습니다. 그런데 현실문제마다 해결방법이 멀리 있는 것이 아니고 문제 안에 있다는 것입니다. 해결방법은 영이신 하나님께서 알고 계십니다. 영이신 하나님께 해결방법을 알아내려니 영의 상태가 되어야 가능한 것입니다.

넷째, 영에 속한 사람의 특징. 육체의 죽음과 새로 태어난 영에 속한 그리스도인은 다음과 같은 특징을 가지고 살면서 그리스도를 나타내는 사람입니다. 이들은 주님 오시는 날까지 십자가의 믿음을 지키는 '믿음의 경주'를 하게 될 것입니다. 그러나 이 단계에서 다시 육신에 속한 상태로 돌아가는 사람도 있습니다. 하나님이 그를 버려서가 아니라, 자신의 선택에 의한 것입니다. 그리스도를 믿는 사람들 중에 아주 적은 소수만이 여기에 이르며 그것도 끝까지 믿음을 지키는 자는 더욱 소수가 될 것입니다.

십자가에 대한 믿음으로 자신의 죽음과 부활을 경험한 그리스도인은 예수의 생명으로 사는 사람입니다. 자신을 부인하는 사람입니다. 하나님만 바라는 사람입니다. 거룩함을 추구하고 의에 목마른 사람입니다. 가난하고 겸손하고 온유한 자입니다. 자기 목숨을 기꺼이 버리는 자입니다. 세상을 거부하는 자입니다. 자신의 행복을 거부하는 자입니다. 예수의 나타나심을 위해 자신을 드리는 자입니다. 자신을 의식하지 않는 자입니다. 하늘에 속한 모든 신령한 복을 받은 자입니다. 말할 수 없는 즐거움으로 기뻐하는 자입니다.

측량할 수 없는 하나님의 은혜로 인해 즐거워하는 자입니다. 하나님의 뜻을 이루어 드리는 자입니다. 하나님의 성품이 나타나는 자입니다. 항상 기뻐하고, 범사에 감사하고, 쉬지 않고 기도하는 자입니다. 자신의 정욕을 거부하는 자입니다. 하나님 나라 확장을 위해 절대적으로 헌신하는 자입니다. 사방으로 우겨쌈을 당하여도 낙심하지 않는 자입니다. 목숨을 구차하게 아끼지 않는 자입니다. 가난하고 궁핍하나 다른 사람을 부요케 하는 자입니다. 하나님 사랑을 의심하지 않는 자입니다. 자신을 내세우지 않는 자입니다. '하나님과의 연합'을 위해 자신을 항상 드리는 자입니다. 주님의 도구가 되기 위해 기꺼이 자신을 헌신하는 자입니다. 자신의 전적 무능과 부패를 인정하는 자입니다.

자신의 생명으로 살려하지 않는 자입니다. 영원한 안식을 얻은 자입니다. 자신의 계획이 없고 하나님의 계획에 묵묵히 따르는 자입니다. 자신의 의지가 하나님의 의지로 대치된 자입니다. 하나님의 영광에 이른 자입니다. 하나님의 아들의 정체성을 가진 자입니다. 그리스도의 신부의 정체성을 가진 자입니다. 그리스도와 동행하는 자입니다. 내일에 대한 염려 없이 주님을 전적으로 신뢰하는 자입니다. 주님만을 희망으로 삼는 자입니다.

자신의 영광을 구하지 않는 자입니다. 정직하고 입에 거짓이 없는 자입니다. 성령의 인도하심을 따르는 자입니다. 성령의 열매를 맺는 자입니다. 성령의 깨끗케 하심을 입는 자입니다. 죄와 율법과 세상과 자아와 사단의 권세에서 자유한 자입니다. 죄를 짓지 않는 자입니다. 오직 은혜로 사는 자입니다. 평강이 넘치는 자입니다. 배에서 생수의 강이 흐르는 자입니다. 급속하게 성장하는 자입니다. 옛사람의 습관과 버릇이 나타나지 않는 자입니다. 삶의 가치관이 달라진 자입니다. 하나님의 언어를 사용하는 자입니다. 강하고 담대한 사람입니다. 성령의 불로 날마다 충만 받는 자들입니다. 성령의 지배와 장악당한 사람들입니다.

하나님께서 가나안 땅에 들어갈 여호수아를 보고서 어떻게 격려했습니까? 강하고 담대하라고 말씀한 것입니다. 여호수아에게 확실한 꿈을 주신 후에 강하고 담대하라고 거듭거듭 강조했습니다. 여호수아 1장에 무려 3번이나 하나님은 꿈도 주시고 약속도 다 주셨는데도 불구하고 여호수아에게 부탁한 것은 마음을 강하게 하고 담대히 하라. 마음을 강하게 먹고 지극히 담대하라고 하신 것입니다. 아무리 꿈이 있고 지식이 있고 믿음이 있어도 담대히 실천하지 않으면 아무 일도 이루어지지 않는 것입니다.

2부 영의 사람으로 바뀌는 삶

6장 옛사람 아담은 죽고 예수로 살아라.

(눅 15:11-24)"(19)지금부터는 아버지의 아들이라 일컬음을 감당하지 못하겠나이다 나를 품꾼의 하나로 보소서 하리라 하고, 이에 일어나서 아버지께로 돌아가니라. 아직도 거리가 먼데 아버지가 그를 보고 측은히 여겨 달려가 목을 안고 입을 맞추니 아들이 이르되 아버지 내가 하늘과 아버지께 죄를 지었사오니 지금부터는 아버지의 아들이라 일컬음을 감당하지 못하겠나이다 하나 아버지는 종들에게 이르되 제일 좋은 옷을 내어다가 입히고 손에 가락지를 끼우고 발에 신을 신기라. 그리고 살진 송아지를 끌어다가 잡으라 우리가 먹고 즐기자. 이 내 아들은 죽었다가 다시 살아났으며 내가 잃었다가 다시 얻었노라 하니 그들이 즐거워하더라."

영의 사람이 되기 위해서는 반드시 육체가 십자가를 통과해야 합니다. 육체가 십자가를 통과해야 한다는 말은 예수 믿을 때 죽고 다시 살아난 예수로 태어나야 한다는 뜻입니다. 육체를 신뢰하지 않아야 영의 사람이 될 수가 있습니다. 이 지구상에는 이제 50억이 넘는 사람들이 살고 있습니다. 그 사람들은 피부 색깔을 통해서, 종족을 통해서 수다한 종류가 있습니다. 그러나 이 많은 사람들을 분류하면 간단하게 두 종류의 사람들로 분류가 되는 것입니다. 그것은 곧 옛 사람과 새 사람인 것입니다. 타락한 아담의 자손으로 태어나서 살고 있는 사람들은 모두 옛 아담의 사람들인 것입니다. 그러나 우리 주 예수 그리스도 안에 들어와 사는 사람은 모두 새 사람으로 변화된 것입니다. 저는 오늘 옛 사람과 새 사람이 어떻게 다르며 어떠한 성품을 갖고 있는지를 자세히 말씀 드리고자 합니다. 누가복음 15장 11절로 24절에 보면 탕자의 비유가 있습니다. 이 비유 가운데 둘째 아들의 생애를 통해서 보면 옛 사람과 새 사람이 그렇게 분명하게 나타날 수가 없습니다.

첫째, 옛 아담의 사람은 어떠한 사람인가? 옛 아담의 사람은 인본주의적인 사람인 것입니다. 이 둘째 아들을 보면 아버지 집에서 행복하게 살고 있었습니다. 먹을 것, 입을 것, 살 것을 아버지가 다 준비해 주었습니다. 아버지의 자상스럽고 따뜻한 사랑이 그 아들을 위해서 모든 필요한 것을 다 공급해 주었습니다. 그럼에도 불구하고 이 둘째 아들은 아버지를 섬기며 아버지의 권위 아래서 살기를 원치 않았습니다. "나는 아버지의 권위를 벗어나서 내 독자적으로, 내 중심으로, 마음대로 살고 싶다" 그러므로 아버지에게 나아가서 "내게 속한 재산의 분깃을 내게 주소서, 내게 주어서 나도 아버지 권위 하에 살지 않고 독립해서 살겠습니다." 이와 같은 태도를 취했습니다.

그러므로 이 둘째 아들이 취한 태도가 바로 오늘날 아담과 하와가 취한 태도요, 오늘날 옛 사람이 취하는 태도인 것입니다. 아담과 하와는 하나님 아버지께서 일체를 예비하시고, 준비하시고, 자상스럽고, 따스한 사랑으로 돌보아주는 에덴동산을 저버리고, 자기가 하나님처럼 되어서 하나님 권위를 벗어나서 인본주의로 살기를 원했습니다. 그 아담과 하와가 하나님을 저 버리고 떠난 이후로 오늘날 인류들은 대다수가 하나님을 저버리고, 하나님이 지으신 하늘과 땅과 세계를 강탈해 가지고서 인본주의로 삽니다. 인간중심으로 삽니다.

자기 멋대로 삽니다. 이것이 바로 옛 사람의 특색인 것입니다. 이 아들을 보면 아버지의 재산을 나누어 가지고는 곧장 먼 나라로 도망을 쳐버렸습니다. 아버지의 권위가 미치지 아니하는, 아버지의 손길이 미치지 아니하는, 아버지의 꾸짖는 소리가 귀에 들리지 않는 그 나라로 도망을 치고 만 것입니다. 오늘날 아담과 하와 이후로 하나님을 떠난 백성들은 하나님의 율법의 제재를 받지 않는 세계, 성령의 인도를 받지 않는 세계, 하나님이 두렵지 않는 세계, 인간 마음대로 사는 세계로 멀리 멀리 도망치고 만 것입니다.

오늘날 우리가 사는 세계는 하나님이 없는 불법의 세계요, 세속적인 세계요, 허랑 방탕한 세계인 것입니다. 하나님의 법을 지키지 않으니까, 하나님이 두렵지 않으니까, 인간은 마음대로 자기 뜻대로 살 수 있다는 것입니다. 그 결과 이 아들은 어떻게 되었습니까? 이 아들은 아버지의 권위를 떠나 아버지의 손길이 없는 먼 나라로 가니까 자연적으로 이제는 허랑 방탕하게 사는 것입니다. 자기 마음대로 사는 것입니다. 자기가 자고 싶은 시간에 자고, 깨어나고 싶은 시간에 깨어나고, 먹고 싶은 것 마음대로 먹고, 입고 싶은 것 입고, 마시고, 그리고 이 세상으로 나가서 허랑 방탕하게 살아도 아무도 그를 자상스럽게 돌봐주는 사람이 없습니다.

이제 그는 자기는 자유라고 생각한 것입니다. 그래서 끝없는 허랑 방탕의 수렁으로 빠져 들어간 것입니다. 오늘날 하나님을 저버린 아담과 하와 이후의 인생들은 이와 같이 하나님의 법적인 제재를 벗어나니까, 하나님이 두렵지 않으니까, 끝없는 허랑 방탕의 인류 역사를 창조하고 있는 것입니다. 인간은 영적으로 하나님을 떠나서 자기 마음대로 여러 가지 잡 종교를 만들어서 하나님을 반역한 행동으로 그 잡 종교를 믿던지, 그렇지 않으면 우상을 섬김으로 영적인 방종을 계속하고 있는 것입니다. 인간은 정신적으로 인본주의 혹은 무신론에 서서 권력 만능주의, 물질 만능주의, 쾌락 만능주의를 좇아서 끝없는 정신적인 방종의 생활을 해나가는 것입니다.

이래서 인간은 어디를 가나 하나님 없는 세계 속에서 자기 마음대로 살려고 행패를 하고 있는 것입니다. 또한 육체적으로는 술 취함과 약물 중독과 방탕과 부도덕과 불륜적인 육체적 방탕이 끝이 없습니다. 인간은 자기의 말초 신경을 자극해서 쾌락을 누릴 수 있는 것이면 무엇이든지 행하려고 하는 것입니다. 이러므로 하나님이 계시지 않는 세계는 어떠한 방탕도 다 허용되고 자기마음과 육체의 욕심대로 다 행하게 되는 것입니다. 더구나 아버지를 멀리 떠난 이 사람에게는 여러 가지 나쁜 친구들이 있어서 끊임없이 나쁜 친구들의 유혹으로 말미암아 점점 재기불능의 타락의 세계로 흘러 들어간 것입니다.

그처럼 오늘날 우리의 나쁜 친구는 원수 마귀입니다. 마귀는 수많은 귀신과 더불어서 사람들을 끝없이 부패하게 만듭니다. "도적이 오는 것은 도적질하고, 죽이고 멸망시키는 것뿐이라"고 성경이 말했습니다. 그래서 원수 마귀는 귀신들과 함께 사람들 속에 온갖 탐심을 일으키고, 온갖 탐욕을 다 일으킵니다. 육신의 정욕과 안목의 정욕과 이 세상 자랑을 좇아 멸망의 길로 줄달음질치게 만들어 가고 있는 것입니다. 이것이 바로 오늘날 옛 사람이 살아가는 길인 것입니다. 그런데 이 성경에 보면 그 젊은 청년은 이와 같은 방탕 생활을 끝없이 할 수 없었습니다. 왜냐하면 그 나라에 큰 흉년이 다가 왔습니다. 왜냐하면 방탕의 생활에는 반드시 흉년이 다가오게 되는 것입니다. 자원이 끝없이 있는 것이 아닙니다. 그렇기 때문에 방탕의 종결은 흉년에 처하게 되고 나중에는 벌거벗은 존재가 되는 것입니다.

오늘날 세계와 인류는 아담과 하와 이후로 하나님이 주신 재산을 끝없이 방탕으로 소모하고 난 다음, 지금 인간은 한없는 흉년의 위기 속에 처한 것입니다. 세계는 정의의 흉년이 다가왔습니다. 오늘날 세계는 힘 있는 자가 정의가 되고, 힘없는 자는 무조건 짓밟히는 이와 같은 세계의 살고 있습니다. 삶의 가치와 의미의 흉년이 다가왔습니다. 오늘날 사람들은 왜 사는지 모릅니다. 어디에서 와서 왜 살며 어디로 가는지 모릅니다. 그저 먹고 자고 깨는 동물적인 생활을 반복하고 있을 따름인 것입니다.

그리고 거룩함의 흉년이 다가왔습니다. 사람들은 추합니다. 요즈음 매스컴을 보고 놀라지요? 우리 한국 사회의 구석에 얼마나 깊은 방탕의 상처가 놓여 있다는 것을 알 수 있는 것입니다. 오늘날은 거룩함의 흉년인 것입니다. 그리고 평화의 흉년이 다가왔습니다. 어느 곳에 가나 사람들은 서로 물고, 찢고, 싸우고, 나라가 나라를 대적하고, 민족이 민족을 대적하는 평화의 흉년이 다가왔으며, 기쁨의 흉년이 다가왔습니다. 겉으론 웃지 만은 속으론 모두다 눈물을 흘리는 삶이 오늘날의 삶인 것입니다.

사랑의 흉년이 다가왔습니다. 이 세상의 진실한 사랑을 어디에서 찾아 볼 수 있는 것입니까? 사람들은 모두다 탐욕으로 꽉 들어찼고, 어찌 하던지 이기주의로 꽉 들어차서 자기의 욕심만 채울 수 있다면 하나님까지라도 팔아서 자기 유익을 채우고 있다는 것이 오늘날의 세상이니 사랑의 흉년이 다가온 것입니다.

소망의 흉년이 다가 왔습니다. 우리에게 줄기찬 소망을 누가 줄 수 있나요? 믿음의 흉년이 다가 왔습니다. 아무도 믿을 수 없습니다. 누구를 믿을 수 있단 말입니까? 부모가 자식을 믿을 수 없고, 자식도 부모를 믿을 수 없습니다. 형제나 친구를 믿을 수 없고 이웃을 믿을 수 없습니다. 이와 같은 믿음의 흉년이 다가왔습니다. 더구나 윤리와 도덕적인 흉년이 다가왔습니다.

그러므로 오늘날 사람들은 하나님을 떠나면 자기 마음대로 잘 살 수 있다고 생각 하지만은 하나님을 떠난 세계는 영적으로, 정신적으로, 육체적으로, 생활에서 무서운 흉년이 다가오게 된다는 것을 알아야 되는 것입니다. 그러므로 오늘 인류들은 전 세계적으로 이 흉년을 뼈저리게 느끼고 있는 것입니다.

이 청년은 흉년이 들어서 살수가 없었습니다. 이제는 있는 돈다 써버리고, 아무도 자기를 위해서 도와주는 사람이 없습니다. 이렇기 때문에 그는 한 사람에게 직장을 구하니 그 사람이 이 사람을 고용해서 시골로 보내어 돼지를 치게 한 것입니다.

유대인의 사회에서는 가장 천한 직업이 돼지 치는 직업인 것입니다. 그것은 인간으로서 이제 마지막 가는 길, 짐승처럼 낮아진, 돼지 치는 것입니다. 그는 돼지를 치면서 배가 고파서 돼지가 먹는 쥐 엄 열매를 나눠 먹으려고 하다가 돼지에게 물리고 돼지에게 짓밟혔습니다. 짐승처럼 낮아진 인간의 삶을 살게 된 것입니다. 결국 우리 인류 문화는 하나님을 떠나서 인본주의로 서서, 인간이 이 세상의 유토피아를 만든다고 생각하는 데 실상은 돼지 소굴로 만들어 버리고 마는 것입니다. 인간은 오늘날 우리의 삶 전체가 짐승과 같이 낮아진 그러한 비극적인 삶으로 전락해 가고 있는 것입니다. 인간의 윤리와 도덕은 땅에 떨어지고, 인간의 정의는 사라지고, 평화는 없어지고, 이제 언제 온 세계가 멸망의 마지막 갈 길을 알지 못하는 그런 상황까지 내려와 있는 것입니다.

이것이 바로 옛 사람의 모습인 것입니다. 이것이 바로 아버지를 떠난 탕자의 모습이며, 또한 하나님을 떠난 인류의 모습인 것입니다. 하나님을 떠나서 잘 먹고, 잘 입고, 잘 살고, 영광스럽게 될 것으로 생각했으나 그것은 정 반대였습니다. 주님께서 하신 말씀대로 "도적이 오는 것은 도적질하고 죽이고 멸망시키는 것뿐이요, 인자가 온 것은 곧 양으로 생명을 얻게 하되 더 풍성히 얻게 하러왔다"고 말씀하신 그대로 인 것입니다.

둘째, 예수로 사는 새 사람은 어떠한 사람인가? 예수님으로 다시 사는 새 사람은 바로 회개로써 시작되는 것입니다. 이 젊은 청년이 돼지우리에서 돼지를 치다가 정신이 번쩍 들었습니다. "야, 나는 헐벗고 굶주리고 영도 마음도 몸도 다 병들어서 죽어 가는데 우리 아버지 집에는 머슴으로 고용한 사람도 매일 매일 아버지 집에서 배불리 먹고 음식이 남는다, 그런데 나는 여기서 주려 죽는구나, 정말 이제 보니까 우리 아버지는 좋은 아버지였다, 아버지가 나를 위해서 모든 것을 예비해 주시고 준비해 놓았던 그 시절의 아버지를 믿고, 아버지를 따르고, 아버지를 섬기며 사는 것이 참 행복했다, 그러므로 이제는 인본주의를 버리고, 내 마음대로 사는 것을 버리고 아버지께로 돌아가자." 행복한 옛날 시절을 다시 생각하고 돌이키는 회개가 바로 새 사람의 출발인 것입니다.

오늘날 우리들에게는 복음이 전파되고 있습니다. 하나님께서 우리 주 예수 그리스도를 우리에게 보내셔서 만민에게 아버지께로 돌아오라고 복음을 전하고 있는 것입니다. 그곳에는 죄의 용서함이 있고 자유가 있고 축복이 있고 하나님의 위로가 있습니다. 하나님께서는 우리 주 예수 그리스도를 통해서 우리 죄를 값없이 심판에서 용서해 주고 있는 것입니다. 나의 죄, 너의 죄, 우리의 모든 죄를 예수께서 책임지어서, 예수님이 이것을 십자가에 올라가서 몸 찢고 피를 흘려 다 청산하시고 그리고 아버지께로 돌아오는 길을 활짝 열어놓으신 것입니다. 죄의 빚은 정산되었습니다. 심판은 그 곳에서 다 지불되었습니다. 사망은 거기에서 철폐되었습니다.

하늘가는 밝은 길이 우리 주 예수 그리스도로 말미암아 아버지께로 활짝 열려졌으니, 예수님은 손을 내밀어 우리에게 말씀하시기를 "내가 곧 길이요, 진리요, 생명이니 나로 말미암지 않고는 아버지께로 올 자가 없느니라"고 말하고 있는 것입니다. 이 예수 그리스도의 길을 통해서 하나님은 이제 회개하라고 말씀하십니다. 우린 예수를 통해서 우리 하나님께서 좋으신 하나님인 것을 알았습니다. 그러므로 이런 좋은 하나님을 저버리고 우리는 인본주의에 서서 인간의 수단과 방법과 노력으로 살려고 하다가 피투성이가 된 이 삶을 계속하지 말고 돌아가자는 이것이 바로 새 사람이 된 증거인 것입니다. 예수님께서도 "회개하라 천국이 가까왔느니라"고 말씀하신 것입니다.

회개 없이, 돌이킴이 없이 종교적으로, 의식적으로는 구원을 받지 못합니다. 그러므로 우리는 회개해야만 하는 것입니다. 회개란 것은 인본주의에서 신본주의로 돌이키는 것을 말합니다. 내 중심에서 살던 것을 하나님 중심으로 사는 것으로 돌이키는 것을 말합니다. 내 마음대로 살던 것을 하나님 뜻대로 살고, 나를 섬기던 것을 하나님을 섬기고, 나를 믿던 것을 하나님을 믿고, 내가 준비하던 것을 하나님이 준비해 주시는 것으로 믿고 받아들이고 사는 것이 회개인 것입니다. 그러므로 이 아들은 돼지 우리를 떠나서 그는 '새로운 삶으로 돌아가자' 마음도 몸도 병들고 온몸에 돼지 분뇨 냄새가 나는데도 불구하고 있는 그대로, 못난 그대로, 빈 손든 그대로, 헐벗은 그대로 그는 아버지께로 돌아가기 시작한 것입니다.

오늘날 하나님께서는 우리를 부르셔서 새 사람을 만들기를 원하는데, 우리가 윤리적, 도덕적으로 온전하게 되어서 돌아오기를 원하는 것이 아닙니다. 우리는 윤리와 도덕적으로 우리 스스로 온전하게 될 수가 없는 것입니다. 그러므로 하나님께서는 죄 지은 그대로, 못난 그대로, 빈 손든 그대로, 병든 그대로 하나님 앞에 마음을 돌이켜서 돌아오기를 원하시는 것입니다. 그런데 이 아들이 아버지께 가까이 갈 때 아버지는 벌써 그 아들이 오기를 언제나 기다리고 있는 것입니다. 바라보고 있다가 '저 멀리서 아들이 옵니다' 다른 사람은 그 사람이라고 분별할 수 없을 만큼 야위고 병들었는데 아버지의 눈은 재깍 알아보았습니다. 아버지는 뛰어나갔습니다.

이 아들이 아버지 앞에 무릎을 꿇어 "아버지여! 하늘과 아버지께 죄를 지었으니 나는 아들이라 일컬음을 받지 못합니다. 품꾼의 하나로 보아 주시옵소서" 그것은 회개한자의 마땅한 마음이지만 아버지는 그 아들을 일으켜서 그 아들을 당장 끌어안았습니다. 돼지 분뇨 냄새가 나고 더럽고 추한 그 아들을 마다하지 않고 아버지는 그 아들을 품에 안은 것입니다. 오늘날 우리가 하나님께 돌아오면 하나님은 이와 같은 사랑으로 우리를 품어주는 것입니다. 하나님은 과거를 묻지 않습니다. 우리의 도덕적으로, 인격적으로 더러운 것도 묻지 않습니다. 돌아오는 그것이 예쁘고 고마워서 하나님께서는 우리를 품어 주시고 안아 주시는 것입니다.

그리고 난 다음 이제 새 사람에 대한 아버지의 긍휼을 한번 바라보시기 바랍니다. 아버지는 외쳤습니다. 종들을 보고 "이 사람들아, 집에 가서 제일 좋은 옷을 가지고 오너라." 이것은 어마어마한 말입니다. 지금 목욕도 안하고 돼지 분뇨 냄새가 가득한데 보통 사람 같으면 "야~ 저 창고에 가서 헌 옷 하나 갖다 입혀라" 그렇게 할 것인데 이 아버지는 제일 좋은 옷을 가져다 입히라는 것입니다. 이것이 바로 우리에게 주시는 하나님의 깊은 메시지인 것입니다.

우리는 죄를 짓고, 불의하고, 추악하고, 더러워서 영원히 심판을 받아야 마땅한데도 불구하고 하나님 아버지는 자비와 긍휼로써 우리의 과거의 모든 삶을 개의치 아니하시고 우리에게 제일 좋은 옷, 예수 그리스도의 십자가에서 보배로운 피로 산 의의 옷을 갖다 입히라는 것입니다. 전혀 의롭지 않은데도 불구하고 "내 아들은 의롭게 되었으니 의의 옷을 입혀라, 그를 의인으로 칭하라" 그렇게 말합니다. 어떤 교파에서는 사람이 구원받고 하나님 앞에 서려면 품성이 변하여 흠도 없고 점도 없이 되어야 의롭게 되고 신선이 되어서 하늘나라로 간다고 하는데 이것은 딱 잡아떼어 거짓말인 것입니다.

이 세상에 흠도 없고 점도 없이 품성이 변할 사람은 아무도 없습니다. 그것은 거짓말입니다. 왜냐면 성경이 "의인은 없나니 하나도 없고 모든 사람이 죄를 범하였으니 하나님의 영광에 이르지 못한다."고 했는데 인간이 스스로 품성이 온전해 진다고 말한다면 성경을 부인하는 것이요, 하나님을 거짓말쟁이로 몰아세우는 것입니다. 우리가 구원받는 것은 단지 아버지의 자비로, 오직 믿음으로 인하여 의로운 자격을 얻게 되는 것입니다. 그래서 새롭게 되는 사람은 하나님의 자비로 말미암아 예수를 믿음으로 값없이 선물로 의롭다함을 입게 되는 것입니다.

그리고 난 다음 아버지는 말했습니다. "빨리 와서 가락지를 갖다가 손에 끼워라" 아들 된 보증을 주시는 것입니다. 우리가 예수 그리스도를 구주로 믿고 의롭게 되면 하나님께서는 아들 된 증거로써 성령의 인을 우리의 영혼 속에 쳐주시는 것입니다. 우리의 속에 성령이 들어오시는 것입니다. 예수 믿지 않는 사람 속에는 성령이 들어오지 않습니다. 그러나 예수를 믿는 사람 속에는 성령이 안으로 들어오는 것입니다. 성령이 들어오셔서 비로소 우리가 하나님을 보고 아바 아버지라고 부르게 만들어 주며, 영적인 세계를 알고 아버지와 교제를 할 수 있도록 만들어 주는 것입니다. 종교가 그렇게 만들어 주지 않습니다. 의식이 그렇게 만들어 주지 않습니다. 오직 회개하고 예수를 믿을 때 성령이 오셔야 우리가 온전히 아버지와 교제할 수 있는 것입니다.

그리고 난 다음 그 아버지는 말했습니다. "신발을 갖다가 신겨라" 맨발 벗고 걸어서 발이 너덜너덜 하게 찢어지고 피투성이 되었습니다. 그에게 신발을 갖다 신기라 그랬습니다. 오늘날 우리는 하나님의 은혜와 사랑 없이 인간의 힘으로 살아오는 동안에 우리의 발은 너덜너덜하게 찢어졌습니다. 우리는 수많은 수고와 고생과 괴로움을 당하고 가시밭 엉겅퀴를 걸어왔습니다. 그러나 이제 하나님께서는 우리에게 말합니다. "복음의 평안의 예비한 신발을 신겨라, 십자가에서 특별히 제조한 신발을 신겨라" 십자가에서 예수님이 만든 신발은 무엇입니까? 죄를 용서하는 신발이요, 하나님과 화목해서 성령을 채워주는 신발이요, 우리의 연약과 병을 짊어지신 건강의 신발이요, 모든 저주를 제하고 아브라함의 축복을 우리에게 주는 신발이요, 사망을 철폐하고 부활과 영생을 주는 신발인 것입니다.

하나님께서는 "복음의 평안의 예비한 신발, 복음의 신발을 신겨라" 우리는 우리의 육신의 신을 신는 것이 아니라 우리의 마음의 신을 신고 난 다음 이제 우리는 외로운 고아와 같은 인생을 살지 않습니다. 우리는 변화 받은 사람들인 것입니다. 새로운 세계 속에 들어왔습니다. 맨 발로 인생을 뛰지 않습니다. 우리는 하나님과 함께 인생을 뛰게 된 것입니다. 하나님이 예비해 놓으신 세계 속에 들어온 것이 바로 하나님의 예비한 신발인 것입니다. 이러므로 우리 예수 믿는 사람은 하나님의 예비한 것을 누리며 살아야 새사람이 되는 것입니다.

그리고는 아버지가 말했습니다. "살찐 송아지를 잡아라" 저 무리에 가서 돈도 안 되고 팔수도 없는 여위고 비틀어진 송아지를 잡으라고 말하지 않았습니다. "살찐 송아지를 잡아라" 우리 하나님은 우리에게 이 세상에서 헐벗고 굶주리고 온갖 고통을 당하면서 턱걸이로 영원한 천국에 올라오도록 만들지 않습니다. 우리 아버지는 새사람 된 사람에게 살찐 송아지를 잡길 원합니다. 살찐 믿음, 풍성한 소망, 풍성한 사랑, 풍성한 의, 풍성한 평강, 풍성한 기쁨 등, 생명을 주시되 풍성히 주기를 원하십니다. 우리 아버지 하나님은 영혼이 잘 됨같이 범사에 잘 되며 강건하고 생명을 얻되 넘치게 얻길 원하는 살찐 인생을 살길 원하시는 것입니다.

그리고 난 다음에 아버지는 말했습니다. "모든 사람을 불러서 풍악을 울리며 즐거워하자, 내 아들은 죽었다가 살았으며 잃었다가 다시 얻었다" 오늘날 우리 하나님이 새사람 된 우리들에게 원하는 것은 즐거운 삶을 살길 원하시는 것입니다. 신앙은 기쁨입니다. 예수 그리스도께서도 말씀하시길 "내가 네게 기쁨을 주노니 나의 기쁨을 빼앗을 자가 없을 것이라"고 말씀하시는 것입니다. 사도 바울 선생도 가장 어둡고 캄캄한 로마의 감옥에서 이제 언제 끌려 나가서 목이 날아갈지 모르는 그 절박한 상황에서도 그는 빌립보 교인들에게 편지할 때 "기뻐하라 내가 다시 말하노니 기뻐하라"고 말한 것입니다. 우리 예수 그리스도를 믿는 사람들이 가지는 가장 큰 유산이요, 가장 큰 힘은 기쁨인 것입니다.

그러므로 우리 하나님께서는 새사람이 된 우리들에게 기쁨을 누리길 원하시는 것입니다. 성경 시편4장 7절에 보면 "주께서 내 마음에 두신 기쁨은 저희의 곡식과 새 포도주의 풍성할 때보다 더 하니이다"라고 말하고 있으며, 시편 16편 11절에 보면 "주께서 생명의 길로 내게 보이시리니 주의 앞에는 기쁨이 충만하고 주의 우편에는 영원한 즐거움이 있나이다"라고 말했으며, 시편 30편 11절에는 "주께서 나의 슬픔을 변하여 춤이 되게 하시며 나의 베옷을 벗기고 기쁨으로 띠 띠우셨나이다"라고 말한 것입니다. 바로 하나님은 기쁨인 것입니다.

우리는 기쁨을 얻기 위해서 이 세상에 나가서 술을 마시고 춤을 추고 게임을 해서 기쁨을 얻는 것이 아닙니다. 하나님께서 내 안에 계시니 기쁨이 충만해 지는 것입니다. 그러므로 기도 열심히 하시고, 말씀 열심히 보시고, 예배도 드리시고, 성령이 충만하면 거기에 따라서 기쁨이 넘쳐나게 되는 것입니다. 이것은 세상이 주는 기쁨과는 도저히 비길 수가 없습니다. 이 기쁨은 맑고 밝고 환하고 담백하며 영혼 깊이 가득 찬 기쁨인 것입니다. 우리가 이 기쁨을 가지고 있으면 이 인생을 살아갈 수 있는 힘이 생기는 것입니다. 이 세상에서 예수 믿는 사람들이 힘이 있게 살 수 있는 것은 그 영혼 속에 이 기쁨을 가지고 살기 때문입니다.

이 아버지는 말하길 "먹고 즐기라, 기뻐하라" 우린 이 세상에서 하나님을 의지하고 기쁘게 살아야 되는 것입니다. 우리들은 모두 탕자처럼 옛사람에 속하여 살았으며 하나님의 진노와 심판의 대상이었습니다. 그러나 이제 회개하고 그리스도 예수 안에 들어와 새사람이 되고 하나님 아버지의 긍휼을 입었으니 감사하고 감격스럽지 않을 수가 없는 것입니다.

그러므로 이제 우리는 우리 속에 혹시 아직 옛사람의 흔적이 남아있지 않은가 살펴보고, 이 옛사람의 모습을 말씀과 성령의 역사로 활짝 벗어서 가는 해와 함께 던져버리고, 그리스도 안에서 지음을 받은 새 사람으로 변화되시기를 주의 이름으로 축원합니다. 영의 사람으로 변화되려고 관심을 가져야 변합니다.

7장 구습이 변하여 새 사람 되어라.

(고후 5:16-19) "그러므로 우리가 이제부터는 어떤 사람도 육신을 따라 알지 아니하노라 비록 우리가 그리스도도 육신을 따라 알았으나 이제부터는 그같이 알지 아니하노라. 그런즉 누구든지 그리스도 안에 있으면 새로운 피조물이라 이전 것은 지나갔으니 보라 새 것이 되었도다. 모든 것이 하나님께로서 났으며 그가 그리스도로 말미암아 우리를 자기와 화목하게 하시고 또 우리에게 화목하게 하는 직분을 주셨으니 곧 하나님께서 그리스도 안에 계시사 세상을 자기와 화목하게 하시며 그들의 죄를 그들에게 돌리지 아니하시고 화목하게 하는 말씀을 우리에게 부탁하셨느니라."

우리는 예수를 믿음으로 마귀의 종이던 옛 아담의 사람은 십자가에서 죽고, 예수 안에서 하나님의 자녀로 다시 태어났습니다. 하나님의 자녀란 새 사람으로 생명의 성령의 법으로 죄와 사망의 법에서 해방 받은 의인을 말합니다. 우리는 이제 새 사람답게 살아야 합니다. 요사이 우리는 세대차라는 말을 종종 듣습니다. 이것은 부모와 자식, 어른과 젊은이, 선후배간의 종종 사용하는 말로서 세대 간의 생각과 행동 양식의 충돌과 갈등을 말하는 것입니다.

오늘날 예수를 믿고 난 후 자기에게 다가온 거대한 변화를 수용하지 못하고 자아 속에서 옛사람과 새 사람이 충돌하고 갈등하는 일들이 너무나 많습니다. 과거 이스라엘 백성이 애굽에서 나왔을 때 몸은 나왔으나 마음은 애굽에 그대로 담고 나왔습니다. 애굽의 생각을 그대로 담아 왔습니다. 그래서 애굽에서 나온 몸의 현실이 그 거대한 변화를 받아들이지 못하고, 늘 애굽을 생각하고 하나님께 반발하다가 결국에는 그 광야에서 다 죽고 만 것입니다.

해외로 이민 간 사람이 해외의 문화와 사회에 적응치 못하여 이민 생활에 실패하고 돌아오는 사람들도 있습니다. 이처럼 그리스도를 믿는 사람은 그의 생각이 변화되어야 하고, 새로운 자화상을 가져야 하며, 천국문화에 적응하는 훈련을 해야 성공적인 신앙생활을 할 수 있습니다. 그렇게 하지 않으면 애굽에서 나와 광야에서 죽어가는 이스라엘 백성들처럼 이 세상의 광야에서 패배하고 희생물이 되고 말 것입니다.

성경은 누구든지 그리스도 안에 있으면 새로운 피조물이라 이전 것은 지나갔으니 보라 새것이 되었다고 선언하고 있습니다. 그러므로 바울 선생은 말하기를 우리는 이 이상 사람을 옛날 육체대로 보지 않는다고 말했습니다. 이렇기 때문에 오늘 우리는 옛날 예수 믿기 전의 육체대로 살았던 인간 그대로 생각해서는 안 되는 것입니다.

첫째, 지나간 것과 새 것이 얼마나 다른가. 우리가 알아봐야 될 것은 지나간 것과 새 것이 얼마나 다른가 하는 것입니다. 지나간 것은 무엇입니까? 옛 조상 아담과 하와의 타락한 삶인 것입니다. 아담과 하와가 하나님을 공경하지 아니하고, 하나님 중심으로 서지 아니하고, 하나님 명령에 순종하지 아니하고, 하나님처럼 되겠다고 반역하다가 에덴에서 쫓겨났습니다. 그러므로 옛 삶이라는 것은 바로 아담의 쫓겨난 광야 생활에 동참하는 삶인 것입니다. 우리는 모두다 아담의 자손이요, 아담의 유전을 따라서 살아가고 있는 것입니다. 이러므로 옛 삶이란, 바로 인본주의적인 삶인데 하나님 중심으로 살지 않고, 자기중심으로 사는 삶을 말하는 것입니다. 자기 스스로를 하나님으로 삼고 사는 사람인 것입니다. 이러한 옛 삶은 이미 우리 예수 그리스도 안에서 지나간 삶인 것입니다.

그리고 옛 아담의 삶이란, 바로 쫓겨난 삶을 사는 삶인 것입니다. 에덴동산에서 쫓겨나고 난 다음 사람들은 길을 잃어버리고 만 것입니다. 어디에서 와서 왜 살며 어디로 가는지 그것을 잃어버리고, 그저 매일같이 땅만 바라보고 무엇을 먹을까? 무엇을 입을까? 무엇을 마실까? 부귀영화 공명만 찾다가 하나님에게 버림받은 상태로 영원히 지옥으로 떨어지는 것을 말하는 것입니다. 이는 잃어버린 삶, 쫓겨난 삶, 이것이 바로 지나간 옛 인간의 삶인 것입니다.

또 옛 삶이란, 죄의 종 된 삶입니다. 죄에 사로 잡혀서 죄의 주인인 마귀가 이끄는 데로 끌려가는 것입니다. 사람들은 죄를 이길 만한 힘이 없기 때문에 죄가 이끄는 대로 따라가서 죄의 종살이하고 사는 삶을 말하는 것입니다. 그리고 옛 삶이란, 병든 삶입니다. 마음도 병들고 육체도 병들고 생활도 병들어서 정상적인 삶을 살지 못합니다. 옛 삶은 저주받은 삶인 것입니다.

무엇을 해도 그곳에 가시가 돋아나고, 엉겅퀴가 돋아나고, 고통과 괴로움이 따르고 가난과 실패와 낭패가 따르는 언제나 슬프고 고통스러운 삶인 것입니다. 옛 삶은 사망의 노예가 돼 있습니다. 언제 죽을지 모르고 또 죽으면 영원히 버림받는 삶인 것입니다. 이것이 바로 아담 아래서 우리가 태어날 때부터 걸머지고 이 세상에 와서 사는 삶인 것입니다. 성경은 여기 말하기를 옛 삶은 지나갔다고 말한 것입니다. 이러므로 우리가 예수를 믿고, 그리스도와 함께 십자가에 못 박혀 죽고 장사지낸바 되고 그리스도 안에서 새로 부활한 우리의 삶은 지나간 삶을 벗어버려야만 되는 것입니다. 이스라엘 백성이 애굽에서 나왔을 때, 애굽의 모든 삶을 다 벗어 던져 버리고 나와야 했던 것처럼, 우리들은 아담의 안에서 살아온 이 세상의 모든 지나간 삶을 하나도 남김없이 깡그리 벗어 던져 버려야 되는 것입니다.

그리고 우리가 새로운 피조물이 된 사실을 우리 마음속에 깊이 받아들여야 되는 것입니다. 새로운 피조물이 된 것은 예수 안에 있는 삶을 말합니다. 그리스도와 함께 십자가에 못 박혀 죽고 장사지낸바 되고, 옛사람을 청산해 버리고, 예수 안에서 하나님께로부터 새로 지음을 받아서 하늘나라 백성으로 천국을 이루며 사는 이 새로운 삶을 말하는 것입니다. 이 새로운 피조물의 삶이란, 그리스도 안에서 하나님 중심으로 사는 하나님 중심적인 삶, 즉 신본주의 삶인 것입니다. 나 중심으로 살지 않고 하나님 중심으로 살며 하나님을 섬기기 위해서 사는 신본주의적인 삶이요, 그리고 화해하고 영접된 사랑 받는 삶을 말하는 것입니다.

골로새서 1장 20절에는 "그의 십자가의 피로 화평을 이루사 만물 곧 땅에 있는 것들이나 하늘에 있는 것들을 그로 말미암아 자기와 화목케 되기를 기뻐하심이라" 말한 것처럼, 예수 안에서 그 보혈로 하나님과 화목이 되어서 하나님은 우리의 친아버지가 되시고, 우리는 하나님의 자녀가 되고, 하나님은 기쁨으로 당신의 영을 우리에게 부어주셔서, 아바 아버지라 부르게 하시고, 하나님의 그 기쁨과 거룩함에 참여케 되는 삶을 말한 것입니다. 이 새로운 피조물이라는 것은 용서받은 의인이 된 것을 말하는 것입니다. 모든 사람이 죄를 범하였으매 하나님의 영광에 이르지 못하였더니 그리스도 예수 안에 있는 구속으로 말미암아 하나님의 은혜로 값없이 의롭다 함을 얻은 우리가 된 것입니다.

이렇기 때문에 새로운 피조물의 삶이란 예수 안에서 용서받고 의인이 된 삶을 말합니다. 죄를 짓고 불의하고 추악하며 버림을 받아야 마땅함에도 불구하고 죄지은 그대로 못난 그대로 더러운 그대로 우리 주 예수 앞에 나오면 예수님의 보혈로 씻어주고, 그 안에서 용서받고 의롭게 되어서 하나님 앞에 설 수 있게 만들어지는 것이 새로운 피조물인 것입니다.

그리고 새로운 피조물은 또한 치료의 능력을 받은 생명을 말하는 것입니다. 그리스도 예수 안에서 치료가 우리에게 넘쳐나서 영도 마음도 몸도 생활도 치료의 능력에 잡힌 새 생명의 삶을 말한 것입니다. 이사야 53장 5절에 "그가 찔림은 우리 허물을 인함이요 그가 상함은 우리의 죄악을 인함이라 그가 징계를 받음으로 우리가 평화를 누리고 그가 채찍에 맞음으로 우리가 나음을 입었도다"

그렇기 때문에 우리가 주님 안에서 이 놀라운 치료의 은혜를 받아서 상처투성이요, 고통과 질병이 꽉 들어찬 세상에서 십자가로 승리하여 고통과 질병을 극복하고, 평화를 가지고, 질서를 가지고, 심신의 건강을 가지고, 살아갈 수 있게 된 것이 바로 새로운 피조물인 것입니다. 새로운 피조물의 삶은 하나님의 축복을 받은 삶인 것입니다. 저주는 떠나가고 가시와 엉겅퀴도 떠나갔습니다. 그리스도 예수 안에서 하나님의 복이 우리에게 넘치게 임하게 된 것입니다.

갈라디아서 3장 13절로 14절에는 "그리스도께서 우리를 위하여 저주를 받은바 되사 율법의 저주에서 우리를 속량하셨으니 이는 기록된바 나무에 달린 자마다 저주아래 있는 자라고 하였음이라 이는 그리스도 예수 안에서 아브라함의 복이 이방인에게 미치게 하고 믿음으로 말미암아 성령의 약속을 받게 하려 함이니라"고 말씀하신 것입니다.

이러므로 그리스도 안에서는 우리는 축복 받은 사람인 것입니다. 우리는 저주받은 사람이 아닙니다. 그렇기 때문에 마음속에 가시와 엉겅퀴와 같이 얽히고설킨 부정적인 생각은 다 털어내고 벗어버려야 됩니다. 우리는 그리스도 안에서 영혼이 잘 됨 같이 범사에 잘 되며, 강건한 사람이 되었다는 이러한 생각을 받아들여야만 되는 것입니다. 그리고 입으로 시인해야 하는 것입니다.

그리고 새로운 피조물의 삶은 영생천국의 희망찬 삶인 것입니다. 주님께서는 말씀하기를 요한복음 14장 1절로 3절에 "너희는 마음에 근심하지 말라 하나님을 믿으니 또 나를 믿으라 내 아버지 집에 거할 곳이 많도다. 그렇지 않으면 너희에게 일렀으리라 내가 너희를 위하여 처소를 예비하러 가노니 가서 처소를 예비하면 내가 다시 와서 나 있는 곳에 너희도 함께 있게 하리라"고 말씀하신 것입니다.

그러므로 옛사람과 새사람이 얼마나 현격하게 차이가 있지 않습니까? 이렇기 때문에 우리가 옛사람과 함께 죄악의 애굽 세상에서 나왔기 때문에 옛사람과 그 옛 생활 풍습은 다 벗어서 던져버려야 됩니다. 그리고 새사람으로서 주님의 사랑의 품으로 돌아와야 되는 것입니다. 옛사람을 그대로 옷 입고 예수 그리스도의 사랑의 품안에서 살아갈 수는 없는 것입니다.

오늘날, 수많은 크리스천들이 신앙생활에 실패하는 것은 옛사람을 온전히 벗어버리지 못하고, 옛것을 입은 채 예수 그리스도의 품안에 안겨서 살려고 하니까 무서운 갈등이 일어나고 자아 분열이 일어나고 믿음이 생겨나지 아니하고 문제가 생겨나는 것입니다. 그러므로 옛사람을 벗어버리고 그리스도 안에서 새사람으로 완전히 갈아입고, 이것을 마음속에 받아들여서 자기의 자아 이미지가 달라져야 되는 것입니다.

사람들은 다 내가 어떠한 사람인가? 자기 자신의 사진을 가슴속에 가지고 삽니다. 의식적이든, 무의식적이든, 자기의 사진을 자기 마음속에 가지게 됩니다. 그래서 부정적인 사진을 마음속에 가지고 있는 사람은 열등의식과 패배의식과 좌절감에 꽉 들어차서 삽니다. 그러나 변화된 성공의식을 가지고 있는 사람, 승리하는 자기의 사진을 가지고 있는 사람은 옛 상처를 말씀과 성령으로 치유하고 이제 앞을 바라보고 용기 있고 담대하고 긍정적이고 적극적이고 창조적인 삶을 살아가는 사람인 것입니다.

그러므로 우리는 예수 그리스도 안에서 변화된 자기의 자화상을 가져야 되는 것입니다. 그렇기 위해서는 항상 그리스도 안에서 변화된 자아를 묵상해야 되는 것입니다. 내가 예수 그리스도 안에서 나는 용서받는 의인이 되었다는 것을 깊이 묵상하고 죄인으로 살지 않고 의인으로 산다는 것을 묵상해야 되는 것입니다. 과거의 상처는 말씀과 성령으로 치유되어 새 사람이 되었다는 것을 입으로 시인하며 살아야 하는 것입니다.

우리는 이제 예수 그리스도 안에서 하나님의 사랑을 받고 하나님의 용납을 받고 하나님의 성령이 같이 계시고, 의와 평강과 희락이 나와 함께 있다는 사실을 늘 묵상해야 됩니다. 예수 그리스도 안에서 마귀는 물러가고 모든 질병과 고통은 십자가에 못 박혀 버리고, 그것을 벗어버리고 나는 그리스도 안에서 치료와 건강을 받았다는 사실을 늘 마음속에 묵상하고 믿고 행해야 되는 것입니다.

지금까지 고통하며 살아온 저주의 인생은 다 끝이 나고, 그리스도 예수 안에서 아브라함의 복이 내게 임하여, 내가 들에 가면 들이 복을 받고 집에 들어오면 집이 복을 받고, 내가 사업을 하면 사업이 복을 받는 복의 근원이 된 자화상을 묵상하고 입으로 자꾸 시인해야만 되는 것입니다. 나는 축복 받은 사람이라는 그 사실을 깊이깊이 마음속에 묵상해야 되는 것입니다. 그리고 변화된 자아를 늘 바라보고 담대하게 세상을 이기며 살아야 되는 것입니다.

그리고 자기는 그리스도 예수 안에서 이제는 영원한 생명을 얻었으며 천국 시민이며, 하늘나라의 영광을 상속으로 받을 자격을 얻은 사람이라는 것을 마음속에 늘 묵상하며 입으로 시인하며 살아야 되는 것입니다. 이와 같이 그리스도 안에서 변화된 자아를 묵상하고 변화된 자아를 늘 바라보고 기뻐해야 되는 것입니다. 내가 믿음을 가지고 마음에 바라보면 영광에서 영광으로 변화되기 시작하는 것입니다. 사람은 자기가 무엇을 바라보는 가에 따라서 그것을 닮아가는 것입니다.

그러므로 변화된 자기를 그리스도 안에서 바라보고 성령의 능력으로 말미암아 영광에서 영광으로 변화 받아야 되는 것입니다. 그리고 난 다음에 자기가 어떠한 사람이라는 것을 입술로 늘 시인해야 됩니다. 자기에게 말하고 하나님께 말씀드리고 마귀에게 말하고 이웃에게 말하며 선포해야 되는 것입니다.

마가복음 11장 23절로 24절에 "내가 진실로 너희에게 이르노니 누구든지 이 산더러 들리어 바다에 던지우라 하며 그 말하는 것이 이를 줄 믿고 마음에 의심치 아니하면 그대로 되리라"고 말씀한 것입니다. 그 말하는 것이라고 했습니다. 말을 해야 됩니다. 선포해야 합니다. 우리가 변화된 자아의식을 가졌으면 선포해야 합니다. "나는 용서받은 의인입니다"라고 선포해야 합니다.

"나는 하나님의 성령을 모셨습니다"라고 선포해야 합니다. 저가 채찍에 맞음으로 내가 고침을 받았다고 선포해야 합니다. 나는 아브라함의 축복을 받은 사람이 되었다고 선포해야 합니다. 나는 복의 근원이 되었다고 선포해야 합니다. 나는 천국영생의 시민이 되었다는 것을 선포해야 합니다. 그러므로 이와 같이 옛것을 벗어 버리고 새사람을 입고 자신의 일생이 달라졌으면 옛 것이 다가올 때 그것을 그대로 받아들이지 말고 단호하게 대적하며 몰아내야 되는 것입니다.

죄가 나를 점령하려고 할 때 성령의 임재를 충만하게 한 다음에 "나사렛 예수의 이름으로 명하노니 죄는 물러갈지어다, 나는 너와 상관이 없다" 미움과 불안이 다가올 때 "너희 원수 귀신아 떠나가라 하나님과 나는 사랑의 관계이며 나는 불안할 필요가 없다 예수의 이름으로 명하노니 물러갈지어다" 질병의 고통을 향해서도 강하게 대적하며 저항해야 되는 것입니다. 성령으로 충만한 영의 말이 아니면 귀신은 절대로 물러가지 않습니다.

"너희 원수 마귀야 물러가라 질병과 고통은 옛사람의 것이요 나는 새사람이다 너와는 상관이 없으니 물러갈지어다" "저주야 물러가라, 실패야 물러가라, 가난아 물러가라, 나는 너희에게 속하여 있지 않다, 나는 하나님의 사랑의 나라의 백성이다" 나는 거룩한 나라요, 왕 같은 제사장이다. "너희 사망의 세력은 물러갈지어다, 너희 음부의 세력은 물러갈지어다, 나는 천국시민이다." 반드시 성령으로 충만한 가운데 영의 말이어야 합니다.

입으로 시인한다는 것은 나의 변화된 현실을 입으로 시인할 뿐 아니라, 반대되는 옛사람이 다가올 때, 그를 바라보고 있지 말고, 강하고 담대하게 대적하여 몰아내야만 되는 것입니다. 강하게 내어 쫓아야만 되는 것입니다. 그렇게 할 때 우리가 성공적인 인생을 살아갈 수 있는 것입니다.

둘째, 천국 문화에 익숙해서 살아야 된다. 이 땅에 살지만 천국을 누리면서 살아야 합니다. 이제 우리가 천국 문화에 익숙해서 살아야 되는 것입니다. 사람이 다른 나라로 건너가면 그 새 나라의 문화에 익숙해야 그 나라에 살 수 있는 것처럼 천국은 세상과 다릅니다. 우리가 흑암의 권세에서 건져냄을 받아 그 사랑의 아들의 나라로 옮겨서 새사람이 된 것은 바로 천국에 들어와서 사는 것입니다. 주님이 이룩한 성령의 천국 안에서 사는 것이기 때문에 이 천국의 문화에 익숙해야 되는 것입니다.

천국은 정의로움이 충만한 곳입니다. 천국에는 불의와 부정과 부패가 있을 수가 없습니다. 그러므로 불의와 부정과 부패와 교제하면서 천국에서 살 수가 없어요! 천국의 문화는 정의로움이 충만한 것이기 때문에 항상 우리는 정의를 생각하고 정의를 추구하면서 살아야 하는 것입니다.

그리고 천국에는 거짓과 불성실이 없습니다. 천국은 정직한 곳입니다. 진실한 곳입니다. 이렇기 때문에 우리는 천국의 문화 속에 살려면 우리가 내 자신과 하나님 앞에서 또 사람 앞에서 정직하고 진실해야만 되는 것입니다. 그리고 천국은 충성과 헌신이 있는 곳입니다. 하나님에게 충성이 없고 늘 배반이 있으면 그것은 세상이지 천국이 아닌 것입니다.

마태복음 25장 21절에 "그 주인이 이르되 잘 하였도다 착하고 충성된 종아"라고 말한 것입니다. 우리는 천국은 착하고 충성된 사람이 사는 곳이기 때문에 착한 마음과 충성스러움을 가지고 살아야 되는 것입니다. 천국의 문화는 거룩한 문화인 것입니다. 천국에는 더러운 것이 없습니다.

이렇기 때문에 유혹의 욕심을 따라 썩어져가는 옛 아담의 구습을 좇는 옛사람을 벗어버리고 심령으로 새롭게 되어 의와 진리의 거룩함을 따라 지음을 받은 새사람을 입고 살아야 되는 것입니다. 이러므로 추하고 더러운 생각이나 말이나 행동은 하지 말아야 되는 것입니다. 천국에는 탐욕을 극복한 곳입니다. 욕심이 잉태한즉, 죄를 낳고 죄가 장성한즉, 사망을 낳는데 가장 무서운 것이 욕심입니다. 자기의 분수를 초월해서 욕심을 내어서 정당한 길을 버리고, 빗뚫은 길로 나가서 욕심을 채우다가 죄를 짓게 되고 파멸을 당하게 되는 것입니다. 그러므로 천국에는 욕심을 저버린 정상적인 자기의 분수와 처지를 따라 믿음의 분량대로 사는 것이 천국문화인 것입니다.

천국에는 용서와 사랑이 있는 곳입니다. "하나님이 우리를 사랑하시는 사랑을 우리가 알고 믿었노니 하나님은 사랑이시라 사랑 안에 있는 자는 하나님 안에 거하고 하나님은 그 아래 거한다"고 하셨습니다. 이렇기 때문에 천국에는 항상 사랑을 받아들이고 사랑하려고 노력하는 그 문화 속에 우리가 살아야 되는 것입니다.

천국은 온유와 겸손이 있는 곳입니다. 천국에는 완악하고 폭력을 사용하는 곳이 아닙니다. 천국에는 항상 자기의 잘못을 생각하고 내 탓이라고 생각하고 자기가 늘 회개하는 곳이 천국입니다. 천국은 늘 감사와 찬양이 있는 곳입니다. 하나님 앞에서 늘 감사하고 늘 찬양하고 늘 고맙게 여기는 삶이 천국인 것입니다.

이러한 천국 문화를 우리가 마음속에 받아들이고, 이러한 천국 문화를 세상 속에 적용하며 우리가 살아갈 때, 우리는 변화된 새로운 피조물이 되어 활기차게 그 영광을 나타내기 시작하는 것입니다. 우리가 입술로만 주여! 주여! 하고 우리의 삶은 세상 문화에 젖어서, 옛 사람과 똑같이 산다면 우리는 천국 시민으로서의 축복을 받을 수가 없는 것입니다.

이렇기 때문에 내가 그리스도 안에서 변화만 받았을 뿐 아니라, 내가 옮김을 받아서 이제는 천국이 내 안에 내가 천국 안에 들어와 있는 삶을 살고 있는 것입니다. 천국은 지금 눈에 보이지 않은 형태로 하나님의 성령으로 우리의 마음에 와 계시지만, 그 성령으로 와 있는 천국은 정의의 천국이요, 진실의 천국이요, 충성의 천국이요, 거룩함의 천국이요, 그리고 용서와 사랑의 천국이요, 겸손과 온유의 천국이요, 회개의 천국이요, 감사와 찬양의 천국인 것입니다. 우리 속에 눈에 안보이게 성령으로 내 안에 와있는 이 천국 문화 속에 우리가 살아야 하나님과의 교통이 있고 하나님의 능력과 영광이 나타나는 것입니다. 우리 모두 세상의 삶에서 천국을 누리기를 바랍니다.

셋째, 성령과의 교통 속에 사는 것. 우리 변화된 사람은 이제 성령과의 교통 속에 사는 것입니다. 이스라엘 백성이 애굽에 살 때는 구름기둥과 불기둥 같은 것은 본적도 없었습니다. 애굽에서 나오자마자 구름기둥과 불기둥이 그들을 인도했습니다.

그들이 인간의 지혜와 지식과 총명으로 좌우를 분별하고 앞뒤를 분별을 할 필요가 없었습니다. 구름기둥과 불기둥이 없었을 때는 자기들 생각에 오른편으로 갈까 왼편으로 갈까 앞으로 나갈까 뒤로 갈까 어떻게 할까 궁리해야 됐습니다. 그러나 이제는 애굽에서 나오자 구름기둥과 불기둥이 그들의 갈 길을 인도해 주신 것입니다. 이처럼 우리 천국의 시민들은 우리 인간의 지혜와 지식과 수단과 방법으로 어떻게 살까? 어디에 갈까? 무엇을 할까? 를 생각하지 아니하고 우리의 주인이신 성령의 인도를 받아서 살아야만 되는 것입니다.

하나님의 성령께서 마음속에 구름기둥과 불기둥처럼 일어나셔서 우리가 기도를 할 때, 우리에게 소원을 주시고, 그 소원을 통하여 혹은 계시를 통하여, 묵시를 통하여, 온 생각을 통하여, 보증의 역사를 통해서 우리를 인도해 주시는 것입니다. 이러므로 성령과의 교통이 있다는 것은 이제 우린 하나님의 가족이 되었다는 것입니다. 성령님과 함께 사는 우리는 하나님의 자녀인 것입니다.

이러므로 항상 우리 속에 와 계시는 인격적인 이 성령님을 우리의 주인으로 인정하고 환영하고 모셔드리고 의지하며 살아야 되는 것입니다. 성령은 인격적으로 자신을 돕기 위해서 자신 가운데 와서 천국에 올라갈 때까지 손을 잡고 이끌어 가십니다.

주님이 친히 말씀하기를 "내가 아버지께 구하겠으니 그가 또 다른 보혜사를 너희에게 주사 영원토록 너희와 함께 있게 하시리니 저는 진리의 영이라 세상은 능히 저를 받지도 못하나니 이는 주를 보지도 못하고 알지도 못함이라 그러나 너희는 저를 아나니 이는 저는 너희와 함께 거하심이요 너희 속에 계심이라" 세상에서 옛 사람으로 살 동안에는 성령을 보지도 못하고 알지도 못합니다.

이스라엘이 애굽에 있을 때는 구름기둥과 불기둥을 본적도 없고, 알지도 못했습니다. 애굽에서 나왔을 때, 구름기둥과 불기둥을 보고 하나님의 인도를 안 것처럼, 우리도 예수를 믿고 옛사람을 벗어버리고 새사람이 되어 나오자마자 성령을 알게 되고 성령을 체험하게 되고, 이제 성령이 자신을 감싸고 자신을 세우고 앞뒤로 보호하고 자신을 잡고 이끌면서 살아가는 것입니다.

이러므로 새로운 피조물이 되어서 사는 삶은 항상 성령과 함께 사는 것입니다. 이러므로 성령은 보혜사로서 진리가운데로 이끌어주시고, 기억나게 해주시고, 위로해주시고, 격려해주시고, 용기를 북돋아 주시고, 깨닫게 해주시고, 꾸짖어 주시고, 거룩하게 해주시고, 온갖 역사를 베풀어서 온전한 크리스쳔으로서 인생을 성공적으로 살기를 원하는 것입니다.

이러므로 성령께서는 오늘날 우리에게 와서 우리에게 문제가 있을 때에는 지식의 말씀을 주시는 것입니다. 또 우리가 그 문제를 풀기위하여 지혜가 필요할 때는 지혜를 주시는 것입니다. 지혜를 얻어서 문제를 해결하게 만듭니다. 삶을 살아가다가 인간으로서 도저히 해결할 수 없는 막다른 골목에 처했다고 생각 될지라도 절대로 당황하지 마시기를 바랍니다. 안정된 심령이 되어 나와 함께 계시는 성령께 간절히 기도하며, 의지하면 성령께서 지혜를 주십니다. 성령께서는 우리에게 또한 지식을 허락하여 주시는 것입니다. 깨닫지 못하는 것을 깨닫게 만들어 주는 것입니다.

알지 못하는 것을 알게 만들어 주는 것입니다. 성령은 우리에게 총명을 주셔서 우리 마음을 밝고 맑고 환하게 만들어 주는 것입니다. 이래서 어두컴컴하고 모호한 마음으로 세상을 살지 않게 만들어 주는 것입니다. 성령은 길잡이의 영인 것입니다. 우리에게 와서 우리가 가장 최선의 삶을 살 수 있는 문제 해답을 알 수 있는 지혜와 지식을 가지고 늘 마음속에 길잡이를 해 주시는 것입니다.

성령은 능력의 영입니다. 성령은 우리에게 기도하는 능력을 주십니다. 성령은 우리에게 전도할 능력을 주십니다. 성령은 우리에게 세상을 살아갈 힘을 주시는 것입니다. 성령은 우리에게 용기를 주시는 것입니다. 성령은 우리에게 기쁨을 가질 수 있는 은혜를 주시는 것입니다. 힘이 없을 때 성령은 항상 우리 곁에서 힘의 원천이 되어주시는 것입니다. 우리가 질병으로 고통당할 때 질병을 치유하여 주시는 것입니다. 우리가 귀신의 능력으로 고통을 당할 때 당황하지 아니하고 기도하며 대적할 때 귀신을 몰아내 주시는 것입니다.

성령은 하나님을 경외하는 영입니다. 성령은 우리를 이끌어서 마음을 다하고 뜻을 다하고 정성을 다하고 목숨을 다하여 하나님의 영광을 위해서 살도록 이끌어 주시는 것입니다. 이러므로 주께서 내가 너희를 고아와 같이 버리지 않겠다고 말씀한대로 오늘 예수 믿는 사람들은 절대로 고아가 아닙니다. 성령만 같이 계신 것이 아니라, 하나님이 부리는 천사가 우리와 함께 하셔서 우리를 둘러 진치고 역사하는 것입니다.

그러나 이 모든 일에 조건이 있습니다. 우리가 오직 늘 기도해야 성령이 역사하시고 하나님의 사자가 우리를 둘러 진칠 수 있는 것입니다. 그렇기 때문에 주님께서는 항상 우리에게 기도하라고 말씀하신 것입니다. 항상 우리가 마귀의 시험에 빠지지 않도록 기도하고, 악한 마귀에서 건져달라고 늘 기도하라고 말씀하신 것입니다. 우리가 기도할 때 하나님께서 역사합니다.

충만한 교회에서는 매주 토요일 10:00-12:30까지 각각 2시간 30분씩 개별 특별집중 기적치유 시간을 갖고 있습니다. 한번에 4-6명밖에 할 수 없으므로 1주일 전에 지정된 선교헌금을 입금하시고 예약을 합니다.

*대상은 이렇습니다. 기도하는 습관이 되기를 원하시는 분/ 여기서도 저기서도 치유와 능력을 받지 못한 분/ 지금 천국과 아브라함의 복을 누릴 분/ 불치병, 귀신역사를 빨리 치유 받을 분/ 목과 허리디스크, 허리어깨통증, 근육통, 온몸이 아프고 무거움에서 치유해방 받고 싶은 분/ 자녀나 본인의 우울증, 공황장애, 조울증, 불면증을 빨리 치유 받을 분/ 가슴이 답답하고 기도하기가 힘이 드는 분/ 방언기도를 깊고 강하게 하고 통역하고 싶은 분/ 축복과 영의 통로를 뚫고 싶은 분/ 성령의 불세례를 체험하고 싶은 분/ 최단기간에 현실문제 해결과 성령치유 능력 받고 싶은 분입니다. 오시면 자신이 눈과 몸으로 느끼고 주변사람들이 알아볼 정도로 획기적인 효과가 나타납니다. 반드시 일주일 전에 전화 확인하시고 선교헌금을 입금 후 예약해야 합니다(전화 02-3474-0675).

8장 영적인 사람으로 바꾸어지는 비결

(행9: 17-19) "아나니아가 떠나 그 집에 들어가서 그에게 안수하여 이르되 형제 사울아 주 곧 네가 오는 길에서 나타나셨던 예수께서 나를 보내어 너로 다시 보게 하시고 성령으로 충만하게 하신다 하니 (18) 즉시 사울의 눈에서 비늘 같은 것이 벗어져 다시 보게 된지라 일어나 세례를 받고 (19) 음식을 먹으매 강건하여지니라"

예수님을 만나고 변화되고 바뀌어야 합니다. 내가 예수 믿고 영적으로 변화되어야 합니다. 우리가 예수 믿고 삶이 바뀌는 것이 예수 믿는 것입니다. 교회를 가는데 내 마음에 기쁨도 없고 실제도 없으면 변화가 되지 않습니다. 환경이 바뀌는 것이 아니라 내가 바뀌는 것입니다. 하나님의 소원은 우리가 바뀌는 것입니다.

하나님은 오늘도 우리를 한없이 사랑하시지만 우리가 예수를 믿고 아무것도 변화되지 않으면서 하나님의 축복을 받고 싶고 사랑을 받고 싶은 것이 억지입니다. 하나님께 복을 달라고 예배를 열심히 드리지만 하나님의 대답이 없을 수도 있습니다. 오늘 우리의 문제가 무엇인가? 나는 조금도 변화되지 않으면서 그릇은 준비되지 않고 하나님 앞에 떼를 쓴다고 축복하실 수 있는가? 하나님의 자녀인 우리는 축복의 그릇을 준비해두면 하늘에서 넘치도록 주십니다. 하나님은 우리가 변화되길 원하십니다.

만약 변화되지 않고 축복을 받으면 더 죄를 짓게 됩니다. 내가 신앙생활하면서 껍데기만 바뀌면 안 됩니다. 내 마음은 갈수록 미움과 판단과 정죄하는 마음으로 가득하는데 계급장만 달고 올라간다고 영적으로 뛰어나지 않습니다. 열심히 하다 보니 사람들이 인정하는 것입니다. 남들은 내가 예수 잘 믿는다는데 이중적인 삶을 살면서 양심의 가책이 느껴질 수 있습니다. 우리 모든 성도들이 예수를 믿을수록 변화를 받아서 달라지는 역사가 일어나길 주님의 이름으로 축원합니다.

예수 믿는 자들은 얼마나 큰 권세를 가지고 있습니까? 수많은 권세를 주셨는데도 실제로 나가면 늘 인생이 패배하고 비참하지 않는가? 내가 변화되어야 한다는 사실을 깨달아야 합니다. 내가 바뀌는 것이 얼마나 복되게 만드는지 모릅니다. 우리는 바뀌고자 몸부림을 쳐야합니다. 어떻게 변화를 받을 수 있을까요? 신앙은 내려가야 합니다. 예수를 오래 믿을수록 내려가야 바뀝니다. 예수님은 하늘영광 버리고 내려오셨습니다. 그런데 우리는 교회 가면 올라가려고 합니다. 내려가야 변화가 되고 삶이 바뀌게 됩니다. 자꾸 교회생활하면서 자꾸 인정받고 칭찬받고 계급장을 달려고 합니다. 왜 오늘날 수많은 성도들이 피리를 불어도 춤을 안 추고 애곡을 하여도 눈물을 흘리지 않습니다. 그 이유는 교만입니다. 우리는 낮아져야 하고 낮아진 마음으로 순종하고 나아가면 내 인생이 자꾸 변합니다.

절대 포기하면 안 됩니다. 누가 뭐래도 예수 믿는 것은 바뀌는 것이지 안 바뀌면 안 믿는 사람보다 더 강퍅해집니다. 우리는 포기하지 말고 내가 변화되어야 한다는 절박한 마음을 가지고 달려

들면 하나님이 변화시켜주십니다. 예수 믿는 이 기쁨은 말로 표현할 수 없습니다. 우리가 바뀌어야 합니다. 예수님을 믿고 변화를 체험하려면 이렇게 하시기를 바랍니다.

첫째, 마음 중심으로 예수님을 믿어라. 많은 크리스천들이 예수님을 믿는 것을 형식으로 믿고 행하는 분들이 있습니다. 귀하가 예수님을 중심으로 살고 있다면 귀하는 크리스천입니다. 그러나 예수님을 중심으로 살지 않고 나를 중심으로 살고 있다면 그 사람은 이기주의자요 인본주의자입니다. 만약 예수님을 믿는다고 하면서 예수님 중심으로 살고 있지 않다면 참 크리스천이 아닐 것입니다. 참 크리스천은 예수님 때문에 내가 이 땅에 태어나고, 예수님을 위해 살다가, 예수님께로 가는 사람입니다.

그러기 위해서 우리는 예수님을 알아야 합니다. 예수님을 안다는 것은 이론적이 아니고 관념적이지도 아니고 실제적이고 체험적인 것을 말하는 것입니다. 예수님을 실제적으로 만나야 합니다. 예수님의 은혜의 깊이와 넓이와 높이가 어떠한지 깨닫고 감사해야 합니다. 예수님이 나의 삶의 중심이 되기에 합당하신 분이라는 것을 인식해야 합니다. 성령으로 진리를 깨달음으로 예수님을 깨닫고, 성령으로 기도함을 통하여 예수님을 느끼며, 성령으로 예수님을 체험해야 합니다. 그래서 예수님을 나의 삶의 중심에 모시어 들이고, 예수님을 위하여 살 때 참다운 크리스천이 될 수 있습니다.

교회의 목적도 예수님을 높이는 것이요, 교회의 모든 기관도 예수님을 중심으로 움직여야 하고, 모든 모임도 예수님이 중심이 되어야 하고, 예수님이 기뻐하시는 모습으로 이루어져야 합니다. 예수님은 우리의 주인이요 중심입니다. 예수님은 단지 왔다가 가는 나그네가 아니요 역사의 주인공이요, 모든 인생의 중심이십니다.

주일날 교회에 와서 예배를 드리는 것도 예수님 중심으로 살기 위함이요, 헌금을 하는 것도 예수님 중심으로 물질을 쓰기 위함이요, 성경 공부를 하는 것도 예수님을 바르게 알기 위함이요, 봉사를 하는 것도 예수님 중심으로 살기 위함이요, 성령으로 기도를 열심히 하는 것도 예수님이 명령하신 바이기에 그렇게 하는 것입니다.

세상말로 우리는 예수쟁이입니다. 나쁜 뜻으로 듣지 마십시오. 먹어도 예수님을 위해 먹고, 굶어도 예수님을 위해서 굶고, 살아도 예수님을 위해 살고, 죽어도 예수님을 위해서 죽는 예수님 중심으로 사는 사람들이라는 뜻입니다. 어떤 사람들은 자기중심으로 삽니다. 어떤 사람들은 쾌락 중심으로 삽니다. 어떤 사람들은 물질 중심으로 삽니다. 어떤 사람들은 명예 중심으로 삽니다. 그러나 우리의 삶의 중심은 물질, 명예, 쾌락이 아니라 예수님이십니다. 예수님은 우리의 마음의 변두리에서 사시는 분이 아니라 우리 마음의 중심에서 사시는 분이십니다.

이 세상에 누가 보내서 왔습니까? 내가 오고 싶어서 온 것이 아니라 예수님이 보내서 왔습니다. 이곳에 무엇 하러 오셨습니까? 나의 만족을 위하여 온 것이 아니라 예수님을 높이고, 예수님의 뜻을 이루기 위하여 왔습니다. 이곳에 와서 누구의 말에 귀를 기울이십니까? 예수님의 말씀입니다. 도대체 누구를 보고 신앙생활을 합니까? 예수님보고 합니다. 예수님이 없다면 우리가 이곳에 와야 할 아무런 이유가 없습니다. 예수님의 뜻이 아니라면 우리는 지금쯤 이곳이 아닌 내가 원하는 곳에서, 내가 원하는 일을, 나를 위해서 하고 있을 것입니다.

우리는 생각을 해도 예수님 중심으로 생각을 합니다. 우리는 행동을 해도 예수님 중심으로 행동하는 사람입니다. 공부를 해도 예수님을 바라보고 하고, 빨래를 해도 예수님을 바라보고 하고, 청소를 해도 예수님을 바라보고 합니다. 왜냐하면 예수님이 없으면 이 모든 일이 재미가 없고 보람이 없기 때문입니다. 우리는 잠을 자도 예수님 안에서 자고, 깨어도 예수님 안에서 깨고, 먹어도 마셔도 예수님과 함께 먹고 마십니다.

우리의 미래는 예수님이 보장하시고 있고, 예수님 때문에 우리는 외국에서도 축복가운데 행복하게 살수가 있습니다. 예수님이 우리의 중심에 계시기만 하면 우리는 담대합니다. 우리의 삶의 보람을 느낍니다. 예수님이 우리의 마음 중심에 오시면 우리의 마음은 즐겁습니다. 예수님이 우리의 생활 중심에 오시면 우리의 생활은 윤택해 집니다. 예수님이 우리의 육체를 꽉 붙잡고 계시면 우리는 건강합니다.

예수님을 귀하의 삶의 중심으로 모시어 드리십시오. 예수님을 중심으로 하루하루를 사십시오. 예수님을 중심으로 당신의 삶의 목표를 설정하십시오. 예수님을 중심으로 살다가 예수님 중심 나라인 영원한 천국에 안전하게 도달하십시오. 예수님이 우리 마음의 중심에 없다면 우리는 한줌의 흙에 불과 합니다. 헛되고 헛된 인생이 되고 맙니다. 영원히 사라지고 말아야 할 존재입니다. 그러나 예수님이 우리의 중심에 있기에 우리에게는 부활이 있고, 우리는 보람찬 인생을 살고 있는 것입니다. 보람찬 외국 생활을 하고 있는 것입니다. 그리고 너와 나는 행복한 사람인 것입니다.

묻고 싶습니다. 자신의 마음의 중심에 예수님이 자리 잡고 있습니까? 예수님을 마음의 중심에 확실히 모시어 들였습니까? 혹시 예수님을 저쪽 가장자리에 왕따 시키지는 않으셨습니까? 예수님을 단지 액세서리나 부속물로 여기고 있지는 않습니까? 혹시 예수님을 나를 귀찮게 하는 분으로 생각하고 있지는 않습니까? 혹시 예수님을 믿는다고 하면서 예수님과 따로 놀고 있지는 않습니까?

그러나 초대 교회 성도들은 예수님이 자신의 생명보다, 자신의 가족보다, 자신의 물질보다, 자신의 명예보다 더 중심에 있었습니다. 그리고 마음 중심에 계신 그 예수님을 지키기 위하여 생명도 포기하고 극한 고난의 길을 선택하기도 했습니다. 그리고 그 고난의 길을 가면서도 중심에 계신 예수님을 묵묵히 바라보았습니다. 그러나 어느덧 좀 살만하고 주변이 좋아지다 보니 중심에 자리를 잡아야 할 예수님을 나도 모르게 찬밥취급을 했습니다. 마음을 섭섭하게 해드렸습니다.

우리는 오늘 다시 한 번 예수님이 어디 계신가 체크를 해보아야 합니다. 과연 예수님은 당신의 어디에 자리를 잡고 있습니까? 변두리입니까? 혹은 예수님을 너무나 멀리 떨어뜨려 나서 보이지 않습니까? 아니면 아예 예수님의 자취도 없어지고 말았습니까? 오늘 예수님은 이 자리에 계십니다. 예수님은 말씀하셨습니다. "볼지어다 내가 세상 끝날까지 너희와 항상 함께 있으리라." (마28:20). 세상이 끝나는 날까지 영원하게 함께 하시는 예수님을 마음 중심에 모시고 사시기를 바랍니다.

둘째, 성령으로 체험적인 세례를 받아라. 성도들은 물세례 받는 것으로 만족하면 안 됩니다. 반드시 성령으로 세례를 받아야 합니다. 그래야 잠재의식이 정리되기 때문입니다. 그런데 성령세례는 알고 보면 단회적인 사건입니다. 교회는 성도들을 성령으로 세례를 받게 하는 곳입니다. 성령세례는 성령세례 받은 사람(담임목사)을 통하여 전이 됩니다. 필자는 성령세례에는 관념적인 성령세례와 체험적이고 실제적인 성령세례가 있다고 생각합니다. 예수를 믿을 때에 성령님께서 믿게 하셨기 때문에 믿을 때 성령세례를 받았다고 하는 것은 관념적인 성령세례입니다. 우리는 체험적이고 실제적인 성령세례를 받아야 합니다. 예수님을 믿을 때 우리 안에 오신 성령께서 전인격을 장악하시는 것을 실제적 체험적인 성령세례라고 하는 것입니다. 성령세례를 받은 사람은 자기가 성령세례를 받았다는 것을 압니다. 다른 사람도 자신이 성령으로 세례를 받는 것을 볼 수가 있습니다. 성령세례는 우리가 의식할 수 있는 의식적 체험입니다.

오순절 성령강림이 있을 때 성령이 제자들 각 사람 위에 임하였습니다. 그리고 제자들은 나가서 복음을 증언하기 시작했습니다. 제자들에게 '여러분들은 언제 성령세례를 받았습니까?' 라고 물으면 '오순절입니다' 라고 분명히 대답할 것입니다. 사도바울이 갈라디아교회에 편지를 씁니다. "너희가 성령을 받은 것이 율법의 행위로냐 혹은 듣고 믿음으로냐?"(갈 3:2). 사도 바울이 이 질문을 하는 것은 갈라디아교회가 성령 받은 것을 알고 있었다는 것입니다.

성경은 성령 받은 것에 대해서 많은 기록을 남기고 있습니다. 빌립이 전도했던 사마리아교회, 고넬료의 가정, 에베소교회 등 성령 받은 교회나 가정들은 성령을 받은 것을 정확히 알고 있습니다. 성령세례는 우리가 알 수 있는 분명한 체험입니다. "당신은 성령을 받았습니까?"라는 질문에 대해서 딱 부러지게 "예" "아니오"로 대답할 수 있는 체험입니다. 아울러 성령세례는 하나님과 그리스도에 대한 감사와 사랑을 불러일으킵니다.

성령세례는 예수를 믿을 때 영 안에 임재하신 성령께서 순간 전인격을 장악하는 것입니다. 성령으로 세례를 받을 때 하나님의 영광과 그분의 존재의 실상을 전인격이 자각하는 것을 의미합니다. 살아계신 성령의 역사를 몸으로 느끼고 눈으로 볼 수 있는 현상이 일어나는 것입니다. 물론 다른 사람도 자신이 성령으로 세례를 받는 것을 눈으로 볼 수가 있는 것입니다. 그래서 성령세례 받은 사람들은 이렇게 말합니다. "(벧전 1:8)예수를 너희가 보지 못하였으나 사랑하는 도다. 이제도 보지 못하나 믿고 말할 수 없는 영광스러운 즐거움으로 기뻐하니" 교회는 성도들이 성령으로 세례 받아 권능 있는 삶을 살게 하는 곳입니다. 성령으로 세례를 받아야 성도가 진정한 하늘의 사람으로 변화되기 시작합니다. 성령세례는 참으로 중요한 체험입니다. 그러나 자신이 성령세례를 받았다면 그것으로 만족하지 말고 이제 성령과 불로 세례를 받아 성령의 지배와 장악을 받아야 합니다.

셋째, 성령과 불로 충만 받아라. 마태복음 3장 11절에 보면 "나는 너희로 회개하게 하기 위하여 물로 세례를 베풀거니와 내 뒤에 오시는 이는 나보다 능력이 많으시니 나는 그의 신을 들기도 감당하지 못하겠노라 그는 성령과 불로 너희에게 세례를 베푸실 것이요" 라고 말씀하고 계십니다. 예수님은 "성령과 불로 너희에게 세례를 베푸실 것이라"고 합니다. 예수님은 지금 어디에 계십니까? 예수를 믿는 성도 마음 안에 주인으로 계십니다. 마음 안에 주인으로 계시는 예수님이 성령과 불로 세례를 하신다는 말입니다. 쉽게 말해서 성령으로 충만하게 하신다는 말입니다. 더 나아가 성령의 지배와 장악이 되게 하신다는 것입니다.

예수를 믿고 영적으로 변화가 되려면 성령과 불로 세례를 받으면서 성령의 지배와 장악을 받아야 합니다. 하나님은 모든 성도들이 성령의 지배를 받기를 소원하십니다. 성도는 영혼에 만족을 누려야 합니다. 영혼의 만족은 성령의 지배를 받아야 가능합니다. 왜 예수를 믿으면서 영혼의 만족을 누리지 못하는가? 자신의 전인격이 성령의 지배를 받지 못하기 때문입니다. 한마디로 세상 것이 섞여있기 때문입니다. 세상 것이 섞여서 방해함으로 영혼의 만족을 누릴 수가 없는 것입니다. 이것은 아주 심각하게 받아드려야 합니다. 그래야 성령의 역사에 관심을 가져서 성령의 지배를 받는 성도가 될 수 있기 때문입니다. 전인격이 성령의 지배를 받지 않고는 영혼이 만족을 누릴 수가 없기 때문입니다. 자연스럽게 예수를 30년을 믿어도 변화되지 않습니다. 우리 예수 믿는 사람들의, 삶의 특징이 있다면, 그것이 무엇이라고 생각하십니까? 입으로만 예수를 믿는다고 시인하는 그런 보통의 신앙의 삶이 아니라, 예수를 믿고 난 다음에 변화된 삶을 살아가는 성도들의 특징을 말하는 것입니다. 이러한 성도들의 삶의 특징이 무엇이겠습니까? 그것은, "영-혼-육 전인격이 성령의 지배와 장악을 받는 삶"이라, 그렇게 말 할 수 있습니다.

그러면, 성령의 지배와 장악을 받는 삶이란, 또 무엇을 말하는 것입니까? 전인격이 성령께 사로잡혀 사는 것을 말하는 것입니다. 성령을 주인으로 모시고 세상을 살아가는 것입니다. 매사를 성령님과 의논하고 성령의 뜻을 따라 사는 것을 성령의 지배를 받는 삶이라고 말할 수 있습니다. 성령의 인도함을 받아, 성령의 능력에 의해서 살아가는 삶을 말하는 것인 줄로 믿습니다. 성령님이 나를 지배하고 다스리는 삶, 이전에 우리의 삶이, 육체의 본능이 지배하는 삶이었고, 죄가 지배하는 삶이었다면, 이제 예수를 믿고, 변화를 받고 난 다음에 나타나는 삶은, 성령에 의해서 지배를 받는 삶이 되어야 합니다.

넷째, 현대판 아나니아를 만나라. 성도가 예수를 믿고 변화되려면 사도행전에 9장에 기록된 대로 바울을 안수하여 눈을 뜨게

한 아나니아와 같은 하나님이 사용하시는 목회자를 만나야합니다. 사도행전 9장 17-19절에 보면 "아나니아가 떠나 그 집에 들어가서 그에게 안수하여 이르되 형제 사울아 주 곧 네가 오는 길에서 나타나셨던 예수께서 나를 보내어 너로 다시 보게 하시고 성령으로 충만하게 하신다 하니 (18) 즉시 사울의 눈에서 비늘 같은 것이 벗어져 다시 보게 된지라 일어나 세례를 받고 (19) 음식을 먹으매 강건하여지니라" 하셨습니다.

사울이 예수 인들을 잡아 가두기 위해 쉬지 않고 말을 몰아 국경선을 넘어 이웃 나라의 도시 다메섹으로 가고 있습니다. 그런데 정오쯤 되어 갑자기 하늘에 해보다 더 강한 빛이 하늘에서 사울의 일행 위로 내리 비쳤습니다. 말들은 이 강렬한 빛에 그만 놀라 날뛰고 그 바람에 말 탄 사람들은 땅으로 떨어졌습니다. 그렇게 정신이 없는 가운데 사울은 하늘에서 들려오는 큰 음성을 들었습니다.

"사울아, 사울아, 어찌하여 네가 나를 박해하느냐?"(행 26:14). 그것은 하늘로서 들려오는 거룩하고 위엄 있는 신적인 음성이었습니다. 사울은 당황하여 그 음성에 대답합니다. '주님, 누구십니까?' 사람의 언어로 표현하기 어려운 위엄을 가진 그 목소리는 이렇게 대답합니다. "나는 네가 핍박하는 예수다!" 사울은 놀라서 할 말을 잃었습니다.

내가 하나님을 박해하다니. 예수님이 바로 하나님의 아들이셨다니. 그렇다면 지금껏 나는 하나님의 아들을 섬기는 사람들을 잡아 가두고 죽였단 말인가? 내가 일생 최대의 목표로 여기고 '예수 이단'을 척결하려고 했던 삶이 잘못된 것이란 말인가? 내가 하나님의 뜻을 모르고 이렇게 그릇된 길을 걸어가고 있었단 말인가? 나는 무엇을 알고 있었던가? 나는 제대로 볼 수 없는 영적 소경이었구나!

사울은 태어나서 처음으로 하나님의 음성을 직접 들었습니다. 하나님은 예수님을 통하여 사울에게 말씀하셨습니다. 그 순간 사울은 이 예수님이 바로 승천하셔서 하나님의 대권을 받으시고 온 세상을 지금 통치하시는 주님이시라는 사실을 알았습니다. 자기가 박해하고 땅에서 없애버리려고 했던 그 이름 '예수'는 실제로는 온 세상의 주인이요 왕이셨습니다. 그 사실을 지금 사울은 막 깨닫고 발견했습니다. 주님은 사울에게 새로운 사명을 주셨습니다.

"일어나 너의 발로 서라 내가 네게 나타난 것은 곧 네가 나를 본 일과 장차 내가 네게 나타날 일에 너로 종과 증인을 삼으려 함이니, 이스라엘과 이방인들에게서 내가 너를 구원하여 그들에게 보내어, 그 눈을 뜨게 하여 어둠에서 빛으로, 사탄의 권세에서 하나님께로 돌아오게 하고 죄 사함과 나를 믿어 거룩하게 된 무리 가운데서 기업을 얻게 하리라"(사도행전 26:16~18).

예수 그리스도를 통하여 사울은 구원을 받았습니다. 그가 구원을 받았을 때, 자신의 사명을 깨달았습니다. 그가 해야 할 일을 알았습니다. 그가 잘못된 길로 가고 있다는 사실을 알았습니다. 그는 영적인 소경이었습니다. 그는 어둠 속에서 살면서 사람들을 죽이고 잡아 가두는 일에 앞장서면서 살아왔습니다. 그는 예수님의 교회를 핍박하던 사람입니다. 그렇게 계속 살면 그는 하나님의 원수가 되고 자기가 정말 원하는 삶과는 정 반대의 삶을 살 수밖에 없었습니다. 그런 삶은 생각만 해도 끔찍한 것입니다. 자기가 정말 하나님을 위해 살고 싶었는데 그처럼 열심을 냈는데, 실상은 자기가 하나님께 원수가 되는 일을 하면서 살아왔다는 것이 얼마나 가련합니까? 다메섹으로 가는 길에서 부활하신 예수님을 만난 사울은 자기가 진정으로 해야 할 일을 알았습니다.

예수님을 만나던 날, 사울은 말을 타고 다메섹으로 가던 길에 하늘로서 강렬한 빛을 보고 눈이 멀어버렸습니다. 그는 삼일 동안 앞을 볼 수 없었습니다. 예수님을 만났지만 여전하게 사울은 영적인 소경이었습니다. 예수님을 만나면 즉시 변화되지 못한다는 증거입니다. 많은 크리스천들이 예수님만 만나면 영적으로 변화되는 줄로 압니다. 그러나 그렇게 되지 못합니다. 사람들이 그의 손을 잡고 다메섹으로 데리고 갔습니다. 거기서 성령님의 인도로 그리스도의 제자 중에 '아나니아'라는 사람을 만났는데, 그 사람은 시력을 잃은 사울의 머리에 손을 얹고 기도해 주었습니다. 그러자 그는 마침내 눈을 뜨고 다시 시력(영적인 눈)을 회복했습니다. 그는 다시 볼 수 있었습니다. 그는 새로운 사람이 되었습니다. 그는 새로운 삶을 살아야 한다고 결심했습니다. 그에게는 새로운 목적이 생겼습니다. 그는 구원을 받았습니다.

그때로부터 사울은 예수의 제자들을 박해하는 사람이 아니라 예수 그리스도를 전하는 사람이 되었습니다. 사람들은 모두 놀랐습니다. 사울에게 체포영장을 준 관리들도 놀랐고, 동료 유대인들도 놀랐습니다. 어떤 사람들은 사울이 미친 것 아닌가 하는 생각도 했을 것입니다. 더 놀란 것은 예수님의 제자들입니다.

사울이 이제 예수님을 전하는 사람이 되었다고 하니 쉽게 믿어지지 않았습니다. 그러나 사람들이 뭐라고 생각하든지 아랑곳하지 않고 사울은 예수님이 정말 하나님의 아들이시며, 죽은 자 가운데서 부활하셔서 지금은 하나님 우편에 앉아 계셔서 만물을 통치하신다고 외치고 가르쳤습니다. 성도들은 처음에는 사울의 기만작전이라고 여기고 그에게 다가가지 않으려고 했으며, 그를 교회로 맞이하려고 하지도 않았습니다. 그러나 한 사람 두 사람 그를 개인적으로 만나 보니 사울의 마음에 예수님을 향한 감사와 어둠에서 건져주신 주님에 대한 사랑이 가득한 것을 보았습니다. 점차 제자들은 사울을 조금씩 인정하고 받아들이기 시작했습니다. 그리고 교회에서 그가 받은 은사와 재능으로 성경교사로 일할 수 있도록 배려해 주었습니다. 성도들은 사울이라는 청년 안에서 하신 하나님의 놀라운 일을 보고 주님께 영광을 돌렸습니다.

가장 크게 교회를 위태롭게 하던 사람이 이제는 가장 강력하게 복음을 전하는 사람이 되었습니다. 그는 자기가 받은 사명대로 사방에 다니며 복음을 전하고 사람들을 세워 그리스도의 제자가 되게 하고 지도자들도 많이 양성했습니다. 그가 세운 교회들과 교회 지도자들의 수는 점점 늘어가고 그의 선교활동은 그 영향력을 점점 확대해 나갔습니다. 그는 자신의 인생을 그리스도께 드릴 수 있음에 감사하면서 자신을 구원해 주신 주님께 전적으로 헌신했습니다. 그의 삶은 새롭게 되었고 그는 구원을 받았습니다. 바울은 예수님을 직접 만났지만 여전하게 눈이 멀어 앞을 보지 못했고, 아나니아를 만나 성령 받아 눈이 열리니 변화가 되었습니다. 우리도 아나니아를 만만 성령으로 세례를 받아야 비로소 영적인 눈이 열리기 시작하는 것입니다.

다섯째, 자신이 성전으로 살아라. 하나님은 고린도전서 3장 16절에서 "너희는 너희가 하나님의 성전인 것과 하나님의 성령이 너희 안에 계시는 것을 알지 못하느냐" 하시면서 성도들의 몸이 성전이라는 것을 강조하십니다. 자신이 성전으로 살아가는 것은 18장에 세부적으로 설명됩니다.

여섯째, 성령의 인도를 받아라. 성령님의 인도를 받아야 합니다. 성령님은 우리를 가르치면서 함께 하십니다. 아무리 함께 하셔도 지식이 없는 동행은 의미가 없습니다. 서로를 알고, 서로의 필요를 알고, 그 가르침이 따르는 것은 말할 수 없는 도움인 것입니다. 성령님은 결코 우리가 무지 속에 있기를 원하시지 않는 분이십니다. 성령님은 가르쳐 주시면서 우리와 함께 하시는 것입니다. 성령님은 지혜와 지식 그리고 모략의 신이신 것입니다. 성령님이 가르쳐 주시는 대로 나아가는 사람은 초자연적인 위대한 삶을 살아가게 됩니다. 이런 사람을 기뻐하시기에 하나님은 세상 끝날 까지 영원히 함께 하시는 것입니다. 성령의 인도를 받으시기 바랍니다.

9장 영의 새로운 것으로 살아가는 비결

(롬 7:1-6) "(5)우리가 육신에 있을 때에는 율법으로 말미암는 죄의 정욕이 우리 지체 중에 역사하여 우리로 사망을 위하여 열매를 맺게 하였더니 이제는 우리가 얽매였던 것에 대하여 죽었으므로 율법에서 벗어났으니 이러므로 우리가 영의 새로운 것으로 섬길 것이요 율법 조문의 묵은 것으로 아니할지니라"

인간은 영이 혼 즉 마음으로 더불어 육체 속에 살도록 하나님께서 지었습니다. 인간의 영은 하나님과 함께 거하며 하나님과 동행하고 하나님의 모든 계시를 받았습니다. 인간은 그 영을 통하여 혼을 지배하고 그 혼을 통해서 지성과 감정과 뜻을 펴며 인격적인 활동을 하고 또 육체의 감각을 통하여 물질적인 세계와 접촉하고 삽니다. 그러므로 사람의 자체는 영입니다. 영이 주인입니다. 하나님은 영이시라고 말했습니다. 우리는 하나님의 형상과 모양대로 지음을 받았기 때문에 우리는 영입니다.

영이 마음 즉 혼을 통해서 인격적인 활동을 하고 육체를 통해서 세계와 사물과 접촉하며 또 세계와 사물을 다스리면서 살아가는 것입니다. 그러나 인간이 하나님을 반역한 이후로 그 영이 하나님께로부터 단절되었고 하나님의 계시를 받지 못하게 되자, 인간은 앞날을 알 수 없고 갈팡질팡하게 되었고 이제 하나님의 도움을 받지 못함으로 인간은 오직 혼과 육체를 의지하고 살게 되었습니다.

그러므로 자연적으로 인간은 하나님을 잃어버리고 인간 중심이 되는 인본주의자가 되고 오직 혼과 육으로만 살게 되었고 타락하게 되었습니다. 타락한 인간은 오직 혼으로 살고 육체의 노예가 되어 죄의 종으로 살아왔습니다.

그런데 이제 예수께서 오셔서 십자가에 못박혀 몸찢고 피를 흘려 죽으심으로 우리 죄를 사하고 하나님과 우리 사이를 화목케 함으로 우리 영이 살아났습니다. 하나님과 함께 교제하게 되고 하나님과 함께 거하게 되고 하나님의 성령이 우리 영속에 들어와 하나님의 계시를 받고 은혜 속에 살게 된 것입니다. 그러므로 주를 믿는 사람은 이제 반드시 영으로 살아야 돼요! 마음과 육체를 영의 지배하에 두어야만 하는 것입니다. 그러면 이와 같이 우리가 영적인 사람이 되었은즉, 이제 혼으로 살지 아니하고 육체로 살지 아니하고 영의 새로운 것으로 우리는 살아야 되는 것입니다.

첫째, 영의 새로운 의식을 가져라. 영의 새로운 것으로 살기 위해서는 영의 새로운 의식을 가져야 하는 것입니다. 우리가 혼으로 살 때 육체를 통해서 살 때의 생각을 벗어나서 이제 영의 새로운 생각을 갖고 살아야 되는 것입니다. 영의 새로운 의식이란 뭐냐? 예수 그리스도의 십자가의 희생과, 우리 마음속에 하늘나라가 임하여 계셔서 하늘나라의 법칙으로 우리는 살아간다는 것을 깨달아 알아야 되는 것입니다. 우리가 예수 그리스도를 믿어서 천국이 우리 마음속에 들어오면 우리는 영의 새로운 의식을 가져야 되는데 그 영의 새로운 의식이란 바로 예수 그리스도의 십자가 보혈을 통해서 하나님이 이루게 해주신 하늘나라 의식인 것입니다. 예수님은 십자가를 통하여 우리의 일생의 죄악을 청산하시고 믿음으로 말미암아 용서받은 의인들이 되게 만들어 주신 것입니다. 그러므로 우리는 항상 죄책감으로 살아서는 안 됩니다.

우리는 죄를 회개하고 용서받은 의인이 되어…. 나는 하나님 앞에 부끄러움 없이 설 수 있는 자가 되었습니다. 하나님의 사랑 받는 자가 되었다는 것을 알고 용서받은 의인이라는 영적인 새로운 의식을 가져야 되는 것입니다. 그리고 또한 예수 그리스도의 십자가 보혈을 통하여 하나님과 화해했음으로 하나님의 성령이 충만히 나와 같이 거하시고 나는 24시간 성령님과 함께 산다는 의식을 가져야 되는 것입니다. 고아와 같이 버림받지 아니하고 인간의 수단과 방법으로 사는 것이 아니라 나와 같이 계신 성령께서 나를 돕는 자가 되어서 항상 나를 붙들어 주시고 이끌어 주심으로 성령이 함께 계신 것을 늘 의식하고 성령님을 인정하고 환영하고 모시어 들이고 의지하는 그러한 성령 충만 의식을 가지고 우리는 살아야만 하는 것입니다.

또한 우리들은 치료와 건강의식을 가지고 살아야 됩니다. 옛날에는 늘 병들고 고통을 당하고 그것에 대한 두려움으로 살았는데 우리는 예수 그리스도의 십자가 보혈을 통하여 치료받고 건강을 얻었다는 영적 의식을 가져야 되는 것입니다. 저가 우리 연약한 것을 친히 담당하시고 병을 짊어지고 가셨다고 말씀했으며 저가 채찍에 맞음으로 너희가 나음을 입었다고 말했습니다. 이러므로 영의 새로운 의식은 십자가를 통하여 "우리들은 병을 벗어나고 우리는 모든 고통에서 해방을 얻었다. 그리스도가 나의 치료가 되었다"는 영의 새로운 의식 속에 살아야 되는 것입니다. 또한 우리는 저주에서 해방과 아브라함의 축복의식을 가지고 늘 살아야 됩니다.

"우리의 저주는 예수님이 십자가에 걸머지고 청산했음으로 우리의 삶의 저주와 가시와 엉겅퀴는 다 청산되어 버리고 예수로 말미암아 아브라함의 복을 받고 사는 사람이다. 나는 그러므로 복 받은 사람이라"는 영의 새로운 의식을 가지고 살아야 됩니다. 언제나 "좌절되고 부정적이고 낭패와 실망의식으로 꽉 들어차고 무능력의식으로 들어차고 나는 못한다, 안 된다, 할 수 없다"는 이와 같은 부정적인 의식에서 해방되어야 되는 것입니다.

주안에서 축복 받는 의식으로 사는 것이 영의 새로운 의식인 것입니다. 그리고 우리 마음속에 영생과 천국의식을 가져야 되는 것입니다. 이 땅에 사는 것은 행인과 나그네의 삶이요, 잠시 잠깐 후면 우리는 육신의 삶은 벗어버리고 영원한 천국에 가서 주와 함께 산다는 그러한 희망에 꽉 들어찬 의식으로 마음속에 충만하게 되어야 하는 것입니다.

그것 뿐 아니라, 우리의 삶은 하나님을 절대주권자로 모시고 우리는 하나님을 믿고 순종하며 하나님을 섬기기 위해서 사는 사람이다. 우리는 하나님 없이 사는 무신론자나, 그렇지 않으면 우상과 사신을 섬기는 사람들이 아닌 것입니다. 언제나 나의 생애는 하나님이 주권을 가지고 다스리시며 나는 하나님을 믿고 순종하며 섬기는 것이 나의 삶의 의미와 가치와 목적이라는 것을 늘 의식하고 살아야 되는 것입니다. 이러므로 영의 새로운 것으로 살기 위해서는 이러한 영적인 의식혁명이 생겨나야 되는 것입니다.

성경은 말씀하기를 "누구든지 그리스도 안에 있으면 새로운 피조물이라 이전 것은 지나갔으니 보라 새 것이 되었다고" 말씀한 것입니다. 지나간 옛날 의식에 잡히면 안 되는 것입니다. 예수 그리스도 안에서 새로워진 영적인 새로운 의식을 가지고 우리 생활을 매일 같이 점검하면서 이것을 확인하고 살아가는 우리들이 되어야만 되는 것입니다.

둘째, 영의 새로운 생활방식을 가지고 살아라. 영의 새로운 생활방식이란 우리가 이제 믿음으로 말미암아 인생을 살아갑니다. 우리는 보는 것으로 살지 아니하고 듣는 것으로 살지 아니하고 감각으로 살지 않고 우리는 믿음으로 말미암아 사는 것입니다.

우리는 예수 그리스도의 십자가 대속의 복음을 마음속으로 깊이 믿습니다. 영의 새로운 생활방식이란 하나님이 우리에게 주신 은혜를 우리가 믿음으로 받아들이고 믿음으로 삽니다. 그리고 하나님의 약속의 말씀을 깊이 믿습니다. 베드로후서 1장 4절에 "이로써 그 보배롭고 지극히 큰 약속을 우리에게 주사 이 약속으로 말미암아 너희로 정욕을 인하여 세상에서 썩어질 것을 피하여 신의 성품에 참예하는 자가되게 하려 하셨으니"라고 말씀한 것입니다. 이러므로 하나님의 약속의 말씀을 우리는 절대로 믿습니다.

우리의 감각에 위배될지라도 우리의 생각에 위배된다고 생각할지라도 하나님의 말씀은 살았고 운동력이 있어 좌우에 날선 어떤 검보다 예리하여 혼과, 영과 및 관절과 골수를 쪼갭니다. 하나님의 말씀은 저 하늘이 무너지고 이 땅이 꺼져도 일점일획도 변치 않는다고 말씀하셨습니다. 하나님은 말씀으로 천지를 지으시고 천지를 붙잡고 운영하고 계십니다. 이러므로 영의 새로운 생활방식이란 우리가 창세기부터 계시록까지 말씀을 읽고 묵상하고 그 말씀을 마음속에 깊이 믿고 말씀에 서서 성령님의 인도를 받으면서 살아가야 되는 것입니다.

그리고 우리가 믿음으로 산다는 것은 하나님은 죽은 자를 살리시며 없는 것을 있는 것같이 부르시는 하나님이기 때문에 기적을 믿습니다. 죽은 자를 살리는 것은 기적인 것입니다. 우리의 삶 속에 하나님이 함께 계셔서 기적을 베풀어주실 것을 우리는 믿습니다. 그리고 없는 것을 있는 것 같이 부르시는 하나님이기 때문에 우리의 현재 환경에 좌우되지 않습니다. 눈에는 아무 증거 안보이고 귀에는 아무 소리 안 들리고 손에는 잡히는 것 없어도 하나님의 말씀과 하나님의 언약이 우리 마음속에 주어지면 우리는 그 약속을 굳세게 믿고 조금도 흔들리지 않고 나가는 삶을 사는 것입니다.

그뿐 아니라 우리는 죽음 저 건너편에 하늘나라가 있는 것을 당연히 믿습니다. 그러기 때문에 육신이 죽는 것을 두려워하지 않습니다. 때가 이르러 우리가 육신의 장막집을 벗어버리면 손으로 짓지 아니한 영원한 집이 우리에게 있는 줄 확실히 믿습니다. 그러므로 우리의 모든 생활방식은 믿음으로 시작해서 믿음으로 끝냅니다. 우리는 믿음으로 살고 우리의 눈으로 보는 것으로 살지 않습니다. 이것이 영의 새로운 생활방식인 것입니다. 또 영의 새로운 생활 방식은 소망의 생활방식인 것입니다. 우리는 절대로 소망을 저버리면 안 됩니다. 예수 믿는 사람이 절망해서 좌절하거나, 그렇지 않으면 자살하거나 하는 것은 중대한 범죄입니다.

왜냐하면 우리는 궁극 적인 소망을 가지고 있습니다. 이것은 죽더라도 우리는 천국이 기다리고 있는 것입니다. 이 땅에 사는 것보다 훨씬 더 좋은 천국이 우리에게 약속되어 있기 때문에 우리는 끝없는 소망을 마음속에 가지고 있습니다. 베드로전서 1장 3절로 4절에 "찬송하리로다 우리 주 예수 그리스도의 아버지 하나님이 그 많으신 긍휼대로 예수 그리스도의 죽은 자 가운데서 부활하심으로 말미암아 우리를 거듭나게 하사 산 소망이 있게 하시며 썩지 않고 더럽지 않고 쇠하지 아니하는 기업을 잇게 하시나니 곧 너희를 위하여 하늘에 간직하신 것이라" 말한 것입니다.

이러므로 우리는 소망의 사람들이기 때문에 언제나 소망의 생활방식을 가져야 되는 것입니다. 우리의 현실적인 생활에도 하나님께서 우리의 현실 삶을 다스린다는 것을 우리가 마음속에 깊이 알아야 되는 것입니다. 시편 145편 13절에 보면 "주의 나라는 영원한 나라이니 주의 통치는 대대에 이르리이다" 주께서 우리를 통치하시며 하나님이 우리를 다스려 주시기 때문에 우리는 영원한 소망을 가집니다. 현재는 어떠한 어려움이 다가와도 결국 하늘에 계신 하나님이 모든 것을 다스리고 계신다는 것을 알고 희망을 저버리지 말아야만 되는 것입니다.

오늘날, 우리 기독교 신앙생활 가운데 가장 결핍한 것이 이 사랑의 생활방식을 가지고 살지 않습니다. 우리들이 예수를 믿으면서도 인본주의적인 이기주의자가 되어서 무엇이든지 내가 받기를 원하고 내가 섬김을 받기를 원합니다. 내가 주기를 원하고 섬기기를 원하며 내 자신을 희생해서 십자가를 걸머지고 다른 사람에게 자유와 해방과 기쁨을 주려고 하는 이와 같은 생활방식이 바로 영의 새로운 생활방식인 것입니다.

셋째, 영의 새로운 정서를 가지고 살아라. 우리는 영의 새로운 정서를 가지고 살아야 하는 것입니다. 영의 새로운 정서란 영의 새로운 감정의 생활인 것입니다. 성경에는 항상 기뻐하라 쉬지 말고 기도하라 범사에 감사하라고 말했습니다. 예수 믿고 거듭난 사람은 영의 새로운 것으로 섬기기 위해서는 항상 기뻐하면서 살아야 하는 것입니다. 오늘날 의학계에서는 이제 사람의 생각은 곧 물질로 하여 몸에 나타난다고 말한 것입니다. 사람들은 생각하기를 아! 우리 생각은 추상적인 것인데 그저 생각했을 뿐이지 뭐! 무슨 관계가 있느냐? 그렇게 말합니다. 그러나 그렇지가 않습니다. 우리의 생각은 곧장 우리의 육체에 관련해서 물질적으로 나타나게 되는 것입니다.

하나님의 주신 약 중에 제일 좋은 약이 항상 기뻐하고 사는 약입니다. 그러므로 예수 그리스도의 십자가는 더하기표가 아닙니까? 십자가를 바라보고 언제나 모든 것이 합력하여 선을 일으킬 것을 알고 기뻐하는 성도가 되시기를 주의 이름으로 축원합니다.

그리고 또 쉬지 말고 기도하라고 했는데 왜 우리의 영의 새로운 정서는 늘 기도하며 살아야 하냐 하면 오늘날 세상에 사는 사람들은 굉장한 스트레스 속에 살고 있습니다. 사람이 질병의 70%나 80%가 스트레스에서 일어난다고 합니다. 사람이 스트레스를 당하면 아드레날린이라는 독성이 막 몸에서 피 속으로 콸콸 쏟아져 들어옵니다. 그러므로 면역성이 없어지고 저항력이 없어지므로 그냥 병에 걸려서 퍽퍽 쓰러집니다. 이러므로 오늘날 끊임없는 스트레스. 이 염려 근심 이것을 어떻게 합니까? 성인병의 100%는 스트레스로 온다고 합니다. 이 스트레스를 제하는 길은 성령으로 기도하는 길밖에 없는 것입니다. 왜냐하면 성경에는 수고하고 무거운 짐진자들아 다 내게로 오라 내가 너희를 쉬게 하리라. 기도하고 주님께서 하라는 대로 순종하고 맡겨 버리면 마음의 스트레스에서 해방되는 것입니다. 쉬지 말고 기도하는 것은 끊임없이 마음 속에 스트레스를 제하고 하나님의 평화로 넘치는 삶을 살라고 주님께서 말씀하는 것입니다.

그리고 범사에 감사하는 정서를 가지고 사는 것은 불평은 어두움을 가져오고 감사는 밝음을 가져오게 되는 것입니다. 불평과 원망은 마음이 캄캄해지고 절망적이 되는 것입니다. 살 의욕을 상실하게 되고 그리고 우리의 피 속에 아드레날린을 막 퍼부어 놓아서 우리로 하여금 파괴적이 되게 만들어 주는 것입니다. 그러나 범사에 우리가 자꾸 감사하면 기뻐지는 것입니다.

조그마한 일로써 감사하면 큰일을 가지고 감사할 수 있게 되는 것입니다. 등불을 보고 감사하면 촛불을 주고 촛불 보고 감사하면 전등 주시고 전등을 보고 감사하면 달빛을 주시고 달빛을 감사하면 태양 빛 주시고 태양을 보고 감사하면 천당을 주신다고 말한 말이 있습니다.

이처럼 작은 일에 감사할 줄 모르는 사람은 큰일도 감사하지 않습니다. 우리가 작은 것을 가지고 감사하고 기뻐하면 이로써 우리의 마음도 기뻐지고 우리의 마음속이 기뻐진다는 것은 베타 엔돌핀이 우리 몸속에 넘치게 피 속에 쏟아져 들어간다는 것입니다. 이러므로 하나님께서는 기뻐하고 감사하는 사람에게 이미 보호를 하게 되어 있습니다. 기쁘고 감사하는 자에게는 배타 엔돌핀으로 우리의 마음도 기쁘고 건강하게 만들어 주고 늘 원망하고 불평하고 부정적인 사람에게는 아드레날린을 피 속에 퍼부어 넣어서 넌 빨리 죽어라. 넌 오래 살 필요 없다. 얼굴에 주름이 많아지고 저항력도 없어지고 간암이나, 위암이나, 폐암이나, 관절염이나 걸려서 죽어라! 하나님께서 이미 우리의 마음의 감정에 따라서 역사하시고 계신 것입니다.

감사로 제사를 드리는 자는 나를 영화롭게 하나니 그 행위를 옳게 하는 자에게 내가 하나님의 구원으로 보이라고 말씀한 것입니다. 이러므로 감사는 하나님을 영화롭게 함으로 하나님이 우리에게 구원의 손길을 베풀어주는 것입니다. 그러므로 바로 감사가 번영의 원리인 것입니다. 우리가 자꾸 감사하면 하나님의 축복을 불러주어서 점점 번창하게 될 것이요, 자꾸 원망하고 불평하면 하나님께서 있는 것도 밉다고 빼앗아 버리는 것입니다.

성경에는 있는 자에게는 더 주고 없는 자에게는 있는 것조차 빼앗는다고 말했습니다. 있는 것을 가지고 감사하면 하나님이 더욱 주실 것이요, 있는 것을 가지고 불평하면 하나님께서 더욱 빼앗을 것입니다. 우리의 마음을 언제나 긍정적으로 가져야 됩니다. 사람들은 생각하기를 단지 내 생각에 불과하다고 말하는데 생각은 반드시 뇌를 자극하고 그 생각이 물질화 되는 것입니다. 생각에 따라서 축복하고 건강하고 젊게 만드는 물질로, 혹은 파괴하고 병들고 절망케 하는 물질로 변화되는 것입니다. 생각은 바로 물질이다! 그걸 잊지 말아야 되는 것입니다.

그것이 바로 몸에 영향을 미칠 뿐 아니라 그 사람의 인격에 영향을 미쳐서 그 사람이 성공하기도 하고 실패하기도 하는 원인이 되는 것입니다. 사람이 무엇으로 심든지, 그대로 거두리라. 우리의 생각이 씨앗이 되어서 우리의 개인적인 심신의 건강 뿐 아니라 우리 삶에 열매를 맺게 된다는 것을 잊지 말게 되시기를 주에 이름으로 축원합니다.

넷째, 영의 새로운 도덕을 가지고 예수님을 모셔라. 영의 새로운 것으로 모신다는 것은 영의 새로운 도덕을 가지고 모셔야 되는 것입니다. 성경은 에베소서 4장 24절에 "하나님을 따라 의와 진리의 거룩함으로 지으심을 받은 새사람을 입으라" 우리가 예수를 믿었으면 영의 새로운 도덕을 가지고 모셔야 되는 것입니다. 즉 영의 새로운 도덕이란 의를 가지고 살아야 해요. 의란 것은 어린양에다가 밑에 내 아(我)자를 적은 것으로 양을 내가 머리에 이고 산다. 즉, 다시 말하면 언제나 예수님을 주인으로 모시고 산다. 어떠한 일이 있어도 예수님이 이 자리에 계시면 어떻게 했을까? 예수님이 나와 함께 하시면 어떻게 판단했을까? 예수님은 이 일을 했으면 어떻게 했을까?

　언제나 예수님을 생각의 머리 위에 이고 사는 삶이 바로 의의 삶인 것입니다. 오늘날, 우리가 개인적 사업을 하든지 공무원으로 일하든지 또 공공사업에 책임을 지고 있든지 나 혼자 산다고 생각하지 말고 영의 새로운 도덕을 가진 사람은 예수님을 언제나 머리 위에 이고 살아야 되는 것입니다. 그래서 예수님이면 어떻게 하겠는가? 를 생각하고 예수님의 생각을 따라 성령의 인도로 살면 그 사람은 자동적으로 의롭게 살게 되는 것입니다. 의를 저버리면 개인도 망하고 사회도 국가도 망합니다. 정의가 없어지면 모든 것은 파괴되어 버리고 마는 것입니다. 그 다음 영의 새로운 도덕은 진리를 따라 사는 것입니다.

　거짓을 버리고 참을 나타내야 됩니다. 골로새서 3장 9~10절에 "너희가 서로 거짓말을 말라 옛사람과 그 행위를 벗어버리고 새사람을 입었으니 이는 자기를 창조하신 자의 형상을 좇아 지식에까지 새롭게 하심을 받는 자"라고 말한 것입니다. 마귀는 거짓의 아비라고 말했습니다. 우리가 거짓말을 말할 때 마다 마귀를 초청합니다. 마귀의 영이 그 사람을 점령합니다. 성령은 진리의 영입니다. 우리가 진리를 말할 때마다 하나님의 성령을 인정하는 것이고, 거짓을 말할 때마다 마귀를 인정하게 되는 것입니다. 그 결과가 어떻게 되겠습니까? 귀신이 들어오면 종국적으로 도적질하고 죽이고 멸망시키는 일이 생길 것이요, 성령이 들어오면 생명을 얻되 넘치게 얻는 역사를 베풀게 될 것입니다.

　말이 씨가 된다는 것을 잊지 말아야 됩니다. 거짓말은 파괴의 씨앗이 되고 참말은 건설적인 성공의 씨앗이 되는 것입니다. 이러기 때문에 우리는 진리를 따라 살아야 됩니다. 그리고 영의 새로운 도덕은 거룩함을 가지고 살아야 됩니다. 세속의 부패에서 벗어나서 살아야 되는 것입니다.

고린도후서 7장 1절에 "그런즉 사랑하는 자들아 이 약속을 가진 우리가 하나님을 두려워하는 가운데서 거룩함을 온전히 이루어 육과 영의 온갖 더러운 것에서 자신을 깨끗케 하자" 우리는 더러운 것에서 우리를 깨끗하게 하자는 것입니다.

거룩함이 없이는 어떠한 것도 존속하지 못합니다. 부패와 타락은 일시적으로 흥분을 가져오는 것 같아도 그것은 뿌리부터 뽑아버리고 어떠한 것도 다 무너뜨리는 것입니다. 역사를 통해서 볼 때 도덕적으로 부패하고 타락한 나라가 존속한 적이 없습니다. 로마제국 같은 강한 나라도 도덕적인 부패가 그 나라를 무너뜨리고 만 것입니다.

우리가 그렇기 때문에 언제나 예수 믿는 사람은 영의 새로운 도덕을 가지고 의와 진리와 거룩함을 지키도록 노력하면서 애써야 되는 것입니다. 우리가 예수 믿고 새로운 피조물, 즉 영의 사람이 되었으니 이제 영의 사람으로 살아야만 합니다. 영의 사람만이 하나님과 함께 사는 사람이요, 하나님의 영광을 맡은 사람이 되는 것입니다. 영의 사람을 통하여서 하늘나라가 이 땅에 나타나고 하늘나라의 역사가 넘쳐나게 되는 것입니다.

귀하는 옛사람이 아닙니다. 그리스도 안에서 이전 것은 다 벗어버렸습니다. 새로운 피조물이 되었습니다. 영으로 사는 사람이 된 것입니다. 이 세상 사람처럼 혼 즉, 인본주의로 살고 육체로 살지 않습니다. 영이 마음과 몸을 다스리면서 영의 새로운 것으로 살아야만 되는 것입니다. 영의 새로운 의식을 가져야만 하는 것입니다. 영의 새로운 방식을 가져야만 되는 것입니다. 영의 새로운 정서를 가져야 되는 것입니다. 영의 새로운 도덕을 가지고서 우리가 살아갈 때 우리가 참 크리스천이 되고 우리의 사회와 국가와 세계를 변화시킬 수 있는 위대한 능력이 우리에게 나타나게 되는 것입니다. 그럴 때 영혼이 잘 되고 범사가 잘 되며 강건하고 생명을 얻되 넘치게 얻으면서 살아갈 수 있게 되는 것입니다.

충만한 교회는 지방에 계시는 분들을 위하여 성령치유 집회 CD와 교재를 33종류를 비치하고 있습니다. 과목별 CD는 12시간을 녹음하여 12개입니다. 가격은 한 세트 당 3만원입니다. 교재는 과목당 만원입니다. 필요하시면 주문하여 영성을 깊게 하실 수가 있습니다. 교재를 보며 CD를 들으면 현장에서 집회를 참석한 것과 같은 효과가 있습니다. CD를 들으면서 치유를 체험했다고 간증하는 분들이 많습니다. 전화는 02-3474-0675. 신청은 번호를 알려 주시면 됩니다. 메일주소는 kangms113@hanmail.net 를 이용하여 신청이 가능합니다(필요CD/교재번호. 주소. 전화전호. 우편번호). 상세한 것은 홈페이지 www.ka0675.com 활용하세요.

과목별 상세한 내용은 홈페이지 www.ka0675.com 에 들어오셔서 확인 바랍니다. 홈피에 보시면 계좌번호와 과목별 상세목록을 확인하실 수 있습니다.

10장 신령한 영의 사람으로 사는 비결

(고후 5:17-19) "그런즉 누구든지 그리스도 안에 있으면 새로운 피조물이라 이전 것은 지나갔으니 보라 새 것이 되었도다. 모든 것이 하나님께로서 났으며 그가 그리스도로 말미암아 우리를 자기와 화목하게 하시고 또 우리에게 화목하게 하는 직분을 주셨으니 곧 하나님께서 그리스도 안에 계시사 세상을 자기와 화목하게 하시며 그들의 죄를 그들에게 돌리지 아니하시고 화목하게 하는 말씀을 우리에게 부탁하셨느니라"

우리는 어찌하든지 말씀과 성령으로 새로워져서 하님과 대면하는 영의 사람이 되어야 합니다. 하나님께서 이 민족의 파수꾼으로 세운 교회, 이 민족 안에서 빛이 되고, 소금이 되라고 하는 우리 교회와 성도들이 진실로 성령으로 거듭나야 합니다. 진실로 새로워져야 됩니다. 우리 교회가 올바르게 서지 못하고 우리가 성도가 빛과 소금의 역할을 올바르게 하지 못하였기 때문에 세상에 어지러운 일들이 생긴다고 우리는 보아야 되는 것입니다. 이러므로 우리는 누구를 탓하기 전에 먼저 교회가 하나님 앞에서 회개하고 성도들이 새로워져야만 합니다. 우리가 어떻게 해야 새로워지겠습니까?

첫째, 마음이 새로워져야 사람이 새로워진다. 아무리 환경과

제도를 새롭게 해도 마음이 구태의연하면 그 모든 것은 다 새로워질 수 없습니다. 롬12:1~2에 "그러므로 형제들아 내가 하나님의 모든 자비하심으로 너희를 권하노니 너희 몸을 하나님이 기뻐하시는 거룩한 산제사로 드리라 이는 너희의 드릴 영적 예배니라 너희는 이 세대를 본받지 말고 오직 마음을 새롭게 함으로 변화를 받아 하나님의 선하시고 기뻐하시고 온전하신 뜻이 무엇인지 분별하도록 하라"고 말씀하셨습니다.

우리 모두 다 예수 그리스도의 십자가 앞에 나와서 새로워져야 됩니다. 하나님의 아들 예수님께서 우리의 모든 죄와 불의, 추악, 저주, 절망을 짊어지고 십자가에 못 박혀서 하나님께 심판을 받아 몸을 찢고 피를 흘린 것을 기억해야 됩니다. 죄가 가벼운 것 같으면 하나님께서 무엇 때문에 그 아들 예수께 죄를 덮어 씌워서 그렇게도 처참하게 심판을 하신단 말입니까? 죄를 그냥 넘겨 버릴 수가 있고 감춰 버릴 수 있다면 하나님께서 왜 그렇게 하지 않을까요? 왜 하나님이 그 죄를 그 아들 예수님께 덮어 씌워서 그처럼 처참하게 몸을 찢고 피를 흘리고 그 영혼을 속건 제물로 드리게 하셨을까? 죄는 당분간 숨겨 놓을 수 있고 감춰 놓을 수 있지만 하나님의 심판은 피할 수가 없습니다. 이것이 오늘날 우리 한국 사회 전반에 걸쳐서 나타나는 현상인 것입니다. 이러므로 우리 예수 믿는 사람들은 그리스도 예수의 십자가 앞에 나와서 우리의 죄가 용서를 받고 사함을 입고 그리스도로 말미암아 의롭다 함을 입은 그 의를 가지고 살아야 됩니다.

우리 주님께서 우리에게 의에 선물을 주시였은즉 우리는 그 의를 가슴에 품고 그 의를 실천하면서 살아야 되는 것입니다. 왜냐하면 우리가 지금까지 살아오면서 보게 될 때 의가 기초가 되지 않으면 모든 것은 허물어집니다. 인간관계도 의에 입각해서 의가 이루어져야지 부정과 부패를 서로 돈을 주고 손과 손을 마주 잡고서 이룩한들 얼마 있지 아니하여 그것은 무너져 버리고 맙니다. 의가 기초가 되어야 되는 것입니다. 정의가 기초가 되어서 인간관계도 이루어져야 되고 또 인간의 지위도 정의 위에서 얻어야 됩니다. 부정하게 얻은 지위는 그 속에 벌써 파멸의 씨앗을 품고 있는 것입니다. 명예도 정의 가운데 얻어야지 부정으로 명예를 얻으면 그 가운데 벌써 썩어짐이 시작하는 것입니다. 이 세상의 재물도 정의롭게 얻지 못한 재물은 항상 나중에는 비참한 파탄을 가져옵니다. 비록 적은 재산이라도 정의를 가지고서 얻은 재물이면 그것이 우리에게 참으로 꿀같이 답니다.

그러나 부정하게 얻은 재산이 태산처럼 많다고 할지라도 그것은 벌써 그 속에 심판의 씨앗을 품고 있습니다. 파탄의 씨앗을 심고 있습니다. 이것이 어느 정도 시점에 가서는 형언할 수 없이 감당할 수 없이 무너져 버리고 마는 것입니다. 권세도 그렇습니다. 정의로써 정정 당당하게 얻은 권세는 그것이 끝까지 유지가 되고 그 권세가 선을 행하는 것입니다.

그러므로 오늘 우리 예수 믿는 사람들은 십자가 앞에서 주님께 용서를 받고 의를 선물로 받은 이상 우리의 모든 생활 전반에 걸쳐 그리스도가 주신 그 의를 가지고서 우리의 삶을 살아야 되는 것입니다. 우리가 어떤 세상길을 가든지 세상길과 예수님의 길은 갈라집니다. 세상길은 처음 들어갈 때 넓어 보입니다. 그곳에서는 부정도 있고 부패도 있고 죄악도 있습니다. 거기에 자유롭게 들어갈 수 있으니 넓어 보입니다. 그러나 세상길은 넓어 보이나 들어가면 점점 절망의 병목현상이 생깁니다. 파탄의 병목현상이 생기고 가면 갈수록 좁아지고 파멸로 떨어지는 것입니다. 그러나 예수님의 길은 처음 들어갈 때 의와 거룩함을 쫓아서 들어가야 되기 때문에 길목이 좁아 보입니다.

그곳에서는 의가 있어야 되고 공평이 있어야 되고 진실이 있어야 되니까 그렇게 살면 이 세상에 어떻게 살겠느냐? 그리스도의 길은 좁아 보이지만 그러나 가면 갈수록 길이 넓어집니다. 의의 길로 넓어지고 평안의 길로 넓어지고 기쁨의 길로 넓어지고 마는 것입니다. 이러므로 예수님의 길을 가면 갈수록 세월이 흘러갈수록 마음이 평안합니다.

그러나 세상길은 넓어 보이나 들어갈수록 좁아지고 파탄이 다가오고 예수님의 길은 좁아 보이나 들어갈수록 넓어지고 평안해지고 기쁨이 넘치는 길이 되는 것입니다. 그러므로 우리는 하나님 아버지와 예수님을 섬기기 위해서 인생을 살도록 오늘 십자가 앞에서 결심하고 새로워져야 되겠습니다. 자기와 세상을 섬기면서 사는 삶은 결과인 허무와 수치와 파멸을 가져옵니다. 인간은 타락한 이후로는 언제나 이기주의입니다. 언제나 자기를 섬기고 세상을 섬기려고 합니다. 그러나 자기와 세상은 그 기초가 탐욕에 있습니다. 탐욕은 언제나 파멸을 가져옵니다. 욕심이 잉태한 즉 죄를 낳고 죄가 장성한 즉 사망을 낳습니다.

탐욕은 언제나 부정을 행하게 되고 그 다음에는 파멸을 가져오는 것입니다. 그렇기 때문에 자기와 세상을 섬기며 사는 것은 종국적으로 아무런 의미가 없게 되고 마는 것입니다. 우리가 마음을 다해서 하나님 아버지와 예수님을 섬기기 위하여 자신과 세상을 십자가에 못박고 희생한 후에 하나님을 주인으로 모시고 살면 이것은 하나님을 기쁘시게 하고 이로 말미암아 하나님이 은혜와 축복을 주시므로 이 세상에 아무 거리낌 없이 정말 행복한 삶을 살아갈 수가 있는 것입니다. 이렇기 때문에 우리는 그 나라와 그 의를 먼저 구하는 삶을 사십시다. 성경에도 그 나라와 그 의를 먼저 구하라. 그리하면 이 모든 것을 하나님이 더하여 주시겠다고 말씀한 것입니다. 인간이 부정과 부패로 말미암아 좋아하는 것이 아니라 그 나라와 그 의를 먼저 구하면 천지와 만물을 지으신 하나님께서 직접 우리 영혼이 잘됨같이 우리의 범사에 잘되며 강건하고 생명을 얻되 넘치게 얻도록 도와주시겠다는 것입니다.

그러므로 우리 예수 믿는 사람은 세상적으로 사는 것이 아니라, 하나님께로부터 은혜를 받아서 사는 것이 우리 신앙생활인 것입니다. 오늘 이와 같은 시점에서 우리는 십자가 앞에서 그리스도로 말미암아 우리 자신이 더욱 새로워지십시다. 용서받고 의를 선물로 받아서 정의롭게 사는 이러한 삶을 살아야 되겠습니다. 정의가 바탕이 되는 것은 그것은 만세반석입니다. 그러나 정의가 바탕이 되지 아니하면 그 무엇이든지 모래성 위에 짓는 것이 되어서 바람이 불고 창수가 나면 무너지고 그 무너짐이 심하게 되는 것입니다.

둘째, 우리가 새롭게 되기 위해서는 성령으로 충만함을 받아야 되는 것이다. 성령은 새롭게 하는 영이신 것입니다. 성령으로 새롭게 되려면 먼저 성령으로 세례를 받아야 합니다. 그리고 자신의 영 안에서 성령으로 분출되는 성령의 불로 충만 받아야 합니다. 우리 스스로의 힘으로는 새로워 질 수 없지만 하나님의 성령이 오시면 우리를 새롭게 하시는 것입니다. 성령은 우리에게 꿈을 주시므로 우리를 새롭게 합니다. 사람들의 마음속에 꿈이 있으면 그 사람은 언제나 정신을 차리고 긴장하며 경건하고 열심히 인생을 삽니다. 예수님의 제자들이 예수 그리스도를 3년 동안 따라 다닐 때는 부모도 처자도 전토를 다 버리고 열심히 예수를 따랐었습니다. 핍박도 개의하지 아니하고 배고픔과 추위도 개의하지 아니하고 그리스도를 따른 것은 그들 마음속에 꿈이 있었습니다. 예수님께서 곧장 이스라엘 나라를 세우실 것이고 이스라엘 나라가 회복되면 그곳에서 그리스도와 함께 다스릴 수 있는 꿈이 있었기 때문에 그들은 모든 인간적인 즐거움을 뒤로하고 예수님을 따를 수 있었습니다. 그러나 십자가에서 예수님이 못박혀 돌아가시고 주님께서 장사지낸바 되고 그들의 꿈이 눈앞에서 산산조각이 나는 것을 보자마자 제자들은 지리멸렬하고 혼비백산하고 만 것입니다. 그들은 꿈을 잃어 버렸었습니다.

그러자 그들의 모든 삶은 파탄이 되었습니다. 제자들은 그리스도를 배반하기도 하고 그들은 고향으로 낙향하고 옛날 직업으로 돌아가고 아주 지리멸렬 되었습니다. 그러나 오순절 날에 그들이 모여서 기도할 때 성령이 그들에게 임하시자 성령께서 젊은이에게는 환상을 늙은이에게는 꿈을 주겠다고 하신대로 그들 마음속에 이제는 천국의 꿈이 영롱하게 밝아지기 시작하는 것입니다. 세상 꿈이 아니라 하늘나라 꿈이 마음속에 밝아졌습니다. 새 하늘과 새 땅과 새 예루살렘을 주께서 예비하시고 인생들을 그곳으로 초청하는 것을 알게 되자 이 제자들은 또다시 그들의 영혼 속에 꿈이 불탔었습니다. 어부들이요, 세리들인 세상에서 별로 교육받지 못한 세상에서 별로 똑똑하지 못한 사람들이지만 그들의 영혼 속에 하늘나라를 향한 불기둥과 구름기둥 같은 꿈이 활활 타올랐습니다.

그래서 그들은 그 꿈을 따라 나가서 온 이스라엘을 복음화 하고 온 세계를 복음화 하고, 그들의 목숨을 버려서 피를 흘려도 두려워하지 않고 뒤로 물러가지 않았었습니다. 그러므로 꿈이 있으면 사람들은 언제나 모든 것을 희생하고도 그 꿈을 쫓아갈 수 있는 것입니다. 꿈이 없으면 방종하게 됩니다. 오늘날 젊은이들이 대학시험에 떨어지든지 또한 낙방하고 난 다음에 그만 마음속에 꿈을 잃어버리게 되면 그때로부터 걷잡을 수 없이 방탕하게 됩니다. 부모님의 교훈도 듣지 아니하고 선배들의 교훈도 듣지 않습니다. 꿈을 잃어버리면 그때로부터 술 마시고 음란하고 방탕하고 세속적으로 흘러가는 것 막을 수가 없습니다. 그런 사람을 감옥에 가둔다고 해서 해결되지 않습니다. 채찍으로 때린다고 해결되지 않습니다. 마음속에 꿈을 넣어 주기 전에는 그들의 문제가 해결되지 아니하는 것입니다.

그렇기 때문에 어떠한 사람들도 마음속에 꿈을 상실하면 안 됩니다. 남편의 마음속에 꿈이 있어야 온전한 가정이 됩니다. 아내의 마음속에 꿈이 있어야 가정생활을 올바르게 합니다. 자녀들에게 꿈이 있어야 됩니다. 나라의 지도자는 백성들에게 꿈을 심어주는 것이 지도자인 것입니다. 백성들에게 꿈을 심어주지 아니하고 백성들이 희망을 잃고 방황하게 만든다면 그것은 하나라의 지도자가 될 자격이 없는 것입니다. 정치인이란 무엇입니까? 정치인이란 것은 정치를 통해서 국민들이 다 앞을 내다보고 살아갈 수 있는 꿈을 심어줄 수 있는 자격이 있는 자가 정치인이지 돈이나 받아먹고 뇌물이나 얻어먹고 권모술수나 행하고 이런 것은 정치인의 자격이 없는 것입니다.

이러므로 우리는 마음속에 누가 꿈을 넣어 주느냐 이것을 기억해야 됩니다. 하나님의 성령이 오시면 우리 마음속에 건전한 꿈을 넣어 주시는 것입니다. 하나님은 우리에게 천국의 꿈을 심어주는 것입니다. 누구든지 성령 충만 하고 천국의 꿈이 있는 사람 세상과 타협하지 않습니다. 부정, 부패하지 않습니다. 썩어질 것을 쫓지 않습니다. 왜냐하면 천국의 꿈이 내 마음속에 활활 타는데 그 천국을 내가 얻기 위해서 이 세상의 모든 것을 저버릴 수 있는 힘이 생겨나는 것입니다. 그러므로 오늘 우리가 성령으로 충만해야 되는 것입니다.

개인이나 교회가 성령으로 충만하면 하늘나라 역사를 이 세계에 베풀 수가 있는 것입니다. 성령은 우리의 마음을 또한 치료해 주십니다. 불안과 공포에 잡힌 마음에 평안과 확신을 넣어 줍니다. 예수님의 제자들이 마음속에 불안하고 공포에 꽉 들어차서 그들은 겁을 내어서 전부 도망치고 집안에 숨어 있었지만 성령을 받자마자 그들은 나와서 두려움을 떨쳐 버리고 담대하게 목숨을 바쳐서 복음을 전할 수 있었습니다. 우리의 마음속에 불안하고 공포가 꽉 들어찬 것은 성령이 없기 때문에 그런 것입니다. 성령이 오시면 마음에 불안과 공포를 제하시고 낙심과 좌절한 마음을 제합니다. 마귀는 와서 우리를 낙심시키고 우리를 좌절시킵니다. 마귀가 오면 언제나 마음이 음울해지고 좌절됩니다. 낙심합니다. 그러나 성령이 오시면 우리 마음속에 희망을 넣어 주시는 것입니다.

희망은 하나님께서 주시는 것이요. 낙심은 원수 마귀가 주는 것입니다. 이러므로 우리 개인이나 우리의 교회가 희망차고 소망차기 위해서는 성령이 충만해야 됩니다. 희망과 소망을 가지면 이 세상의 부정과 부패 속에 침몰하지 않는 것입니다. 성령은 우리에게 새 마음을 주시고 기쁨을 주십니다. 우리의 마음을 누가 새롭게 합니까? 성령이 오시면 하나님의 능력으로 우리의 생각이 새로워지고 감정이 새로워지고 우리의 삶이 새로워지는 것입니다. 그리고 우리의 마음속의 믿음, 소망, 사랑이 충만하게 되는 것입니다. 이렇기 때문에 우리는 항상 성령의 도우심을 구해야 돼요. 하나님 아버지는 보좌에 계시고 예수님은 보좌 우편에 계시는데 성령은 지금 교회 안에 와서 계시고 우리와 함께 거하시고 우리 가운데 계십니다. 우리는 연약한 점이 많지만 성경은 말씀하기를 성령도 우리 연약함을 도우신다고 말씀하셨습니다.

성령은 우리를 돕기 위해서 보내심을 받은 보혜사인 것입니다.

이렇기 때문에 우리의 감정을 도와주십니다. 우리 지성을 도와주십니다. 우리의 의지를 도와주십니다. 우리의 연약을 도와주십니다. 이렇기 때문에 자신의 생활 속에 성령님을 인정하고 환영하고 모셔 들이고 예배드리고 의지하십시오. 성령은 우리의 돕는 자 우리의 선생이 되어서 우리와 한평생 같이 신앙을 해주는 것입니다. 잘 때도 깰 때도 먹을 때도 일할 때도 성령은 우리를 떠나지 않고 우리와 같이 계시는 것입니다. 그러므로 우리가 그리스도를 사랑하고 정의 속에 서서 살 때 성령은 우리의 도우심이 되어서 시시각각으로 우리를 새롭게 하고 우리를 손잡아 이끌어 주어서 승리자가 되게 만들어 주시는 것입니다. 이러므로 예수님께서도 친히 말씀하기를 "내가 너희를 고아와 같이 버려두지 않고 너희에게 오리라"고 말씀한 것입니다. 바로 성령이 오신 것이 예수님이 오신 것입니다. 우리는 고아와 같이 버림받지 않았습니다. 오늘 성령이 당신과 함께 계십니다. 성령을 인정하시면 아멘 하십시다. 환영 하십니까? 모셔 들이 십니까? 의지하십니까? 성령이 계신 이상 약한 자가 아닌 것입니다.

셋째, 우리가 날로 새로워지기 위해서는 하나님의 말씀을 늘 듣고 읽고 묵상해야 되는 것이다. 하나님의 말씀은 하나님의 생명이 그 속에 있습니다. 하나님의 생명을 우리가 말씀을 통하여 마음속에 받아들이면 우리 마음속에 하나님의 생명이 가득해지면 늘 새로워집니다. 하나님의 생명은 부활이요, 생명입니다. 언제나 우리를 새롭게 하는 것입니다. 그렇기 때문에 하나님의 말씀 천국 양식을 먹으면 천국 생명을 얻게 되는 것입니다. 세상 양식을 먹으면 세상 생명을 얻지만 하늘나라 생명 양식을 먹으면 하늘나라 생명이 우리 영혼 속에 채워집니다. 이러므로 하나님 말씀을 듣고 읽고 묵상하는 것을 우리가 게을리 해서는 안 됩니다. 오늘날 많은 사람들이 예수를 믿고 난 다음에 그 마음이 침체해지고 새로워지지 않는 것은 말씀을 멀리하기 때문인 것입니다. 우리가 성령으로 충만한 가운데 하나님 말씀을 계속 가까이 하면 말씀이 우리를 회개시킵니다. 말씀은 우리에게 거울이 됩니다. 거울을 들여다보면 자기 얼굴이 흙이 묻었는지 안 묻었는지 알고 깨끗하게 할 수 있는 것처럼 하나님 말씀을 읽을 때 말씀은 우리 마음속에 충격을 줍니다. 말씀 속에 역사하시는 성령께서 우리 마음속을 찔러주시는 것입니다.

그래서 말씀에 비춰보고 우리는 스스로 회개하고 깨어지고 겸비하게 낮아지게 되고 말씀을 통해서 우리 마음이 새로워지는 것입니다. 예수께서 "내가 네게 일러준 말로 너희는 깨끗함을 받았다."고 말씀한 것입니다. 말씀이 끊임없이 우리를 정결케 하고 새롭게 해주시는 것입니다.

그리고 말씀을 통해야 우리가 하나님을 압니다. 이 세상의 지식으로써는 하나님을 알지 못해요. 눈으로 보고 귀로 듣고 코로 냄새 맡고 맛보고 손으로 만지는 것 이 세상 학문을 통해서는 하나님을 알지 못합니다. 하나님은 말씀을 통하여 자신을 계시하는 것입니다. 말씀 밖에서 하나님을 알 수가 없습니다. 우리는 성경을 통해서 역사적으로 나타난 하나님! 현재 성령으로 말씀하는 하나님을 만날 수가 있는 것입니다. 그렇기 때문에 성경을 우리가 읽고 묵상하므로 하나님을 더 알고 예수님을 더 알고 더 깨달아 지게 되고 그래서 하나님을 더 사랑하고 하나님을 더 경배하게 되므로 우리는 더욱 새로워지는 것입니다. 이렇기 때문에 우리는 늘 말씀과 같이하는 삶을 살아야 예수 믿는 사람들이 끊임없이 새로워지고 능력 있는 신앙생활을 할 수 있는 것입니다.

그리고 우리는 성령으로 기도에 힘써야 됩니다. 기도는 하나님과의 대화인 것입니다. 이 세상의 사람도 서로 만나 대화를 하지 않으면 멀어집니다. 부부간에도 서로 만나서 자꾸 이야기를 해야 가까워지고 부모 자식 간이라도 서로 대화를 해야 부모 자식 간에 가까워지지 않으면 남과 다를 바가 없습니다. 형제간도 서로 자꾸 같이 만나지 아니하면 이웃에 있는 사촌보다 못합니다. 이웃 사람끼리 서로 만나서 가까워지면 자기 친형제나 사촌보다 더 가까워지는 것입니다. 사람은 대화를 통해서 서로 이해하게 되고 서로 깊이 사랑하게 되는 것입니다. 이처럼 기도란 하나님과의 대화를 나누는 것입니다. 하나님과 가까워지려면 기도 안하고 어떻게 합니까? 기도를 해야 하나님께 감사하고 찬미할 수 있고 하나님께 우리의 모든 호소를 아뢸 수가 있습니다.

또 하나님께서 성령을 우리 마음속에 응답해 주시고 하나님과 굉장히 친해지고 가까워지는 것입니다. 하루에 한 시간 이상 기도하고 나면은 마음속에 하나님이 임재하심을 가득하게 느낄 수 있는 것입니다. 그러나 기도하지 아니하면 귀하의 영혼이 노를 발합니다. 기도를 너무나 어렵게 생각하지 말아야 합니다. 마음속에 계신 하나님을 찾고 물어보는 것이 기도입니다. 마음 속의 하나님을 찾지 않으면 영혼이 성을 내어요. 그래서 마음이 불안해지고 행복이 사라지는 것입니다. 이렇기 때문에 기도를 통해서 하나님과 끊임없이 대화를 나눠야 되는 것입니다. 그리고 기도할 때 마귀가 쫓겨 나갑니다. 기도하지 아니하면 마귀가 쫓겨나가지 않아요. 그대로 내버려 두면 마귀는 교회에 들어와서도 가만히 있어요. 예수 믿는 사람 속에 있으면서도 가만히 있어요. 그러나 기도하면 죄악과 마귀의 올무에서 벗어날 수가 있는 것입니다. 왜냐하면 마귀는 기도를 견디지 못합니다. 이렇기 때문에 마귀는 기도하지 말라고 우리에게 자꾸 말하는 것입니다. 그러나 기도하면 마귀가 쫓겨 나가요.

저는 최근에 간증을 하나 읽었는데 훌륭한 목사님이신데 세계 55개국에 다니면서 복음을 증거한 그러한 뜨거운 목사님이 갑자기 그만 마음에 부정적인 생각이 들어왔습니다. 긍정적인 것을 바라보지 아니하고 목사들이 타락하고 목사들이 기도하지 않고 목사들이 성경 읽지 않고 목사들이 세속으로 향하는 이런 것을 자꾸 보고 난 다음 그것을 비난하고 그러다가 그만 자기도 '이 세상에 복음 증거할 필요가 있겠는가. 내가 무엇 때문에 주님을 위해 살아야 되겠는가.' 이런 생각이 들어오면서 그만 싹 달라져 버렸습니다. 그래서 이 목사님이 이제는 파탄에 이르게 되었습니다. 아주 훌륭하게 목회하던 분이 주저앉게 되었어요. 그런데 평신도 여성도 한 사람에게 자기의 그 심정을 토로했습니다. 그러자 그 자매님이 "목사님 큰일 났습니다. 목사님이 과거에 설교했을 때 그 많은 사람들이 구원을 받고 성령도 받고 병 고침 받고 나도 그중에 한사람인데 이렇게 하나님이 사용하던 주의 종이 이렇게 마음이 달라지면 어떻게 됩니까? 그렇게 되면 얼마나 많은 사람이 실망을 하겠습니까? 목사님 생각이 잘못되었습니다. 이것은 목사님 생각이 아니라 이것은 마귀가 목사님 생각을 덮어씌운 것입니다."

그리고 그 자매님이 그를 위해서 눈물을 흘리면서 기도를 해주었는데 목사님이 말하기를 그 자매님이 기도할 때 마치 그 얼굴에서 탈이 벗어지는 것 같더랍니다. 무엇이 벗어져 나가는 것 같더니만 그 순간적으로 내가 목회를 그만두고 그만 세상 장사하러 나가겠다는 생각이 얼마나 어리석었다는 것을 깨닫게 되었다는 것입니다. 생각이 완전히 달라지고 그래서 성령이 충만해지면서 눈물이 나오고 또 열심히 전도하고 복음을 증거 하게 되었다는 뜨거운 마음이 생기더란 그 간증을 적은 것을 읽었습니다. 왜 그 목사님이 완전히 타락한 생각을 했을까요? 마귀가 덮어 씌웠습니다. 그가 그만 말씀을 읽지 않고 기도하지 않으니까 마귀가 덮어씌우니까 마귀생각을 하게 되는 것입니다.

목사라고 해서 마귀가 안 덮어씌운다고 말할 수 없습니다. 목사도 장로도 권사도 집사도 평신도도 기도하지 아니하면 마귀가 덮어씌우는 것입니다. 마귀가 덮어씌우면 마귀 생각을 하게 됩니다. 그러므로 우리는 서로서로 기도해야 되는 것입니다. 내가 약할 때는 다른 사람이 기도해줘야 되고 또 다른 사람이 약할 때는 내가 기도해 주어야 되는 것입니다. 서로 기도해 주어서 마귀가 틈타지 못하게 해야 되는 것입니다. 기도는 마귀의 껍질을 벗기는 수술인 것입니다.

이렇기 때문에 우리가 기도하면 마귀와 죄악을 벗어 버리게 되고 승리하게 되므로 언제나 우리는 기도해야만 되는 것입니다. 기도하지 않고 성령으로 충만한 사람 봤어요? 가만히 있는데 성령이 충만합니까? 제자들도 120명이 열흘 동안 합심하여 기도하니까 오순절 마가의 다락방에 성령이 임한 것입니다. 이처럼 우리가 하나님께 간절히 기도해야 성령이 우리에게 충만하지 입 딱 다물고 조용하게 앉아있는데 성령이 왔다는 말은 천하에 들어본 적이 없습니다. 30분 기도한 사람보다 1시간 기도한 사람이 성령이 더 충만하고 1시간 기도한 사람보다 3시간 기도한 사람이 더 성령이 충만하게 되는 것입니다. 이러므로 우리는 기도해야 성령 충만한 삶을 살게 되는 것입니다.

그리고 기도할 때 하나님께서 우리를 하나님 중심으로 서게 만들어 주시는 것입니다. 기도하기 전에는 세상을 따라가기도 하고 자기 탐욕을 따라가기도 하는 것입니다. 그러나 무릎을 꿇어 하나님께 기도하면 하나님이 세상과 탐욕을 제하고 우리를 이끌어서 하나님 중심으로 서게 만들어 주시는 것입니다. 기도는 우리가 하나님을 사랑하고 하나님 중심으로 모시고 하나님을 따라가게 만들어 주시지, 기도하지 아니하면 그가 아무리 오랫동안 교회를 다녔다고 하더라도 그만 그는 세상과 탐욕을 따라 발걸음이 흐트러지기 시작하는 것입니다. 인간은 새로워지지 아니하면 곧 부패해지고 버림받게 됩니다. 그러므로 그 사람은 후패하나 속은 날로 새롭게 되기 위해서 우리는 십자가 앞에 서서 언제나 정의를 따라 살아야 돼요. 성령으로 충만해야 됩니다. 말씀과 기도를 게을리 해서는 안 되는 것입니다. 이래서 우리 예수 믿는 한 사람 한 사람이 정말 새로워져야 됩니다.

우리가 새로워지고 나와 만나는 사람을 새롭게 만들고 우리의 사회를 새롭게 만들고 우리 국가를 새롭게 만들기 위해서 우리교회 전체가 새로워져야만 되겠습니다. 이렇게 할 때 이 나라와 이 민족은 소망이 있습니다. 지금 현재 정치적으로 경제적으로 사회적으로 굉장히 어수선하고 부정과 부패가 썩어져 들어가는 것 같지만 그러나 이 땅에는 하나님께서 일천만의 성도들을 주셔서 빛이 되고 소금이 되게 만들어 놓으신 것입니다. 이러므로 우리 교회가 살아나고 이웃 교회가 다시 일어나서 새롭게 되면 이 민족이 새로워질 수가 있는 것입니다.

이때 우리는 진실로 교회로써 회개하고 우리 성도로써 나라와 민족을 위해 회개하는 기도를 드리고 하나님 앞에 우리 자복하십시다. 하나님이 우리의 기도를 듣고 이 민족을 용서해 주시고 이 민족을 씻어 주시고 이 민족에게 성령을 부으셔서 이 나라와 민족을 다시 한 번 새롭게 해주실 것을 우리가 믿으십시다. 그럴 때 우리는 우리 민족국가를 짊어지고 나가는 교회가 되고 성도들이 될 수가 있을 것입니다.

3부 성령으로 거듭난 영의사람이 되려면

11장 육체가 죽는 훈련을 통과한 성도

(출2:22)"그녀가 그에게 아들을 낳으니 모세가 그의 이름을 게르솜이라 불렀으니, 이는 그가 말하기를 '내가 타국 땅에서 타국인이 되었도다.' 하였음이라."

영에 속한 사람이 되어 하나님께 쓰임을 받을 분들은 육체가 죽는 훈련을 통하여 단련하십니다. 십자가를 향하는 길 만이 영생을 주시는 하나님의 약속을 얻는 유일한 믿음입니다. 십자가의 죽음과 부활을 경험하면 비로소 그리스도인이 될 것입니다. 그러나 시작에 불과합니다. 그리스도인의 삶은 바로 이때부터입니다. 십자가를 통과해야 합니다. 십자가는 죽음과 부활을 말하는 것입니다. 죽었다가 다시 태어나야 한다는 말입니다. 성령을 주인으로 모시고 자아가 죽어야 합니다. 성령님의 뜻이면 만사를 뒤로하고 순종하는 삶을 살아야 합니다. 그런데 이는 자신이 죽지 않으면 불가능한 일입니다.

육체의 사람이 죽어야 할 필요성은 이렇습니다. 예수를 믿는 성도가 한편으로는 자신의 노력으로 육체를 억제하려고 합니다. 다른 면으로는 자신의 행위로 육체를 개선하려고 하기 때문에, 성령은 부득불 믿는 성도에게 실패를 허락하시어 씨름과 괴로움의 고통을 허락하십니다. 모세를 생각하면 쉽습니다. 자기 힘으로 동족을 구원하려다가 실패를 맛봅니다. 성령은 이러한 상태를 여러 번 거치게 한 다음, 육체가 구제 불능이고, 자신의 방법이 쓸모없으며, 다른 방법(하나님)으로 만이 가능하다는 것을 알게 하십니다.

여러 실패의 체험을 통하여 우리가 육체에 복종할 수 없고, 육체를 개선할 수도 없으며, 육체를 교육할 수도 없고, 어떤 영적인 방법도 육체의 본질을 변케 할 수 없다는 것을 깨달아 알게 하십니다. 그렇다면 우리는 어떻게 행해야 하는가? 육체로 죽게 해야 합니다. 살아있으나 자신의 생각이나 자아로 살지 않는 것입니다. 이것이 하나님의 정하신 방법입니다.

자신의 자아와 육체의 죽음 외에 다른 방법이 없습니다. 우리는 싸우며 개선하며 결심하며 끝없는 방법으로 육체를 이기려고 하지만, 하나님은 육체는 죽어야 하고, 죽으면 모든 것이 해결된다고 말씀하십니다. 육체는 승리의 문제가 아니라, 죽음의 문제입니다. 육체가 없어져야 한다는 말입니다. 육체를 신뢰하지 않아야 합니다. 하나님은 빌립보서 3장 3절에서 "하나님의 성령으로 봉사하며 그리스도 예수로 자랑하고 육체를 신뢰하지 아니하는 우리가 곧 할례파라"하셨습니다.

우리가 육체가 된 것은 육체로 낳았기 때문입니다. 육으로 난 것은 육이니 어디로 들어 왔으면 어디로 나가야 합니다. 얻는 방법은 잃는 것입니다. 우리가 육체로 낳았고, 육체가 되었기 때문에 우리가 죽으면 곧 육체에서 나오게 됩니다. 죽는 것이 유일한 방법입니다. 이는 죽은 자가 죄에서 벗어나(롬6:7)기 때문입니다. 죽음 보다 낮은 것이라도 안 됩니다. 오로지 죽음만이 구원의 방법입니다. 육체는 가장 더러운 것(벧후2:10)이기 때문에 하나님도 그것을 고치실 수 없습니다. 죽음 외에는 다른 방법이 없습니다. 주 예수님의 보혈조차도 사람의 '육체'를 깨끗하게 할 수 없습니다. 성령으로 제압을 당해야 합니다.

그러므로 성경에서는 예수님의 피가 우리의 죄들과 죄를 범함과 불법을 씻는 다는 것은 볼 수 있어도, 결코 육체를 씻는 다는 것은 볼 수 없습니다. 육체는 못 박혀 죽어야 합니다(갈5:24). 성령도 육체를 개선 할 수 없습니다. 그러므로 성령은 육체에 속한 죄인 안에 거하지 않습니다(창6:3). 성령이라도 육체를 개선 할 수 없습니다. 설령 믿는 이 안에 거한다 하더라도 육체의 개조를 돕기 위한 것이 아니라, 육체와 씨름하기 위한 것입니다(갈5:17). 오로지 육체가 성령의 소욕을 따르게 하는 것뿐입니다.

육체가 성령을 따르기로 결단을 해야 합니다. 우리는 육체가 하나님의 영과 동역할 수 있도록 육체를 개조하려고 하지 말아야 합니다. 육체에 대한 정한 운명은 바로 죽음입니다. 오직 육체는 죽음에 넘겨야만 구원을 얻을 수 있습니다. 그렇지 않으면 우리는 영원히 육체의 종이 됩니다. 육체가 죽어서 성령의 지배 하에 들어가야 온전한 영의 사람으로 살아갈 수가 있습니다. 육체가 죽으려면 육체를 신뢰하지 않아야 합니다. 육체를 신뢰하는 한 영의 사람으로 살아가지 못합니다.

그래서 영에 속한 사람이 되어 하나님께 쓰임을 받을 분들을 광야훈련을 통하여 단련하십니다. 광야훈련을 이해하려면 모세와 다윗을 생각하면 쉽게 이해가 됩니다. 모세는 지나온 40년간에 왕자의 삶에서 철저하리만큼 지난 과거를 벗겨내는, 나그네로의 40년을 광야에서 훈련을 받습니다. 애굽을 통치할 세상 지도자 모세는 광야에서 죽어 버렸습니다. 그냥 덧없는 세월을 보내며 양들을 치는 80세의 노인 모세가 있을 뿐입니다. 그러나 하나님의 부르심에는 겸손히 창조주의 음성을 듣고, 따를 수 있는 이스라엘의 목자가 필요했지, 세상 지식과 지도력으로 자만감에 충만한 사람은 무의미 했습니다. 노인 모세는 어리석은 양들을 40년 동안 돌보면서, 인내와 겸손을 배웠을 것입니다. 양들은 목자의 이끌어 줌이 없으면, 적으로부터 자신을 보호할 수도 없고, 스스로 목초지를 찾아갈 수도 없습니다. 이런 광야의 훈련을 통해 모세는 앞으로 감당해야 할 하나님의 구원의 역사를 위해 준비를 하고 있었던 것입니다.

　우리가 겪는 인생의 고통도 당시는 쉬운 것이 없을 정도로 벅참을 느끼지만, 하나님은 당신의 영원한 구원과 영광을 이루시기 위해 우리를 준비시키시고 있는 것입니다. 하나님을 겸손히 온전히 신뢰한다는 것은 말처럼 쉽지가 않습니다. 세상에 속하고, 육에 속한 옛사람이 완전히 죽지 않으면 하나님의 충성된 종이 될 수가 없습니다. 그렇기에 하나님은 힘든 훈련 속으로 몰아 넣으시는 것입니다. 십자가의 죽음을 지나지 않은 사람은 하나님의 구원의 도구가 될 수 없습니다. 따라서 하나님은 당신의 도구로 택하고 부르신 자들을 십자가로 이끌어 가십니다. 그 죽음과 부활의 과정을 통하며, 사람은 자신의 본질을 깨닫고 하나님께 순종할 수 있기 때문입니다. "우리를 십자가로 이끄시고 육에 속한 옛사람은 죽고, 영에 속한 새 사람은 살아나게 하시는 하나님 아버지께 감사를 드립니다. 우리를 당신의 영원한 구원의 성취를 위해 훈련시키시고 사용하여 주옵소서!"

첫째. 모세의 광야 훈련. 모세가 40세가 되었을 때, 모세는 스스로 생각했을 것입니다. '그 동안 갈고 닦은 내 실력과 경륜으로 이 백성을 충분히 구할 수 있을 것이다.' 모세는 이스라엘 사람을 압제하는 애굽 사람을 쳐 죽였고, 그 결과 민족의 구원은 고사하고 오히려 광야로 도망가는 도망자의 신세가 되고 말았습니다. 자신의 힘으로 동족을 구원하는 것은 불가능한 것이었습니다. 우리는 자신의 힘으로 살아갈 수가 없는 나약한 존재입니다. 모세가 힘이 있고, 권력이 있었어도 자기 힘으로는 아무것도 할 수 없었습니다. 하나님은 스스로 하나님 없이 아무것도 할 수 없다는 것을 체험하게 하십니다.

모세는 40년 동안 광야에서 도대체 무엇을 경험하고 배웠습니까? 어제의 영광을 다 내려놓게 됩니다. "네 하나님 여호와께서 이 사십년 동안에 너로 광야의 길을 걷게 하신 것을 기억하라. 이는 너를 낮추시며 너를 시험하사 네 마음이 어떠한지 그 명령을 지키는지 알려 하심이라"(신 8:2). 광야는 인간이 현실적으로 누릴 모든 가능성이 사라진 곳, 단절된 곳입니다. 자신의 힘으로 아무것도 할 수 없다는 것을 깨닫는 곳입니다. 자신을 죽이는 기간입니다. 광야는 내 안에 있는 욕심으로 가득 찬 손을 비우게 하십니다. 어제의 분노-억압-열등감에서 탈출을 시도하게는 하지만, 내일의 약속의 땅은 아직 현실로 오지 않은 현실입니다. 모세로 하여금 자신의 정확한 모습을 확인하게 하십니다. 자신을 감싸고 있는 거짓 치장들이 벗겨지면서, 자신의 정체성이 드러납니다. 그러나 이는 자신을 파멸시키려는 것이 아니라, 오히려 단련하여 순금같이 나오게 하심입니다. 그래야 하나님이 쓰실만한 인물이 되기 때문입니다. 찌꺼기 같은 불순물은 사라지고, 순금으로 순전하게 나올 수 있게 하기 위함입니다. "나의 가는 길을 오직 그가 아시나니 그가 나를 단련하신 후에는 내가 순금 같이 나오리라"(욥 23:10).

광야에서 모세가 배운 것은 무엇일까요? 이름이 없음도 감내할 수 있는 자기 포기를 배웁니다. 세상이 내 이름을 전혀 몰라도 괜찮을 만큼 낮아져 있기 때문입니다. 홀로 있음을 견딜 수 있는 강인함을 배웁니다. 외로움을 넘어 침묵을 지키며 홀로 있는 것을 즐길 수 있어야 합니다. 하나님과 직접적으로 교통하는 방법을 배웁니다. 자기의 때가 오기까지 기다리는 법을 배웁니다. 어쩌면 그러한 기회조차도 (자신의 소원이 이루어지는) 영원히 없을 수도 있다는 것을 인정해야합니다. 섬김을 받는 것이 아니라, 섬기는 법을 배웁니다. 왕이 아니라, 목동입니다. 양을 치는 목자의 심정을 지니기 때문입니다. 양을 긍휼히 여기는 예수님(목자)의 마음을 배웁니다. 광야는 하나님께서 말씀하시며, 그분의 영으로 채움을 받는 장소입니다. "여호와께서 그를 황무지에서, 짐승의 부르짖는 광야에서 만나시고 호위하시며 보호하시며 자기 눈동자 같이 지키셨도다."(신 2:10). 하나님은 광야에서 모세를 사정없이 낮추셨습니다. 겸손하게 하셨습니다. 광야라는 고난의 학교에서 자기 욕심을 버리고, 하나님에게만 집중합니다. 그분에게 기도하게 하시고, 감사하는 법을 배웁니다. 때가 이르니 하나님께서 부르십니다.

하나님께서 인간적이고 자아가 강했던 모세가 완전하게 죽자 그를 부르십니다. "이제 가라 이스라엘 자손의 부르짖음이 내게 달하고 애굽 사람이 그들을 괴롭히는 학대도 내가 보았으니, 이제 내가 너를 바로에게 보내어 너에게 내 백성 이스라엘 자손을 애굽에서 인도하여 내게 하리라. 모세가 하나님께 아뢰되 내가 누구이기에 바로에게 가며 이스라엘 자손을 애굽에서 인도하여 내리이까? 하나님이 이르시되 내가 반드시 너와 함께 있으리라. 네가 그 백성을 애굽에서 인도하여 낸 후에 너희가 이 산에서 하나님을 섬기리니 이것이 내가 너를 보낸 증거니라(출3:9-12)."

둘째, 다윗의 광야 훈련. 다윗은 하나님의 말씀을 듣고 그대로 선포하는 영감이 깊은 영적 거장입니다. 다윗은 바로 광야에서 이 위험과 죽음을 수시로 대면하면서도 동시에 하나님의 신비와 생명의 소중함을 함께 깨달은 사람입니다. 다윗의 광야가 제공하는 영적인 의미를 아는 것은 우리의 신앙을 깊은 영성의 차원으로 업그레이드 시킵니다. 이새의 여덟 번째 아들로 태어난 다윗은 목동이었습니다. 벌판에서 양을 치고 있던 어느 날 아버지가 찾는다는 말에 영문도 모르고 끌려옵니다. 와서 본즉 제사장인 사무엘과 예루살렘 성읍 장로들이 모두 모여 있었습니다. 아버지와 일곱 형들도 다 함께 있어 자신을 바라보는 눈길은 평상시와는 전혀 다른 공기를 느끼게 하였습니다.

얼떨떨한 채로 그 자리에 들어서니 제사장인 사무엘이 모든 사람들이 보는 앞에서 그에게 머리에 기름을 붓습니다. 사울을 왕으로 세우셨던 하나님께서 왕위를 이제 다윗에게 옮기시는 순간입니다. "사무엘이 기름 뿔 병을 가져다가 그의 형제 중에서 그에게 부었더니 이 날 이후로 다윗이 여호와의 영에게 크게 감동되니라"(삼상16:13). 성경이 다윗의 심정이 어떠했는지는 말하고 있지 않기 때문에 우리는 상상력을 발휘해 볼 필요가 있습니다. 이스라엘에서는 제사장과 선지자 그리고 왕에게만 기름부음의 의식을 행합니다. 그러므로 자신이 기름부음을 받는 것이 무엇을 의미하는지는 다윗도 알고 있었습니다.

게다가 하나님의 영에 크게 감동되었다는 것으로 봐서는 자신에게 일어난 커다란 변화를 체험하고 지금까지는 평범한 목동에 불과했으나 앞날에 대한 전혀 다른 꿈을 가졌을 것이 틀림없었습니다. 기름 부음을 받은 이후에도 여전히 목동의 일을 하고 있던 그에게 굉장한 사건이 생겼습니다. 하나님의 영에 크게 감동된 자로서의 승리라고 할 수 있는 것으로 바로 블레셋의 장수 골리앗을 무너뜨린 일입니다.

골리앗을 쓰러뜨린 일을 계기로 사울의 아들 요나단과 친구도 되고 사울의 사위까지 되어 지위도, 명예도 한 몸에 받게 된 그는 아무것도 두려울 것이 없었습니다. 모든 것이 다 잘되어가고 있었습니다. 그런데 호사다마, 사울의 시기심으로 인해 그야말로 갑자기 최고의 자리에서 최악의 자리로 떨어져버렸습니다. 결국 생명의 위협을 느껴 광야로 쫓겨나는 신세가 되고 말았습니다. 사무엘상 19장에서 시작된 다윗의 도피는 결국 사울이 죽은 후에야 끝이 나게 되는데 이때까지 그가 광야에서 머무른 기간이 10년이나 됩니다. 그야말로 기가 막힌 도피생활을 하게 됩니다. 사울을 피해 광야로 쫓겨 가서 이리저리 돌아다니다가 한번은 사울의 손에 죽을 것이 두려운 나머지 자신이 죽였던 골리앗의 나라인 블레셋으로 들어간 적도 있었습니다. 블레셋이라면 이스라엘의 적국입니다. 블레셋의 아기스왕 앞에 섰을 때 아기스의 부하들이 경계하자 위험을 느껴 살아남기 위해 미친척하고서는 그곳을 빠져나왔습니다(삼상 21장).

게다가 떠돌이 생활을 하다 보니 함께 한 식솔들이 생겨났습니다. 삼상 22장을 보면 환난 당한 모든 자, 빚진 자, 마음이 원통한 자들이 다 다윗에게로 모이게 되어 400명가량이었다고 기록되어 있습니다. 갈 곳 없는 사회의 부적격자들의 우두머리가 되어 함께 도망 다니는 것은 또 얼마나 힘든 일입니까? 도대체 이게 뭐지? 싶은 생각이 왜 없었겠습니까? 자신이 기름부음을 받았던 날을 떠올리는 것도 지쳤습니다. 과연 나에게 좋은 날이 올 것인가 하는 의심이 들지 않을 수 없었습니다.

차라리 그냥 목동으로 살았더라면 이 고생은 안 해도 되지 않았나 싶습니다. 그렇게 목숨을 부지하기 위해 도망 다니기를 5년째 되던 때입니다. 다윗은 드디어 삼상 24장에 나오는 엔게디 광야로 숨어들게 됩니다. 엔게디는 지구상에서 가장 험하고 황량한 지역으로 일컬어지는 곳입니다. 쫓겨 다니는 다윗으로서는 엔게디의 지형만큼 숨기 좋은 곳은 없습니다. 그런데 다윗이 엔게디 근처에 있다는 것을 안 사울이 쫓아왔습니다.

원수는 외나무다리에서 만난다고 이들의 만남은 참으로 기가 막힙니다. 사울이 갑자기 화장실에 가고 싶었습니다. 볼일을 보기 위해 동굴로 들어가게 되었는데 그 동굴이 마침 다윗의 일행이 쉬고 있던 바로 그 동굴이었습니다. 동굴 안으로 들어간 사울은 그 안에 있는 사람들을 알아보지 못했습니다.

한 낮의 태양 빛 가운데 있다 동굴로 들어온 자들은 어둠에 익숙지 않기 때문에 동굴 안쪽 어두운 구석에 있는 사람을 알아보지 못합니다. 영화가 시작된 극장에 들어가면 캄캄해서 앞뒤 분간이 어려워 허둥대는데 앉아 있는 사람들은 그 모습을 훤히 보는 것과 같은 것입니다. 등을 돌리고 앉은 사울은 자신의 볼일을 보고 있었습니다. 사울이 다윗을 쫓아온 것인데 모양새는 마치 하나님께서 사울을 다윗에게 완전히 양도한 상황으로 만들어주신 것 같이 느껴집니다.

부하도 없이 그리로 들어온 사울은 꼼짝없이 당할 운명에 놓였습니다. 지금 이 상황은 우연이라 하기에는 너무 절묘한 타이밍입니다. 사울임을 알아 본 다윗의 부하들은 그를 죽일 절호의 기회라고 여겨 다윗을 조릅니다. 사실 누가 봐도 이것은 하나님께서 허락하신 기회라고 여기는 것이 당연합니다. 그러나 다윗은 다만 사울의 옷자락을 조금 벨뿐입니다. 고대 근동에서는 사람의 옷자락을 자르는 것은 그 사람의 명예를 박탈하기 위한 상징적인 법률행동으로 여겼습니다. 그래서 옷자락을 벤 것만으로도 사울의 명예를 박탈한 것 같은 마음에 편치 않았습니다. 얼마 후 하길라 산이란 곳에서 이와 비슷한 일이 한 번 더 되풀이 되었습니다(삼상 26장). 이미 자신을 죽이려고 여러 번 시도했었고 지금도 죽이기 위해 쫓아온 자가 바로 자기 눈앞에 있습니다. 이쯤 되면 그가 사울을 죽여도 잘못은 아닙니다. 게다가 자신은 이미 차기 왕으로 기름 부음을 받았습니다. 그런데도 다윗은 사울을 죽이지 않았을 뿐 아니라 옷을 조금 벤 것만 가지고도 불편해 했습니다. 왜 그랬을까요?

사무엘상 24장 6절에 보면 "자기 사람들에게 이르되 내가 손을 들어 여호와의 기름 부음을 받은 내 주를 치는 것은 여호와께서 금하시는 것이니 그는 여호와의 기름부음을 받은 자가 됨이니라." 다윗이 사울을 죽이지 않은 가장 큰 이유는 생명의 주권이 하나님께 있다는 자신의 신앙고백에 있습니다. 사울을 사울로 보는 것이 아니라, 하나님의 사람으로 보는 안목이 그로 하여금 사울에게 손대지 않게 하였습니다. 원수 갚는 것이 하나님께 있다는 것을 안 것입니다.

광야는 다윗에게 생명의 고귀함을 가르쳐 주는 학교였습니다. 광야의 훈련을 받은 다윗의 눈에는 사울이 적이 아니라, 하나님의 기름 부으심을 받은 자로 보였습니다. 사람들이 만들어 낸 소음과 소란에서 멀리 떨어져 아무것도 없는 광야에서 홀로 침묵 가운데 살던 다윗은 사울에게서 다른 누구도 보지 못했던 하나님의 영광을 볼 수 있었습니다. 비록 자신을 죽이러 쫓아다니는 사울일지라도 그를 세우신 하나님의 영광을 먼저 볼 수 있는 영적인 눈이 열렸던 것입니다. 이 말은 하나님과의 관계를 맺으며 살아간 광야의 생활을 통해 다윗 안에는 신성함을 알아 볼 줄 아는 감각이 크게 자라났다는 것을 의미합니다.

세상에서는 버려진 땅을 광야라고 하지만, 하나님의 자녀들에게는 광야가 하나님의 임재, 말씀을 인식하는 장소라고 합니다. 다윗의 광야에서는 바로 이 버려진 땅과 같은 존재인 사울이 하나님의 기름 부음을 입은 영광스러운 존재로 여김을 받을 수 있다는 엄청난 교훈이 들어 있음을 알게 됩니다.

다윗의 생애를 엿볼 수 있는 성경의 기록은 사무엘상하서로 알고 있습니다. 그러나 다윗의 외적 생애를 기록한 것이 사무엘서라면 그의 내면을 기록한 것은 시편이라 할 수 있습니다. 대부분의 시편 저자가 다윗이라는 것을 아는 사람들도 그 시편 가운데 많은 부분이 다윗의 광야 생활 10년 동안에 기록된 것이라는 것은 잘 모릅니다. "내 마음이 내 속에서 심히 아파하며 사망의 위험이 내게 이르렀도다. 두려움과 떨림이 내게 이르고 공포가 나를 덮었도다. 내게 비둘기같이 날개가 있다면 날아가서 편히 쉬리로다"(시54:4-6). 광야 10년의 도피로 인해 마음이 상한 다윗의 글입니다.

이 외에도 사울을 피하며 쓴 글은 많지만 그 가운데 시편 57편은 사무엘상 24장의 내용입니다. "그들이 내 걸음을 막으려고 그물을 준비하였으니 내 영혼이 억울하도다. 그들이 내 앞에

웅덩이를 팠으나 자기들이 그 중에 빠졌도다. 하나님이여 내 마음이 확정되고 확정되었사오니 내가 노래하고 내가 찬송하리이다." 자신을 죽이려고 쫓아왔으나 지금 자신이 판 웅덩이에 빠진 사울에 대한 노래입니다. 그러나 그의 마음은 하나님을 향하고 있어 사울에 대한 복수 따위는 전혀 안중에 없었습니다.

그가 광야에서 쓴 시편을 보면 다윗이 어떻게 광야생활 속에서 하나님과 관계를 맺으며 살았는지 알 수 있습니다. 척박한 광야에 있는 모든 것들은 가치 없이 버려진 것들이지만 그 속에서 그는 하나님의 아름다움을 찾아내었습니다. 소망 없는 400명의 비렁뱅이들 속에서도 그들과 함께 하시는 하나님의 임재를 읽어낼 수 있어 그들을 품을 수 있었습니다. 왕이 쭈그리고 앉아 대변을 보는 참으로 흉한 꼴을 보여주었으나 그 속에서조차 그는 하나님의 택하심을 입은 한 왕을 보았고 그에게 경의를 표했습니다.

광야가 그에게 허락한 영성입니다. 광야는 누구나 피하고 싶어 하는 고난의 장소입니다. 예기치 않은 어려움과 환난을 겪어야 하는 곳이며, 육체적으로 정신적으로 황폐함과 삭막함을 피할 수 없는 곳이기 때문입니다. 육신의 정욕, 안목의 정욕, 이생의 자랑 등을 생각할 수 없는 곳입니다. 모든 것을 눈에 보이는 대로 귀에 들리는 대로 하려는 세상에서는 절대로 배울 수 없는 귀한 선물입니다. 자신이 원해서 스스로 광야에 들어간 것이 아니라 쫓겨 간 그곳에서 다윗은 대단히 의미 있는 세월을 보냈습니다.

생명을 보존하기 위해 도망간 곳이 광야였습니다. 그러나 자신의 생명만큼 다른 사람의 생명도 소중함을 그곳에서 머무르면서 배우게 되었습니다. 어쩌면 다윗이 광야에서 보낸 세월은 그의 인생에서 가장 좋은 시간에 속하는 시간일지도 모릅니다. 그에게 삶과 인간 그리고 하나님에 대한 지평을 새롭게 열어주었을 것이니 말입니다. 다윗의 광야는 전혀 기대하지 못했던 장소와 사물들 안에서 하나님을 알아보는 법을 배우게 합니다. 광야를 통해서만이 버려진 것들처럼 여겨진 것에서도 하나님의 거룩을 볼 수 있는 영적 통찰력이 생깁니다.

다윗은 10년 동안 광야에서 도대체 무엇을 경험하고 배웠습니까? 자신의 힘으로는 아무것도 할 수 없다는 것을 깨달은 것입니다. 홀로 있음을 견딜 수 있는 강인함을 배웁니다. 외로움을 넘어 침묵을 지키며 홀로 있는 것을 즐길 수 있어야 합니다. 하나님과 직접적으로 교통하는 방법을 배웁니다. 광야는 하나님께서 말씀하시며, 그분의 영으로 채움을 받는 장소입니다. 광야라는 고난의 학교에서 자기를 죽이고, 하나님에게만 집중합니다. 그분에게 기도하게 하고, 감사하는 법을 배웁니다. 때가 이르니 하나님께서 다윗을 유다의 왕으로 기름을 부으셨습니다.

자신을 죽이는 광야훈련을 통과해야 영의사람으로 태어나는 것입니다. 자신이 죽지 않고는 절대로 영의사람이 되지 못합니다. 광야의 훈련은 자신은 아무것도 할 수 없으며, 사람은 믿을 것이 되지 못한다는 것을 깨닫고 하나님만 의지하게 합니다.

12장 고난을 통하여 단련된 성도

(렘 18:1-6) "여호와께로부터 예레미야에게 임한 말씀에 이르시되 너는 일어나 토기장이의 집으로 내려가라 내가 거기에서 내 말을 네게 들려 주리라 하시기로 내가 토기장이의 집으로 내려가서 본즉 그가 녹로로 일을 하는데 진흙으로 만든 그릇이 토기장이의 손에서 터지매 그가 그것으로 자기 의견에 좋은 대로 다른 그릇을 만들더라. 그 때에 여호와의 말씀이 내게 임하니라 이르시되 여호와의 말씀이니라. 이스라엘 족속아 이 토기장이가 하는 것 같이 내가 능히 너희에게 행하지 못하겠느냐 이스라엘 족속아 진흙이 토기장이의 손에 있음 같이 너희가 내 손에 있느니라"

하나님은 성도들을 복주시되 고난을 통하여 단련하여 영의 사람으로 변화되면 아브라함의 복을 허락하십니다. 영의 사람이란 하나님의 말씀에 온전하게 순종하는 사람을 말하는 것입니다. 그러나 일반 사람들은 생각하기를 예수님만 믿으면 영의 사람이 되고, 모든 일에 갑자기 만사가 형통해 지는 줄 압니다. 예수만 믿으면 고난이란 것은 전혀 다가오지 않고, 꿈같이 아름다운 생활만 다가올 것이라고 오해를 하고 있는 것입니다. 그러나 실상은 그렇지 않습니다. 물론 예수를 믿음으로 말미암아 우리는 놀라운 은혜와 축복을 못 받는 것은 아닙니다. 반드시 놀라운 하나님의 은혜와 축복이 내려오는 것입니다. 그와 동시에 또한 많은 시련과 환난도 다가옵니다. 자기 자신의 재능과 자아를 십자가에 못 박아 육체를 신뢰하지 못하게 하기 위해서입니다. 하나님은 우리를 위하여 부르신 것이 아니고, 하나님이 사용하시기 위하여 부르셨기 때문에 그의 뜻에 순종하도록 훈련하시는 것입니다. 이 시험과 환란을 통하여 우리의 인격이 변화 받아 하나님의 인격을 닮아 가도록 성령이 이끌어가는 것입니다. 단련을 통하여 우리들은 하나님이 쓰시기에 합당한 그릇이 되도록 하나님께서 인도해 주시는 것입니다. 저는 오늘 성도가 하나님이 쓰시기에 합당하게 되는 그 그릇을 만드는 과정을 토기장이와 진흙에 관한 사실을 가지고 설명을 해 드리겠습니다.

첫째, 먼저 좋은 진흙을 찾아내야 된다. 토기장이가 좋은 그릇을 만들려면 먼저 좋은 진흙을 찾아내야 되는 것입니다. 토기장이는 산과 들로 다니면서 진흙이 매장되어 있는 장소를 발견해냅니다. 토기장이가 진흙이 매장되어 있는 장소를 발견해내면 그 다음 요사이는 불도저를 가지고 가서 그 표면을 긁어내고 포클레인을 가지고 가서 그 진흙을 찍어내는 것입니다. 그러므로 굉장한 충격과 변화가 다가올 것은 당연한 이치인 것입니다.

수 천년동안 혹은 수 만년동안 산과 들에 아무런 변화가 없었는데 갑자기 불도저의 우렁찬 소리가 나고, 날카로운 불도저의 칼날이 표피를 긁어내고 포클레인이 와서 찍어내니깐, 굉장한 충격과 변화가 다가오게 되는 것입니다. 오늘날 우리가 구원을 받아 예수 그리스도께로 나온다는 것은 이와 같은 굉장한 변화가 다가오는 것입니다. 하나님께서 당신이 사용하는 그릇으로 만들기 위해서 우리를 세상에서 찾으시는 것입니다.

　우리 하나님께서는 아무나 다 무조건하고 택하지는 않습니다. 절대 주권 적인 하나님께서는 당신이 원하시는 사람들을 선택하시는 것입니다. 이러므로 주님께서 수많은 사람가운데서 귀하를 보시고 세상에서 파내어서 하나님 나라에 들어와서 하나님이 쓰시기에 합당한 그릇으로 만드시려고 하는 것입니다. 그런데 우리는 죄악이 만연하던 세상에서 오랜 세월동안 뿌리를 내려서 살고 있었습니다. 이것을 하나님께서 성령의 불도저로 밀어내고 성령의 포클레인을 가지고 찍어서 꺼내자니 고난을 당하지 않고 평범하게 예수를 믿고 나오는 사람은 별로 없는 것입니다.

　여러 가지 시험과 환난을 당합니다. 혹은 가정적으로 혹은 생활면에서 혹은 자녀 때문에 건강 때문에 사회적으로 여러 가지 깊은 시험과 환난 혹은 고통이 다가와서 우리를 옛날의 안주하는 그 자리에서 찍어내는 것입니다. 더 이상 도저히 옛날식으로 살 수가 없고 옛날의 처소에 앉아있을 수가 없습니다. 온 전신에 가시와 엉겅퀴가 돋아나서 찌르기 때문에 그 곳에서 튀어나오지 아니할 수밖에 없도록 하나님께서 만드신 것입니다. 물론 하나님의 명령에 순종해서 좋은 가문에서 부모가 다 예수를 믿고 하나님께 영광 돌리는 가운데서 평범하게 나오는 사람도 있습니다.

　그러나 그렇지 않고 대개 부모가 예수를 믿지 않고 가정에 그리스도를 모르는 그런 곳에서 예수를 믿고 나오게 될 때는 죄악의 세상에서 하나님의 성령의 불도저와 포클레인의 찍어내는 고통을 당하고, 난 다음에 선택함을 받게 되는 것입니다. 그렇지 않고는 좀처럼 회개하고 나오지 않습니다. 아마 책을 읽으시는 분 중에 거의 대다수가 깊은 시련과 고난 가운데 천부여 의지 없어 손들고 옵니다. 항복하고 나왔을 것입니다. 이것이 바로 우리가 그리스도 안에 들어올 때 제일 먼저 체험하는 체험인 것입니다.

둘째, 이제 어떻게 하여 하나님께서 우리를 정하게 하는가? 그 과정을 토기장이와 진흙을 통해서 잘 배울 수가 있습니다. 토기장이는 진흙을 산과 들에서 파서 공장에 갖다 놓았지만 그대로 쓸 수 없습니다. 왜냐하면 오랜 세월동안 산과 들에 있으면서 온갖 더러운 것이 진흙에 다 섞여 있는 것입니다. 혹은 짐승의 뼈나 썩은 살점도 거기에 섞여 있습니다. 나뭇가지가 들어있습니다. 돌이 들어 있습니다. 여러 가지 불순물과 부패물들이 가득 들어있습니다. 그것을 가지고 그대로 결코 진흙을 가만히 그대로는 그릇을 만들 수 없는 것입니다. 그러므로 그 불순물을 제거해야 됩니다. 씻어내야 됩니다.

이러므로 굉장한 시설을 해서 그곳에 진흙을 갖다 놓고 난 다음에 물을 가지고서 진흙을 씻어 냅니다. 아주 깨끗한 물이 콸콸 쏟아져 나오고 그 물에 진흙을 씻습니다. 그러면 물이 진흙 속에 들어오고, 진흙이 물속에 들어가서 물과 진흙이 섞여서, 그 가운데 있는 부패한 것이 씻겨 나가고, 나무 잎사귀가 씻겨 나오고, 나뭇가지들이 분별되어 나오고, 돌멩이가 여과되어 나갑니다. 이러한 과정을 통해서 진흙이 아주 겉과 속이 하나도 남김없이 깨끗하게 씻음을 받아야 비로소 그것을 가지고서 아름답고 좋은 그릇을 만들 수가 있는 것입니다. 이런 씻는 과정이 없이 진흙을 가지고서, 그릇을 만든다는 것은 상상할 수도 없는 일인 것입니다. 이처럼 우리가 죄악 세상에서 하나님의 성령의 능력으로 말미암아 찍혀서 꺾여서 이끌어냄을 받았어도, 그대로는 우리가 천국 백성이 될 수가 없습니다.

우리의 둘째 단계로 체험하는 것은 우리가 그리스도 앞에 나와서 회개하여 씻음을 받는 과정을 체험을 하는 것입니다. 하나님의 성령께서 우리의 속에 역사함으로 말미암아, 우리의 마음속에 죄악을 깨닫게 되는 것입니다. 비로소 내가 얼마나 더러운 것을 알게 됩니다. 옛날에 죄악 세상에 섞여 살 동안에는 그 가운데 늘 있었으므로 얼마나 내가 큰 죄인인 것을 몰랐습니다. 죄악을 먹고 마시고, 그 부패 가운데 살았기 때문에 그것을 당연한 것인 줄 알았는데, 내가 하나님께 부름을 받아서, 주님 앞에 와 서서, 성령의 비추는 그 광채 앞에 서보게 될 때 내가 얼마나 큰 죄인이라는 것을 알게 되는 것입니다. 그 무엇보다도 천지와 만물을 지으신 하나님 아버지를 믿지 않고 하나님을 반역한 죄가 가장 무서운 죄라는 것을 뼛속에까지 깊이 알게 되는 것입니다.

이러므로 죄를 회개하기 시작하는 것입니다. 예수님께서 "회개하라 천국이 가까이 왔다"라고 말씀하신 것처럼, 성령의 능력으로 말미암아 회개하고 십자가에 못 박혀 우리를 대신하여 죄를 짊어지신 예수 그리스도의 보혈로 씻음을 받게 되는 것입니다.

그리스도의 보혈은 우리의 영과 마음과 몸과 생활 전체를 씻어내는 것입니다. 성경은 말씀하시기를 "만일 우리가 우리 죄를 자백하면 저는 미쁘시고 이로우사 우리 죄를 사하시며, 모든 불의에서 우리를 정결케 해주시겠다."고 말씀하신 것입니다. 이렇기 때문에 회개할 때 예수 그리스도의 십자가의 보배로운 피로 우리의 죄가 다 씻김 받습니다. 과거의 죄, 현재의 죄가 다 씻김 받습니다.

거기에다가 성령이 오셔서 우리를 새롭게 만들어 주는 것입니다. 하나님의 방식으로 태어나게 하시는 것입니다. 우리의 마음을 새롭게 합니다. 우리의 말을 새롭게 합니다. 생각을 새롭게 합니다. 행위를 새롭게 합니다. 성령께서 우리를 정하게 해주십니다. 거기에서 하나님의 말씀이 또 우리에게 들어와서 말씀이 우리를 깨끗하게 씻어주신 것입니다. 예수께서 말씀하기를 "너희는 내가 일러준 말로 이미 깨끗함을 얻었다"고 말씀한 것입니다. 이러므로 우리는 언제나 보혈로 씻음 받아야 되고, 또, 성령으로 말미암아 거룩함을 입어야 되고, 말씀으로 깨끗함을 입어야 되는 것입니다.

이 세 가지 요소를 우리의 신앙생활 속에 젖혀 버리면 우리는 불순물을 제거할 수가 없습니다. 오늘날 수많은 사람들이 하나님 나라에 들어와서 보혈의 대한 말씀을 듣지 아니하며, 성령의 역사를 부인하고 하나님 말씀 대신에 세속적인 이야기로 꽉 채워 놓습니다. 그러므로 아무리 그러한 사람들이 교회 와서 오랜 세월이 지났다 하더라고, 그들은 썩은 진흙 그대로 남아 있습니다. 하나님이 쓰시기에 합당한 그릇이 되지 못합니다. 교회라는 것은 사회 운동하는 처소가 아닙니다. 교회라는 것은 사회 정의를 구현하기 위한 정치 단체도 아닙니다.

교회라는 것은 하늘나라가 임하여 역사 하는 처소인 것입니다.

교회는 바꾸는 곳입니다. 이렇기 때문에 교회는 예수 그리스도의 보혈이 증거 되어야 하고, 교회는 성령의 역사가 인정되어야 되고, 교회는 하나님의 말씀이 전파되어야 되는 것입니다. 이래서 교회에 들어와서는 사람들이 죄 씻음을 받고, 성령으로 마음이 거룩하게 되고, 새롭게 되며, 말씀으로 우리의 모든 생활이 깨끗하게 되어서 하나님의 백성이 되는 이것이 교회인 것입니다. 교회는 세상 나라에 속해있지 않습니다. 이렇기 때문에 빌라도가 예수 그리스도를 잡아서 심판하려고 할 때, "네가 과연 이 세상의 임금이냐"라고 말할 때, 예수께서 말씀하시기를 "나의 나라는 이 세상에 속하지 아니하였다"라고 말한 것입니다.

교회란 것은 세상 나라에 속한 것이 아니요, 세상 권세가 다 스리는 곳이 아니라, 교회는 하늘나라요, 하나님의 권세가 다스리는 곳입니다. 이러므로 교회는 천국의 역사를 전파하는 처소인 것입니다. 이러므로 진흙은 교회에 들어와서 하늘나라의 위대한 은혜를 통해서 정결하고 깨끗하게 되는 것입니다. 그 결과로 마음의 기쁨이 충만해 지고, 마음의 평안이 가득 차지는 것입니다. 그리고 의롭게 살겠다는 의욕이 넘쳐나는 것입니다. 이것이 중생의 체험인 것입니다. 교회 와서 중생을 체험하면 이 세상에서 지금까지 살아온 것이 잘못 살아온 것 같은 감정이 생기는 것입니다. 마음이 기뻐지고 평안하고, 그리고 마음이 정결하고 의롭게 되는 것입니다. 이래서 찬송을 부르고 기뻐하고 감사하게 되는 것입니다. 그러나 그것만으로서 우리가 이제는 충분히 신앙생활에 들어왔다고 생각하면 안 되는 것입니다.

셋째, 토기장이가 씻어진 진흙을 가지고서 그대로 그릇을 만들 수 없다. 아직 그 진흙은 깨끗하게 씻어졌지만, 그 가운데 많은 진흙이 딱딱하게 덩어리져 있는 것입니다. 그 딱딱하게 덩어리져 있는 진흙을 가지고서 아무리 녹로에 얹어서 그릇을 만들려고 해도 그릇이 되지 않습니다. 이제는 진흙을 부드럽게 깨뜨려야 되는 것입니다. 찰 진흙이 되어서 잘 이겨지도록 부드럽게 깨뜨려야 되는 것입니다. 그래서 토기장이는 이 진흙을 또 다른 공장으로 가지고 와서, 혹은 큰 망치로 혹은 적은 한 망치로 진흙을 때리고, 짓이기고 반죽을 하는 것입니다. 진흙은 그렇게 때리고 부수고 짓이기는 반드시 그런 과정을 지나야, 그 안에 있는 굳어진 여러 가지 뭉쳐진 덩어리가 깨어져서 부드럽게 되는 것입니다.

우리 예수 믿는 사람도 그와 똑같은 것입니다. 하나님 나라에 들어와서 보혈로 씻고 성령으로 성결하게 되고, 말씀으로 깨끗함을 입었다 할지라도, 그 다음 하나님께서 쓰시기에 합당한 그릇이 되기 위해서는 반드시 하나님께서 깨뜨려야 되는 것입니다. 우리가 세상에서 가졌던 그 여러 가지 자아중심, 고집, 탐욕, 교만 이런 것들이 꽉 들어차 있습니다. 이대로는 하나님이 쓰시기에 합당한 그릇으로 만들 수 없어요. 이러므로 하나님께서는 우리 한 사람 한 사람을 깨뜨려야만 하는 것입니다. 탐욕을 깨뜨리고, 교만을 깨뜨리고, 고집을 깨뜨리고, 아집을 깨뜨리고, 불순종을 깨뜨리고, 불신앙을 깨뜨리는데, 깨어지는 사람이 안 아플 도리가 있겠습니까? 진흙을 그냥 망치로 때리고 방망이로 때리고, 짓이기듯이, 하나님께서 믿고 구원받은 사람을 무자비할 정도로 주님께서 깨뜨리시는 것입니다.

고난을 통하여 하나님께서 우리를 깨뜨리지 아니하면 우리는 쓸모가 없는 것입니다. 이렇기 때문에 예수 믿고 처음 평안하고 기쁘고 의롭고 좋았으나, 그 다음 과정에서 동남풍이 불고 서북풍이 불어오고 시험과 환난이 다가옵니다. 하나님에게 기도하면 한 면으로는 하나님께서 은혜도 주시고 축복도 주시는데, 다른 면에서는 하나님께서 시련과 환란도 주셔서 하나님을 더 간절하게 찾게도 만드는 것입니다. 이러한 과정이 그리스도 신앙생활 가운데 반드시 다가옵니다. 한 면에만 하나님이 축복을 주시지 않고, 그냥 막 몰아넣으면 도망이라도 치겠는데, 한 면에는 하나님이 축복을 주시고, 다른 면에는 하나님께서 연단하시고 단련하시기 때문에 감당할 수가 있는 것입니다.

이것이 바로 하나님께서 우리를 그릇으로 만들기 위해서 이 과정을 통하게 하는 것입니다. 이렇기 때문에 예수 믿는 사람에게 고난이 있습니다. 예수 믿으면 고난이 다가오지 않는다고 생각하면 거대한 잘못입니다. 사람은 고통을 통해야 깨어져서 참 사람이 되는 것입니다. 고난을 받아야 순종함을 배우는 것입니다. 아브라함을 보십시오. 하나님이 선택한 백성이지만 25년 동안 고난을 받아서 그는 나이 나중에 100여세가 되어서 완전히 깨어졌습니다. 그 외독자 이삭을 잡아 모리아 산에서 제물로 드리라고 할 때, 두 말 하지 않고 순종하는 완전히 깨어지고 순종하는 그릇이 된 것입니다. 잘 아시다시피 야곱이 깨어지는 데는 20여 년의 세월이 걸렸습니다. 그는 나중에 얍복강 나루터에서 허벅지 관절이 어긋나서 절름발이가 되고 난 다음에, 야곱은 깨어져서 하나님께 순종함을 배우는 그릇이 되었습니다.

요셉도 잘 알죠? 그렇게 정결하고 깨끗한 사람이었지만, 요셉을 하나님께서 쓰실 그릇으로 만들기 위해서는 심지어 종으로 팔리게 하시고 억울한 누명을 쓰고 감옥에 들어가서 그를 산산조각이 나도록 깨어지게 만들었습니다. 그는 13년 이라는 긴 세월 동안 종살이, 감옥살이에 그의 심신이 깨어질 대로 깨어졌을 때, 하나님께서 요셉을 들어서 아름다운 그릇으로 만들 수가 있었습니다.

모세는 위대한 지도자이지만, 그는 40에 하나님께 내어 쫓김을 받아서 미디안 광야에서 40년을 외롭고 적적한 곳에서 버림받은 인생으로 방황하며 목동으로 살면서 그는 깨어졌습니다. 교만이 깨어지고, 오만이 깨어지고, 고집이 깨어지고, 나중에는 주여 살든지 죽든지 흥하던지 망하던지 성하던지 실하던지 주님의 뜻대로 하시옵소서. 순종하는 그릇이 되어버리고 마는 것입니다.

이 세상에서 주님이 사용하는 그릇은 깨어져야 되는 것입니다. 더구나 큰 그릇을 만들려면 더 반죽이 잘 되어야 되기 때문에 더 많이 깨어져야 되는 것입니다. 조그마한 그릇은 좀 덜 깨어지고, 반죽이 잘 안 되어도 만들 수 있지만, 더 큰 그릇은 크게 깨뜨려서 아주 말랑말랑하게 반죽을 만들어야 되는 것입니다. 이렇기 때문에 하나님께서 크고 작은 그릇에 따라서 흙을 깨뜨리시는 것입니다. 이러므로 오늘날 신앙생활에 시험과 환난을 통하지 않았다고 하는 사람은 성령의 인도를 받지 않는 사람인 것입니다. 하나님께서는 물을 통하고 불을 통하여 우리를 깨뜨립니다. 큰 그릇은 크게 깨뜨리고 작은 그릇은 작게 깨뜨려서 고난과 시험과 환난을 통하여 우리가 온전히 순종함을 배워 말랑말랑하게 주님께서 변화시켜 주시는 것입니다.

넷째, 말랑말랑하게 된 이 진흙들로 그릇을 만든다. 여기 토기장이는 말랑말랑하게 된 이 진흙들을 다른 공정으로 옮겨서 이제는 그릇을 만듭니다. 거기에는 윙윙 모터가 돌아가는 소리가 납니다. 녹로에 흙을 얹어놓고, 그 다음에는 흙을 형태를 따라서 그릇을 만듭니다. 옹기그릇을 만들고 화분을 만들고, 밥그릇을 만들고, 국그릇을 만들고, 쟁반을 만들고, 혹은 작은 종지 그릇을 만듭니다. 요란한 소리가 납니다. 수많은 사람이 그 곳에서 그릇을 만들어 가고 있는 것입니다. 우리 하나님께서는 오늘날 우리의 생애를 하나님의 농노에 얹어놓고 난 다음, 하나님의 쓰시기에 합당한 그릇을 만들고 계신 것입니다.

그러므로 우리 하나님께서는 당신의 뜻을 좇아 합당한 그릇을 만듭니다. 많이 깨어질 수 있는 사람은 큰 그릇으로 만들어 보고, 많이 깨어지지 못할 사람은 작게 깨어서 작은 그릇으로 만드는 것입니다. 이래서 귀하께서 예수를 믿고 하나님께 나오는 과정은 천국에 올라갔을 뿐 아니라, 이 땅에서 시작해서 하나님이 사용할 그릇을 만드는 것입니다. 하나님은 우리를 하나님의 뜻에 합당한 아름다운 그릇으로 만들어서, 이 땅에서 쓰시다가 그 그릇을 영원한 천국으로 옮겨가는 것입니다.

우리 성도들은 모두 하나님께서 만드시는 그릇인데 그러면 어떤 그릇일까요? 물론 사회적인 그릇도 있습니다. 하나님은 특별한 소지를 떠나서 혹은 정치가로서의 그릇을 만들고, 혹은 사업가로서 그릇을 만들며, 예술가로서 그릇을 만들고, 종교가로서 그릇을 만들며, 학자로서 기술자로서 군인으로서, 그 사회적인 소질에 합당한 그릇을 만들어서, 이 사회에 쓸 만하게 하는 그릇도 하나님이 만드시는 것입니다. 하나님께서는 사회적인 그릇도 만듭니다. 그러나 하나님께서는 교회 안에서 천국용 그릇을 주님께서 만드는데 거기에는 성직자의 그릇이 있습니다. 주의 종의 그릇이 되려면 사도의 그릇이 있고, 선지자의 그릇이 있고, 복음 전도자의 그릇이 있고, 목사의 그릇이 있고, 교사의 그릇이 있는 것입니다.

저는 고민 고민하고 기도하다가 내 스스로 원해서 복음 전도자의 그릇이 되기를 원했습니다. 치유 사역자가 되기를 원했습니다. 저는 처음에는 목회를 하기를 원치 아니하고 목사가 되기를 원치 않았습니다. 필자는 그래서 세상에서 장로 되는 그릇이 되려고 애를 썼는데, 하나님께서는 저를 목사의 그릇으로 만들기로 결정을 하신 것입니다. 그래서 하나님께서 나를 목사가 되라고 그릇을 만드는데 나는 장로가 되겠다고 해서 좀 씨름을 한 적이 있습니다.

그러나 어찌 진흙이 토기장이하고 다투어서 이기겠습니까? 별 도리 없이 진흙은 토기장이의 손에 있으므로 토기장이가 원하는 데로 만들어지는 것입니다. 하나님께서 결국 저를 장로가 되지 못하게 하시고, 목사로 만들어서 강단에 서게 만들어 주신 것입니다. 이러므로 하나님의 부르심에는 차별이 없지만, 다 똑같이 사용하시는 것이 아니라, 하나님의 뜻에 따라서 혹은 사도로 선지자로 복음 전하는 자로 목사로 교사로 평신도로 달라지는 것입니다. 하나님께서 성령으로 부르셔서 하나님이 쓰시기에 합당한 그릇을 만듭니다.

그의 안에서 그릇을 만들 때 어떠한 사람은 예언하는 자로, 어떠한 사람은 섬기는 자로, 어떠한 사람은 전도하는 자로, 어떠한 사람은 권위 하는 자로, 어떠한 사람은 구제하는 자로, 어떠한 사람은 다스리는 자로, 어떠한 사람은 긍휼을 베푸는 자로, 여러 가지 성령의 은사를 주어서 하나님의 쓰시는 그릇으로 변화시켜 주시는 것입니다.

하나님 성령께서 은사를 주어서 우리를 그릇으로 변화시키는데 내가 어떠한 그릇인가 이것을 알아서, 그 그릇에 충성을 다하여야 되는 것입니다. 하나님께서 만들어 주시지도 않았는데 자기가 그 그릇이 되겠다면 안 되는 것입니다. 저는 어떠한 한 이야기를 들었는데, 그는 평신도입니다. 그러나 전도를 하고 싶어서 견딜 수가 없습니다. 그래서 그는 주일마다 주보를 돌립니다. 그래서 수많은 사람을 주께로 인도합니다. 그리고도 마음의 즐거움이 꽉 들어차 있습니다. 그는 그것을 하지 않고는 견딜 수가 없다는 것입니다. 왜? 그는 하나님 앞에서 이와 같이 복음 전하는 사명을 받은 것입니다.

오늘 하나님 성령께서 각자에게 어떠한 그릇으로 만들어서 어떠한 성령의 은사를 주어서 사용하는지 그것을 깨달아서, 그 성령의 은사대로 하나님 앞에 충성할 때, 하나님께서 우리에게 축복을 하여 주시는 것입니다. 그릇은 하나님께서 만드시기 때문에 내 마음대로 만들 수는 없습니다. 그러므로 내 마음대로 교구장이 되고, 내 마음대로 구역장이 될 수는 없는 것입니다. 이것은 하나님께서 은사를 주셔야 이러한 사람들이 되는 것입니다. 어떠한 사람들은 어찌하든지 사람들을 구제하기를 원합니다. 구제하는 은사입니다.

다른 사람들은 어찌한 지 사람들을 위로하는 은사입니다. 그 위로하는 은사를 받아서 그 그릇이 된 것입니다. 어떠한 사람은 교회에서 행정직을 맡아서 다스리는 일을 합니다. 이것도 은사인 것입니다. 어떠한 사람들은 열심히 사람에게 나아가서 사람들을 권면하는 것입니다. 이것도 하나님의 은사입니다. 여러 가지 하나님의 성령의 은사가 나타나서 하나님의 사용하기 합당한 그릇으로 변화되어 가는 것입니다.

다섯째, 토기장이는 그릇을 만들고 난 다음 그대로 쓰지 않는다. 그대로 쓰면 그 그릇이 곧장 깨어지고 망가지고 마는 것입니다. 그 그릇을 반드시 불가마에 구워내야만 되는 것입니다. 불가마에 넣어서 뜨거운 불로 구워냅니다. 이러므로 그릇을 차곡차곡 가마에 쌓아놓고 그 다음 수 백도의 열을 올려서 그릇을 구워 놓으면 그릇이 반질반질하게 아주 모양도 좋고 강도도 강해서 쓰기에 합당하고 좋은 상품이 되어 버리고 마는 것입니다. 오늘날 천국의 가장 좋은 상품이 될 수 있는 길은 성령의 세례와 성령의 불로 충만 받아야만 되는 것입니다. 아무리 하나님 앞에서 사명을 받고 그릇이 되었어도 성령의 불로 충만 받지 않으면 그는 훌륭한 상품이 되지 못합니다. 강도가 약합니다. 쉽게 깨어집니다.

그리고 사람들 보기에도 훌륭하고 아름답게 보이지 않습니다. 이렇기 때문에 우리 주님께서는 예수님의 제자들이 진실로 3년 반 동안 예수님을 따라다니면서 하나님이 사용하시기에 합당한 그릇이 되었지만, 오순절 다락방 성령의 불도가니를 지나기 전에는 결코 밖에 나가서 복음 전하기를 허락하지 않았습니다. 이러므로 오늘 우리가 다 하나님의 쓰시기에 합당한 그릇이 되었으면, 그 다음에는 성령의 불로 세례를 받고, 지속적으로 성령으로 충만함을 받아서 불로 구워져야만 되는 것입니다. 성령 세례 받지 아니하고 성령의 불로 충만함을 받지 아니하고는 하나님이 쓰시기에 합당한 훌륭한 그릇이 될 수는 없는 것입니다.

이렇기 때문에 오늘 하나님의 그릇은 되었지만 아직 불로서 구원을 받지 못했으면 마음의 결심을 하고 하나님의 불도가니에 들어가십시오. 그것이 바로 자원해서 하나님이여 내게 성령으로 채워 주시옵소서. 마음속으로 부르짖는 기도인 것입니다. 성령의 불도가니에 들어가서 성령의 세례를 받고 나면 커다란 사명이 뚜렷해집니다. 사회적인 사명이라든지, 혹은 성직의 사명이라든지 평신도의 사명이 뚜렷해지고 힘이 있고 능력이 생겨납니다. 기도의 힘이 있어지고 믿음의 힘이 있어지고, 자기의 사명에 하나님의 능력이 나타나서, 그래서 영광스럽게 하나님 나라를 위해서 섬기다가 하나님 앞에 그 그릇으로 올라가서 영원히 하나님께 영광을 돌리고 하나님 쓰시기에 합당한 자가 되는 것입니다.

13장 문제를 통하여 단련된 영의사람

(히 5:7-10)"그는 육체에 계실 때에 자기를 죽음에서 능히 구원하실 이에게 심한 통곡과 눈물로 간구와 소원을 올렸고 그의 경외하심을 인하여 들으심을 얻었느니라. 그가 아들이시라도 받으신 고난으로 순종함을 배워서 온전하게 되었은즉 자기를 순종하는 모든 자에게 영원한 구원의 근원이 되시고 하나님께 멜기세덱의 반차를 좇은 대제사장이라 칭하심을 받았느니라"

하나님은 예수를 믿는 우리를 문제를 통하여 하나님을 찾게 하시면서 영의 사람으로 바꾸십니다. 하나님은 자녀들이 세상을 살아가면서 여러 가지 환란과 고통을 당하면서 자신의 나약함을 깨닫게 하십니다. 자신이 나약하니 하나님 없이는 세상을 살아갈 수가 없다고 체험하게 하십니다. 크리스천이 살아가면서 여러 가지 환란과 고통이 찾아오는 것은 영의 사람으로 변화되고 있다는 증거입니다. 하나님의 손에 붙들려 있기 때문에 문제가 찾아오는 것입니다. 하나님은 문제를 통하여 크리스천을 영적으로 바꾸시기 때문입니다. 문제에 봉착하거든 낙심하거나 원망하지 말고 하나님께 기도하십시오. 하나님께서 문제를 해결하도록 레마를 주실 것입니다. 알려준 레마 대로 순종하면 문제는 봄에 눈이 녹는 것과 같이 해결이 될 것입니다. 문제는 하나님이 해결하실 문제이기 때문입니다.

우리가 성경을 보면 구약의 인물들 중에 하나님의 축복 받은 위대한 선진들도 문제없는 인생을 살지는 않았습니다. 아브라함을 보십시오. 그는 75세에 갈대아 우르 고향산천을 떠나서 가나안 땅으로 왔는데 가나안 땅에 무시무시한 기근이 들어서 참으로 기막힌 문제에 봉착했습니다. 자기 아내와 조카 롯과 많이 데리고 온 종들과 일가친척들이 먹을 양식도 물도 다 떨어졌습니다. 그 많은 짐승 떼들은 다 굶어서 쓰러져 죽었습니다. 이 중대한 문제에 봉착해서 아브람은 말할 수 없는 정신적인 고통과 괴로움을 겪었습니다.

그는 하나님의 택한 종이요 그렇게 복 받은 사람이었으나 문제없는 인생은 아니었습니다. 할 수 없이 애굽에 피난하러 내려갔으나 애굽왕 바로에게 그 아내를 빼앗기고 그는 정말 눈물로 세월을 지낸 문제 있는 사람이었습니다. 문제없는 사람이 아니었습니다. 후에 하나님의 역사하심과 도우심으로 다시 아내를 찾아서 가나안 땅으로 되돌아 왔지만, 가나안 땅에서 소유지가 좁고 목초지가 적은데, 조카 양떼들의 목동들과 자기의 목동들이 서로 싸우고, 아저씨인 자기와 조카인 롯과 싸움이 붙어서 모든 사람들 앞에서 아저씨와 조카 간의 분열이 일어나 싸우는 그런 중대한 일이 벌어졌습니다. 이와 같이 아브라함은 훌륭한 하나님의 백성이요 선택받은 사람이었지만 문제가 없지 않았습니다.

가나안 땅에서 그는 살 동안에 나이 85세가 되어 자기 아내의 권유로 아들이 없기 때문에 하갈을 취하여 첩으로 삼았더니, 그가 잉태됨에 본처인 사라와의 무시무시한 논쟁으로 말미암아 가정에 보통 문제가 생기지 않았습니다. 할 수 없어 하갈을 쫓아내었다가 천사가 도로 돌려보내매 집에 돌아오고 하는 그런 문제가 일어났고, 그 다음 100세에 아들을 낳았는데, 그 아들을 젖 뗄 때에 첩에서 난 이스마엘이 아브라함의 씨를 통하여 사라가 낳은 아들이삭을 괴롭히고 놀리는 것을 보고 사라가 분노하여 아브라함에게 와서 저 여종과 그 아들을 내어 쫓으라. 그래서 아브라함은 눈물을 머금고 그의 첩 된 하갈과 그의 아들 이스마엘의 운명을 하나님께 부탁하고 물 한 부대 어깨에 걸머지우고 내어쫓아 버린 것입니다. 아브라함이 문제가 없다고 생각합니까? 그는 하나님의 택한 사람이요 믿음의 조상이라고 초대받았으나 그의 일생은 문제 투성이었습니다.

이스라엘을 기근에서 구원한 요셉은 문제가 없었다고 생각합니다. 그는 17살에 형들의 시기를 당해서 구덩이에 빠져서 죽을 고비에서 형 유다의 권유로 아라비아 대상에게 종으로 팔려서 애굽으로 끌려갔습니다. 사랑하는 아버지를 떠나서 낯선 애굽 땅에 종으로 팔려가 애굽의 임금님의 보디가드인 보디발의 집에 종이 되었습니다. 종살이의 그 고달픔과 괴로움과 서러움은 말로 다 할 수가 없었습니다. 그는 형제들 중에 가장 하나님을 잘 섬기고 하나님의 사랑을 받는 사람인데 문제가 없는 사람이 아니었습니다.

보디발의 집에서 겨우 살게 되어서 10년의 종살이에 가정 총무가 되었는데 그만 보디발의 아내에게 무고를 당해서 감옥에 갇혔습니다. 그래서 정처 없는 삼년 반의 세월 동안 감옥에서 눈물의 세월을 보냈습니다. 문제가 없었습니까? 요셉에게 한없는 큰 문제가 있었습니다. 그리고 난 다음 30세에 바로의 꿈을 해석하고 그는 총리대신이 되었지만 7년 풍년 후의 7년 기근에 그 어려운 고비를 모든 애굽 사람과 팔레스타인 사람에게 양식을 먹이고 살리는 거대한 문제에 봉착하여 그 문제를 안고 그 문제를 해결하면서 살아갔었습니다. 나중에는 형제들이 다 자기에게 의탁해 살려고 왔고 그 형제들을 용서하고 그 형제와 그 처자들을 먹여 살리는 그러한 문제도 그는 안고 있었습니다. 이와 같이 문제는 사람의 힘으로는 세상을 순탄하게 살아갈 수 없다는 것을 이해하고, 하나님에게 기도하여 하나님의 인도를 받게 하기 위하여 당하는 환란과 고통도 되는 것입니다.

　인생에서 죄 없이 사신 분이 한 분 있습니다. 하나님의 아들 나사렛 예수 그리스도이지만은 예수님조차도 33년 동안 말할 수 없이 많은 문제에 부딪혔고 핍박을 받았고 결국에는 십자가에 못 박혀 몸을 찢고 피를 흘려 죽으시기까지 했습니다.

　이러므로 문제없는 사람은 아무도 없습니다. 불티가 하늘로 올라감 같이 인생은 고난을 위해서 태어났다고 욥은 말했습니다. 이처럼 우리의 삶에는 항상 문제들이 다가오는 것입니다. 이러므로 나는 문제를 당했으니 하나님께 버림받았다, 나는 문제를 당했으니 믿음이 약한 사람이다, 나는 문제를 당했으니 이제는 파멸이다, 그렇게 생각하지 마십시오. 믿음의 위대한 용사들도 문제를 당했습니다. 어마어마한 시련과 문제를 당한 사람들은 하나님께 버림받은 사람이 아니요 하나님의 선택을 받은 사람들이었습니다. 우리가 알아야 할 것은 오늘날 문제가 우리에게 다가올 때에 이 문제를 어떻게 극복하고 하나님의 은총과 축복 중에 살아갈 것인가 이것을 우리가 알아야 할 것입니다.

문제가 없는 사람은 한 사람도 없습니다. 문제없는 사람을 찾아가려거든 동작동 국립묘지를 찾아가십시오. 그곳에 누워 있는 분들에게는 문제가 없습니다. 그러나 살아 있는 사람에게는 문제가 있습니다. 그러므로 문제가 있다는 것은 내가 살아있다는 증거인 것입니다. 절대로 문제가 있기 때문에 하나님께 버림을 당했다. 하나님이 나를 사랑하지 아니한다. 내 믿음이 약하다. 그렇게 부정적으로 생각하면 안 되는 것입니다. 우리는 문제를 극복하고 그 문제로 우리의 삶의 양식으로 삼아야 될 것입니다. 그러면 어떻게 하면 우리가 문제를 극복할 수 있을까요?

첫째, 시험으로 받아들이라. 내게 다가오는 문제는 내게 던져진 시험으로 받아들여야 하는 것이다. 사람들은 문제를 당하면 왜 내가 이런 일을 당해야 하느냐? 왜 김씨, 박씨, 조씨도 당하지 않았는데, 왜 내가 이 문제를 당해야 하느냐? 그렇게 자꾸만 왜 내가라고 말을 합니다. 그러나 그러지 말고 문제가 다가오거들랑 이 문제는 내게 던져진 시험으로 받아들여야 하는 것입니다. 우리가 쉽게 말하는 시험은 하나님의 예정이라고 보는 것입니다. 사람마다 시험은 다 똑같지 않습니다. 그러나 창세전에 하나님이 정해서 내게 다가오게 한 것 내가 피할 수가 없습니다. 내 시험이지요. 그러므로 누구 때문에 누구 탓으로 왜 내 팔자가 기구해서 이러느냐 이렇게 말하지 마십시오. 그렇지 않으면 문제를 당하면 하나님께서 이렇게 무정하실 수가 있느냐고 탄식을 합니다.

하나님의 일을 우리가 어떻게 합니까? 우리는 코앞의 일도 모르는데 하나님은 영원을 두고 일을 행하시는 하나님이시라 이 행하는 하나님의 일을 우리가 어떻게 알고 순식간에 하나님에 대해서 원망을 합니까? 지금 안 된 것이 나중에 될 수도 있고 지금의 고통이 나중에는 행복으로 변할 수가 있는 것입니다. 이렇기 때문에 우리가 문제를 당했을 때 하나님을 원망하지 말아야 하는 것입니다.

그리고 또 문제를 당했을 때 이웃과 환경에 대해서 분노와 적개심을 가집니다. 아무개 때문에 그렇지 너 때문에 내가 고통을 당했지. 분노와 적개심을 가지게 되는데 그것도 버려야 됩니다. 현재 우리가 문제를 당하면 그것은 하나님이 내게 지워준 시험이라고 생각하고 그 문제에 반항하지 말고, 그 문제를 내 생애 속에 받아들여야 하는 것입니다. 그리고 하나님에게 기도하여 지혜를 받아 극복해 나가야 하는 것입니다. 인간 생활 속의 문제는 궁극적으로 우리 조상과 우리 죄 값으로 다가오는 것이지, 우리 조상의 죄, 우리 인류의 죄, 국가의 죄, 사회의 죄, 내 죄 결국 죄 값으로 이 땅의 문제는 끊이지 않습니다.

시편 107절 10절로 12절에 "사람이 흑암과 사망의 그늘에 앉으며 곤고와 쇠사슬에 매임은 하나님의 말씀을 거역하며 지존자의 뜻을 멸시함이라 그러므로 수고로 저희 마음을 낮추셨으니 저희가 엎드려져도 돕는 자가 없었도다" 인생이 하나님의 말씀을 거역하고 하나님의 뜻에 따라 살아가지 아니하면 항상 문제는 닥쳐오게 되어있습니다. 그러다가 하나님에게 울부짖으면서 기도하면 하나님이 지혜의 말씀을 보내주셔서 위경에서 건져 주시는 것입니다.

인생의 문제가 얼마나 심각했던지 하나님께서 친히 육의 몸을 쓰고 오셔서 인생의 문제를 해결하기 위해서 십자가를 걸머지고 몸을 찢고 피를 흘렸다는 것을 기억하십시오. 문제를 가지고 하나님을 원망하지 마십시오. 하나님은 인간이 만든 이 문제 때문에 직접 이 땅에 찾아오셔서 십자가에서 죽는 고통을 당해야만 했던 것입니다. 이것은 인간의 죄 때문에 그런 것입니다. 바로 그 인간의 죄를 없이 하기 위해서 얼마나 십자가에서 고통을 당하고 괴로움을 당하며 눈물을 흘리고 몸부림을 치면서 죽음을 체험했지 않습니까? 그러므로 인간이 만든 이 죄악으로 인한 문제는 그것이 얼마나 심각한지 말로 다 할 수 없습니다.

문제를 당했거든 이것을 내게 배정된 주어진 시험으로 생각하고 이것을 받아들이시기 바랍니다. 그리고 이 문제와 함께 투쟁을 해야 하는 것입니다. 하나님에게 기도하여 하나님의 지혜와 능력을 구하여 하나님의 방법으로 해결하며 앞으로 나가야 되는 것입니다. 환란과 고통은 어쩌면 하나님에게 기도하라고 오는 것일 수도 있습니다.

저도 인생을 살아오면서 수많은 이해하지 못하는 환란과 문제를 당하면서 살았습니다. 아마 제가 여러 가지로 부족해서 그렇게 당하면서 지났는지도 모를 일입니다. 그래서 어느 때는 밤잠을 설치면서까지 원망하고 후회하고 또 후회했지만 나아지고 변화되는 것은 하나도 없었습니다. 저 자신이 스스로 생각하여 볼 때 건강만 나빠지는 것 같았습니다. 모든 것이 하나님이 나를 시험하고 연단하여 발전시키기 위하여 주신 시험이었구나, 아 내가 그 시험이 있었기 때문에 하나님에게 기도하고 하나님의 뜻을 알고 지금 새로운 일을 하게 되었구나, 긍정적으로 생각하며 옛 일들을 장마가 와서 세상 쓰레기를 다 바다로 흘려보내는 것같이 흘려보내고 있습니다. 독자들도 인생길을 걸어오시다가 당한 환란과 고통을 가슴에 담아두고 원망하지 말고 장마에 쓰레기가 강으로 흘러서 바다로 가듯이 다 흘려보내시기를 바랍니다.

둘째, 회개의 기회로 삼아라. 문제에 부딪쳤을 때 반항하고 원망하며 하나님께 등을 돌릴 수도 있지만, 그러나 진실한 신앙인은 여하한 문제에 부딪칠지라도 그것을 회개의 기회로 삼아야 하는 것입니다. 크고 작은 문제가 다가올 때 다른 사람에게 책임을 전가하지 말고 내게 속한 운명적인 사건임으로 내가 회개할 수 있는 기회로 삼아야 하는 것입니다. 시편 34편 17절로 18절에 "의인이 외치매 여호와께서 들으시고 저희 모든 환난에서 건지셨도다 여호와는 마음이 상한 자에게 가까이 하시고 중심에 통회하는 자를 구원하시는도다"라고 했습니다. 그러므로 통회하고 자복하고 깨어져서 문제를 당하였을 때 내 스스로를 조명해 보는 기회로 삼아야 하는 것입니다. 회개하지 아니하면 하나님이 돌봐 주실 수 없지만 회개하고 깨어진 사람을 하나님이 돌봐 주는 것입니다.

그리고 문제가 다가왔을 때 하나님께 더욱 가까이 나오는 기회로 삼으십시오. 더욱 말씀을 읽고 믿음과 순종의 길을 배워야 하는 것입니다. 하나님에게 기도하여 지혜를 구하라는 것입니다. 하나님에게는 환란과 고통을 해결하고도 남는 지혜와 권세가 있다는 것을 명심하고, 하나님에게 기도하여 환란과 고통을 지혜롭게 극복하시기를 바랍니다.

예수님은 마태복음 4장 4절에서 "예수께서 대답하여 가라사대 기록되었으되 사람이 떡으로만 살 것이 아니요 하나님의 입으로 나오는 모든 말씀으로 살 것이라 하였느니라 하시니"라고 말씀하신 것처럼, 내가 죽을 때까지 말씀으로 살지 아니하고, 육신의 정욕과 안목의 정욕과 세상을 따라 세상 떡으로만 살지 않았나 자신을 성찰하여 보고, 하나님 말씀을 간절히 찾는 기회로 삼아야 하는 것입니다.

시편 119편 116절로 117절에 보면 "주의 말씀대로 나를 붙들어 살게 하시고 내 소망이 부끄럽지 말게 하소서 나를 붙드소서 그리하시면 내가 구원을 얻고 주의 율례에 항상 주의하리이다" 저는 문제에 부딪혔을 때 하나님의 말씀을 열심히 묵상하고 기도하며 하나님을 찾는 기회로 삼았습니다. 하나님이나 사람을 원망하고 저항하고 반항하는 기회로 삼지 말고, 회개하고 깨어지고 기도하여 하나님의 레마의 말씀을 받고 하나님을 가까이 하는 그런 기회로 삼아야 되는 것입니다. 저도 그와 같은 여러 가지 일들이 있었지만 원망하고 원통해 하지 않고, 오직 기도하여 하나님의 뜻을 알고 하나님의 뜻을 이루기 위하여 성령의 인도를 받고 하나님께서 시키시는 일을 하고 있는 것입니다. 여러 가지 시험이 오거든 이상

한일 당하는 것같이 원망하지 말고 하나님이 나를 연단하고 훈련하시는 구나, 하고 받아들이고 기도하여 하나님의 지혜를 받아 극복하여 가시기를 바랍니다.

셋째, 하나님의 지혜를 받아라. 문제를 당하면 동분서주하지 말고 사람의 힘과 능력을 의지하려고 하지 말고 문제 해결을 위하여 전심으로 하나님에게 기도하여 문제를 풀 수 있는 지혜를 받아야 되는 것입니다. 그냥 기도하지 말고 뱃속에서 우러나오는 한 서린 기도를 해야 합니다. 정성을 다하여 온 심령을 다 기울여 우리 주님께 구원의 손길을 간구해야 되는 것입니다. 시편 39편 12절에 "여호와여 나의 기도를 들으시며 나의 부르짖음에 귀를 기울이소서 내가 눈물 흘릴 때에 잠잠하지 마옵소서 대저 나는 주께 객이 되고 거류자가 됨이 나의 모든 열조같으니이다" 성령으로 충만한 가운데 눈물을 흘리며 영으로 주님께 간구할 때에 주님은 우리의 기도를 들으십니다. 성경에는 환난 날에 내가 너와 함께 너를 건지고 영화롭게 하리라고 말한 것입니다.

환난 때에 나를 부르라. 그러면 내가 너를 건지고 영화롭게 하리라고 주께서 말씀하셨습니다. "너희는 내게 부르짖으라 내가 네게 응답하겠고 크고 은밀한 일을 네게 보여 주리라"고 말씀하셨습니다. 무엇이든지 내 이름으로 내게 구하면 내가 시행하리라고 말씀하셨으며 "구하라 주실 것이요 찾으라 찾을 것이요 문을 두드리라 열릴 것이라"고 말씀하셨습니다. 그러므로 문제를 당했을 때 우리는 하나님의 기적이 나타날 수 있는 기회가 왔다고 생각해야 되는 것입니다.

우리의 문제는 하나님의 기회인 것입니다. 우리가 문제가 없으면 하나님의 능력이 나타날 수 있는 기회가 없습니다. 그러나 문제가 오면 하나님의 능력도 나타날 기회가 온 것입니다. 문제가 오면 하나님의 기적을 체험할 기회라고 생각하고 성령으로 기도하여 성령님이 주시는 레마를 받아 순종하고 행동하여 기적을 체험하시기를 바랍니다.

이스라엘 백성이 홍해수 사건을 당하지 않았더라면 홍해수가 갈리지는 기적이 일어날 턱이 없습니다. 홍해가 갈라지는 기적을 체험하지도 못했을 것입니다. 쓴 연못물을 만나지 않았으면 연못물을 달게 하는 하나님의 기적이 나타날 수가 없습니다. 이스라엘이 40년 광야에 물도 없고 양식도 없는 곳에서 방황하지 않았으면 40년 동안 이스라엘을 만나로 먹이고 바위에서 물이 터져 마시게 하는 하나님의 기사와 이적도 나타날 기회도 없었을 것입니다. 자신의 문제는 하나님의 기적과 역사가 나타날 수 있는 기회인 것입니다.

그러므로 인생길을 가다가 시험을 당하거든 하나님을 찾아야지 사람을 찾으면 안 됩니다. 성경에 보면 아사가 발에 병이 났는데 하나님을 찾지 않고 의원을 찾다가 죽었다고 그렇게 성경에 기록해 놓았습니다. 아사 왕이 발에 병이 났는데 아사왕은 그 병으로 말미암아 치료하는 하나님이 나타날 수 있는 기회가 온 것입니다. 병을 고쳐 달라고 하나님을 찾았으면 그가 고침을 받았을 것인데 하나님을 찾지 않고 의원을 찾다가 죽었다고 성경이 그렇게 기록하고 있습니다.

　이러므로 문제가 생기면 그때는 하나님을 그 문제에 초청할 수 있는 기회가 온 것을 알고 마음을 다하고 뜻을 다하고 목숨을 다하여 주 하나님을 간절히 찾으십시오. 새벽기도, 철야기도, 길을 걸어 다니면서 기도, 혹은 금식 기도하면서 부르짖으면 하나님은 문제를 해결할 수 있는 레마를 주십니다. 그러면 믿음으로 담대하게 행하시기를 바랍니다. 그러면 하나님이 기적을 행하십니다. 그리고 하나님의 역사를 체험하시기를 바랍니다.

　넷째, 결과를 겸허하게 받아들이라. 우리는 문제를 당해서 기도할 때 그 결과를 겸허하게 받아들여야 하는 것입니다. 히브리서 5장 7절로 10절에 "그는 육체에 계실 때에 자기를 죽음에서 능히 구원하실 이에게 심한 통곡과 눈물로 간구와 소원을 올렸고 그의 경외하심을 인하여 들으심을 얻었느니라. 그가 아들이시라도 받으신 고난으로 순종함을 배워서 온전하게 되었은즉 자기를 순종하는 모든 자에게 영원한 구원의 근원이 되시고 하나님께 멜기세덱의 반차를 좇은 대제사장이라 칭하심을 받았느니라"라고 말했습니다. 예수님도 겟세마네 동산에서 심한 통곡과 눈물로써 하나님께 기도했고 그로 말미암아 십자가의 죽음과 부활의 은혜를 얻게 된 것입니다.

　우리가 기도하고 난 다음 내가 원하는 대로 될 때도 있고, 내가 바라지 않는 방향으로 갈 때도 있지만, 그러나 어떻게 되었든 문제를 당해서 내가 문제를 받아들이고 회개하고 하나님께 가까이 가고 부르짖어 기도하고 난 다음에 그 다음 것은 하나님의 뜻으로 받아들일 수 있어야 되는 것입니다. 그것은 하나님이 이미 알았은즉 좋든 나쁘든 하나님이 그렇게 정하신 것임으로 하나님의 뜻을 받아들여야 합니다. 절대로 자기 생각을 가지고 요동을 치면 문제는 더욱 꼬이게 되는 것입니다. 요동을 치지 말고 분명히 하나님은 이 문제를 해결하실 방법을 가지고 계신다고 믿고 평안한 마음을 가지고 하나님에게 기도하여 응답을 받아 내시기를 바랍니다. 문제를 내 힘으로 해결하려고 발버둥치지 말고 기도하여 하나님의 레마를 구하시기를 바랍니다. 문제가 있으면 반드시 원인이 있고 원인을 해결할 방법은 하나님이 가지고 계십니다. 원인을 해결할 방법은 우리가 성령으로 하나님에게 기도할 때 알려주십니다. 환란과 고통이 찾아올 때 당황하지 말고 하나님에게 기도하여 전화위복을 체험하시기를 바랍니다.

다섯째, 해결하여 주신 하나님에게 눈물을 흘리며 감사를 해야 하는 것이다. 좋은 방향으로 우리가 생각하는 대로 응답이 되어도 감사하고 우리가 생각하는 대로 응답이 안 되어도 고통스럽더라도 눈물을 흘리며 하나님께 감사를 드려야 되는 것입니다. 시편 50편 14절로 15절에 "감사로 하나님께 제사를 드리며 지극히 높으신 자에게 네 서원을 갚으며 환난 날에 나를 부르라 내가 너를 건지리니 네가 나를 영화롭게 하리로다"라고 말씀한 것입니다. 그러므로 욥은 통곡을 하면서도 결코 하나님을 원망하지 않았습니다. 그는 재산을 다 잃어버리고 그의 자녀들을 다 잃어버리고 아내가 자기를 배반하고 나가고 온 몸에 병이 들어 잿더미에 벌거벗고 앉아 기왓장으로 몸을 긁고 앉았어도 그는 하나님을 원망하지 않았습니다.

통곡과 고통 속에서도 하나님을 원망하지 않았습니다. 우리는 이 세상에 살면서 하나님을 원망할 자격이 없습니다. 우리는 하나님을 영화롭게 하기 위해서 지음을 받은 것입니다. 하나님은 우리를 만든 주인이요, 우리는 그의 소유물입니다. 하나님이 우리를 어떻게 하시든 살든지 죽든지 흥하든지 망하든지 성하든지 쇠하든지 우리는 하나님께 영광을 돌리고 감사드릴 자격밖에는 다른 자격은 없습니다. 하나님은 당신이 만든 소유물을 가지고 마음대로 하실 수 있습니다. 그럼에도 불구하고 하나님은 우리를 사랑하시고 불쌍히 여기사, 반역하고 거역하고 죄지은 우리를 구원하기 위해서 그 아들 예수님을 보내시사 십자가에 우리 대신 못 박혀 몸 찢고 피 흘려서 죽으심으로 우리 죄를 다 대속하시고 죄를 짓고 불의하고 추악하고 버림을 받아야 마땅한 우리들을 죄지은 그대로 못난 그대로 빈손 든 그대로 하나님께 나와서 구원을 얻으라고 하는 이 자비와 사랑의 하나님이신데 이 하나님께 대해 우리가 무슨 말을 하겠습니까?

하나님이 우리를 사랑하사 그 독생자를 주셔서 그 사랑을 확실히 증명해 주었는데 그 사랑의 하나님께 내 일생을 내어 맡기고 우리는 주님을 따라가야만 할 것입니다. 욥기 1장 21절로 22절에 욥의 말을 기억하십시오. "가로되 내가 모태에서 적신으로 나왔사온즉 또한 적신이 그리로 돌아가올지라 주신 자도 여호와시요 취하신 자도 여호와시오니 여호와의 이름이 찬송을 받으실지니이다 하고 이 모든 일에 욥이 범죄하지 아니하고 하나님을 향하여 어리석게 원망하지 아니하니라"

욥기 23장 10절에 그는 고백하기를 "나의 가는 길을 오직 그가 아시나니 그가 나를 단련하신 후에 내가 순금같이 나오리라" 나는 내 앞길을 모르지만 주님은 아십니다. 좋으신 하나님이기 때문에 내가 단련을 받고 난 다음에는 순금같이 귀하게 되어 나올 것이라고 그는 확신한 것입니다.

우리는 모두 일생을 사는 동안 문제투성이 속에서 살아갑니다. 한 나라를 이끌어가던 지도자 노무현 전 대통령이 자살이라는 극단적인 방법을 택했는데, 인간 노무현은 인생을 자신의 힘만으로 살아가려다가 보니 극단적인 방법을 취할 수밖에 없었던 것입니다. 자신의 명예를 지키려다가 보니 그렇게 되 것입니다. 사람은 미완성입니다. 사람은 완벽할 수가 없습니다,

그러나 하나님은 완벽하십니다. 그래서 우리가 하나님과 함께 하는 삶은 모든 문제를 극복할 수 있는 초자연적인 힘을 얻을 수 있고, 어떠한 역경 속에서도 심지어 죽음 앞에서도 내일에 대한 희망을 가지고 살 수 있습니다. 우리는 예수님을 믿는 하나님의 자녀들입니다. 예수를 믿는 성도답게 믿음의 삶을 살아가시기를 바랍니다. 문제를 당하거든 당황하지 말고 하나님에게 기도하여 지혜를 받으시기를 바랍니다. 그리고 행동에 옮기시기를 바랍니다. 그러면 인간이 해결할 수 없는 어떠한 문제라도 하나님이 해결하십니다.

14장 약하면서 강한자로 태어난 성도

(고후 12:8~10)"이것이 내게서 떠나가게 하기 위하여 내가 세 번 주께 간구하였더니, 나에게 이르시기를 내 은혜가 네게 족하도다. 이는 내 능력이 약한 데서 온전하여 짐이라 하신지라. 그러므로 도리어 크게 기뻐함으로 나의 여러 약한 것들에 대하여 자랑하리니 이는 그리스도의 능력이 내게 머물게 하려 함이라. 그러므로 내가 그리스도를 위하여 약한 것들과 능욕과 궁핍과 박해와 곤고를 기뻐하노니 이는 내가 약한 그 때에 강함이라"

영에 속한 사람은 약하면서 강한자로 다시 태어나야 합니다. 하나님은 영에 속한 사람으로 변화되게 하기 위하여 여러 가지 체험을 하게 하십니다. 체험을 통하여 자신이 얼마나 나약한 사람인가를 스스로 깨닫게 하십니다. 자신의 힘과 지혜와 능력을 가지고 세상을 살아가다가 자신의 힘으로는 세상을 이기기에 역부족하다는 것을 스스로 알게 하십니다. 하나님 없이는 한 시간도 세상을 살아갈 수가 없다는 것을 깨달아 알게 하십니다. 세상에서 어려운 난제를 만나 어찌할 바를 모르다가 하나님이 계신다는 생각이 들어 하나님께 기도할 때 지혜를 주시고 해결하게 하십니다. 그래서 하나님만 자신의 편이면 무엇이든지 할 수 있다는 믿음을 갖게 하십니다. 하나님이 자신과 함께하시면 무엇이든지 할 수 있다는 담대함을 갖게 하십니다. 자신 스스로 하나님 한 분이면 된다는 믿음에 이르게 하십니다.

크리스천은 자신이 약하다고 생각할 때 바로 강해집니다. 왜냐하면 자신이 약하기 때문에 하나님 없이 살지 못한다는 것을 알고 기도하기 때문입니다. 그래서 성도는 자신이 약하다고 생각할 때 강해지는 것입니다. 하나님은 자신이 약한자라는 것을 아는 성도를 사용하십니다. 하나님만을 의지하기 때문입니다. 하나님께 기도하여 하나님께서 말씀하시는 대로 순종하기 때문입니다. 순종할 때 영에 속한 성도로 거듭나기 때문입니다. 바울은 고린도후서 12장 9-10절에서 "나에게 이르시기를 내 은혜가 네게 족하도다. 이는 내 능력이 약한 데서 온전하여짐이라 하신지라 그러므로 도리어 크게 기뻐함으로 나의 여러 약한 것들에 대하여 자랑하리니 이는 그리스도의 능력이 내게 머물게 하려 함이라. 그러므로 내가 그리스도를 위하여 약한 것들과 능욕과 궁핍과 박해와 곤고를 기뻐하노니 이는 내가 약한 그 때에 강함이라" 약하니까, 기도하고, 기도하니까, 하나님의 뜻을 알고, 하나님의 능력이 자신에게 머물러서 강력한 능력을 이끌어낼 수 있었다고 말합니다.

성도는 대부분 자신이 약하기 때문에, 강한 것이 아닌, 약한 자를 사용하신다는 말씀을 좋아합니다. 하지만, 이것을 조금만 더 생각해 보면, 당연한 것이라고 생각할 수 있습니다. 약하기 때문에 하나님이 필요하여 의지하기 때문입니다. 자신의 능력으로는 세상을 이길 수가 없다는 것을 깨달았기 때문입니다. 왜 그렇습니까? 세상을 이길 수 있는 능력은 자신에게 있는 것이 아니라

"하나님께 있기 때문"입니다. 하나님께 의지하면 할수록 세상을 이기는 힘은 강해지는 것입니다. 의지 한다는 것은 하나님의 말씀대로 순종하는 것을 말합니다. 고린도후서 4장 7절의 말씀을 보면, "우리가 이 보배를 질그릇에 가졌으니 이는 심히 큰 능력은 하나님께 있고 우리에게 있지 아니함을 알게 하려 함이라"고 하였습니다. 능력이 우리에게 없고, 하나님께 있다는 사실은 하나님께 쓰임 받는 사람은 언제나 "내 힘으로 일하지 않고 하나님의 힘으로 일한다"는 말입니다. 하나님께서 사람을 쓰실 때에는 스스로 능력이 있다고 자처하는 사람을 쓰시지 않습니다.

제가 언제인가 집회할 때 이런 질문을 한 적이 있습니다. 첫째, 하나님은 하나님을 위하여 열심히 일하는 성도를 사용하십니다. 둘째, 하나님은 하나님께서 원하시는 일을 하는 성도를 사용하십니다. 두 가지 중에 어떤 것이 맞는 말이냐고 질문을 했습니다. 그러자 참석하신 분들이 모두 하나같이 두 번째가 하나님의 뜻이라고 대답을 했습니다. 정확한 대답입니다. 하나님은 하나님을 위해서 열심히 일하는 성도를 사용하시지 않습니다.

하나님께서 원하시는 일을 하는 성도를 사용하십니다. 왜냐하면 하나님을 위하여 열심히 일하는 성도는 자신이 나름대로 강한자라고 믿고 있기 때문에 하나님께서 사용하실 수가 없습니다. 자신이 강하다고 생각하고 믿기 때문에 하나님을 의지하지 않고 자신의 힘으로 열심히 하려고 하기 때문입니다. 열심히 하는 성도는 하나님의 의중은 상관이 없고 자기 자아를 따라가기 때문에 항상 하나님과 상반될 수 있어서 하나님께서 사용하실 수가 없습니다. 반면에 하나님께서 원하시는 일을 하는 성도는 자신의 힘으로 하나님의 일을 할 수가 없다는 것을 알기 때문에 하나님께 기도합니다. 하나님께 기도하여 하나님의 뜻을 알고 하나님께서 원하시는 일을 하려고 합니다. 하나님의 의중을 알아야 되니 항상 하나님께 집중하고 기도합니다. 하나님께 집중하고 기도하니 하나님과 친밀한 관계가 됩니다. 하나님과 친밀해지니 하나님의 권능이 함께하는 것입니다. 바울이 말하는 대로 "나의 여러 약한 것들에 대하여 자랑하리니 이는 그리스도의 능력이 내게 머물게 하려 함이라."가 이루어지는 것입니다. 약하기 때문에 하나님께 기도하여 그리스도의 능력이 머물게 되는 것입니다.

하나님은 하나님의 뜻을 알고 하나님의 뜻에 따라 순종하는 성도를 축복하십니다. 하나님은 분명하게 사도행전 17장 24-25절에서 "우주와 그 가운데 있는 만물을 지으신 하나님께서는 천지의 주재시니 손으로 지은 전에 계시지 아니하시고, 또 무엇이 부족한 것처럼, 사람의 손으로 섬김을 받으시는 것이 아니니, 이는 만민에게 생명과 호흡과 만물을 친히 주시는 이심이라" 하나님은 사람의 손으로 지은 전에 계시지 않습니다. 하나님은 사람의 손으로 섬김을 받지 않는 분입니다. 하나님은 사람의 손으로 하나님을 위하여 열심히 하는 것을 원하시지 않습니다. 하나님은 예수님을 믿는 자들에게 생명과 호흡과 만물을 친히 주신 하나님이십니다. 하나님은 부족한 것이 없습니다. 이제 답이 나왔습니다. 하나님을 위해서 무엇을 열심히 하려고 하지 말라는 것입니다. 하나님께서 원하시는 일을 하라는 것입니다. 즉, 하나님의 조력자(보조자)가 되라는 것입니다. 하나님을 위해서 일하는 주관자가 되려고 하지 말라는 것입니다.

왜 그렇습니까? 능력은 하나님으로 충분하기 때문입니다. 그러면, 하나님께서 원하시는 것은 무엇입니까? 하나님께서 원하시는 뜻에 따라, 주신 것들을 활용하여 이 땅을 하나님의 나라를 만드는 성도를 사용하시고, 그런 성도를 찾고 계신 것입니다. 하나님이 주신 것들을 삶에서 누리면서 하나님의 의중에 따라 이 땅을 하나님의 나라를 만드는 성도가 되기를 원하시는 것입니다. 그렇기 때문에 성도가 자신의 힘으로 하나님을 위하여 무엇을 하는 성도를 하나님께서 기뻐하시지 않는 것입니다. 자신이 힘이 있어 하나님께 의뢰하지 않고, 자기 마음대로 열심히 하는 성도는 하나님의 나라의 군사가 될 수가 없습니다. 먼저 자신이 열심히 하려는 생각에서 부터 자격에 미달되는 것입니다.

하나님께서 주신 것들을 이용하여 이 땅에 하나님의 나라를 만들어가는 그런 사람을 찾다보면, 오히려 힘 있고, 능력 있는 사람보다, 약하고 지혜 없는 사람이 하나님께서 주신 것을 이용하여 이 땅에 하나님의 나라를 건설하는 일에 더 집중하고, 더 관심이 있어 하고, 더 하나님을 붙든다는 말입니다. 그런 측면에서, 하나님은 힘없고, 지혜 없는 사람을 사용하신다는 말입니다. 아무 의미 없이, 그냥 지혜 없고, 힘이 없는 사람을 사용하신나는 것이 아님을 깨달아야 합니다.

하나님의 능력은 무한대로 표현 할 수 있습니다. 하나님은 천지만물을 친히 지으시고 섭리하시는 초자연적인 분이기 때문입니다. 그런데, 어떤 사람에게 능력이 10이 있는 사람이 있고, 또 어떤 사람에게는 힘이 10,000이 있는 경우가 있습니다. 하지만, 하나님과 하나가 될 때에는 자신이 가지고 있는 힘은 필요가 없습니다. 하나님의 힘이 무한대이기 때문입니다. 그래서 자신의 힘이 10,000 정도로 강해도 무한대인 하나님을 주인으로 인정하고, 의뢰할 때에는 무한대인 하나님의 힘만 나타나기 때문입니다. 그래서 내가 지혜가 없고, 무능하고 약해도, 하나님께서 자신에게 무한대의 힘이 됨으로 그 힘을 의지하고 나아갈 때에 내 힘은 하나님 안에서 무한대가 되는 것입니다. 그러므로 하나님께서 사용하고자 하는 사람의 능력은 의미가 없는 것입니다. 내가 얼마나 능력을 행할 수 있느냐를 말할 때, 하나님의 능력을 가진 사람에게는 능력의 한계가 없으므로 아무런 가치가 없는 것입니다. 아무리 약해도 하나님을 주인으로 모시고 의뢰하면 자신에게서 무한대의 하나님의 능력이 나나나는 것입니다.

그러면, 하나님이 누구를 사용하십니까? 하나님의 능력을 제대로 전달하는 사람을 사용하십니다. 자기의 나약함을 알고 하나님의 힘을 의지하여 순종하는 성도입니다. 바로 그런 사람이 약한 자들입니다. 하나님은 육신이 건강하고 체력이 강한 사람을 원하시지 않습니다. 왜냐하면 건강에 너무 과신하여 하나님을 의지하지 않기 때문입니다. 오히려 가끔 잔병을 앓고 건강에 자신하지 못하여 항상 건강을 위하여 하나님께 기도하는 사람을 사용하십니다. 예수를 믿으면서 태평성대를 누리는 사람도 좋아

하시지 않습니다. 이것 역시 하나님께 기도하지 않고 자기 마음대로 하여 하나님의 역사를 역행할 소지가 있기 때문입니다. 가끔 생활에 어려움을 당하여 하나님께 기도하여 기적적으로 어려움을 해결한 체험이 있는 성도를 사용하십니다.

고린도전서 1장 26절의 말씀을 보면, "형제들아 너희를 부르심을 보라 육체를 따라 지혜로운 자가 많지 아니하며 능한 자가 많지 아니하며 문벌 좋은 자가 많지 아니하도다"라고 하였습니다. 왜 그렇습니까? 지혜롭지 못하고, 능력이 약하고, 문벌이 좋지 못한 약한 자들이 하나님의 능력을 올바로 전하기 때문에, 육체를 따라 지혜로운 자의 능력이 가려지는 것입니다. 그래서 성도가 이런 상황에서 물어봐야 할 것은 내가 얼마나 지식이 있고, 능력이 있고, 학력이 있느냐가 아니라, 하나님께 얼마나 좋은 조력자가 될 것이냐에 더 관심을 가져야 합니다. 이것이 능력의 관건입니다.

그러므로 하나님의 일을 하는 사람은 자기 속에 있는 힘을 가지고 활용하는 것이 아니라, 하나님의 힘으로 일하는 법을 아는 자가 가장 강력한 사람입니다. 그렇게 기도하고 담대하게 행동하는 자가 강력한 사람입니다. 그래서 하나님은 스스로 약한 자라는 것을 알고 인정하고 하나님을 의뢰하는 성도를 사용하시는 것입니다. 그러면, 하나님의 능력으로 온전히 쓰임받기 위해서는 무엇이 필요합니까? 첫째, 하나님께 영과 진리로 예배드리는 존재, 둘째, 하나님의 말씀에 순종하고, 이는 손해가 나더라도 순종하는 것입니다. 셋째, 하나님의 나라를 위해서 자기 자신을 죽일 줄 아는 존재, 바로 하찮은 일이라도 하나님께서 원하시는 일을 하는 존재, 하나님은 이런 사람을 들어 쓰십니다. 바로 이런 사람이 영에 속한 성도입니다.

성경인물 중에 그런 인물을 꼽으라면 다윗입니다. 우리는 다윗의 인생의 단면을 통해서 약한 자를 쓰시는 하나님을 볼 수 있습니다. 그는 한 없이 약한 자였습니다. 형제 중에 가장 약한 자를 하나님이 부르셨습니다. 그의 부모도 그의 형제들도 그를 업신여겼습니다. 그렇게 약한 상태에서 하나님으로부터 기름부음을 받았습니다. 앞으로 왕으로 세우시겠다는 약속을 하신 것입니다. 그러나 우리는 그가 하나님으로부터 기름부음을 받은 후 그에게 끊임없는 고난이 따라 다녔다는 것을 잘 압니다. 그래도 그는 하나님께서 그의 평생을 선하심과 인자하심으로 인도 하셨다고 고백을 하고 있습니다. 그는 오직 여호와만 바라보고 의지하고 살았던 우리의 선진들 중의 하나입니다.

그는 시편에서 하나님께서 그의 평생을 선하심과 인자하심으로 자신을 인도 하셨다고 고백합니다. 자신을 믿고 의지하는 사람은 오히려 인간된 연약함으로 인하여 결국 쓰러지고 맙니다. 자기 마음대로 하는 사람은 그 마음대로 하는 것으로 인하여 결국 패배합니다. 아무리 완벽한 사람도 자기 자신만의 능력으로 이 세상을 살아갈 수는 없기 때문입니다. 하지만 하나님을 의지하고 하나님의 인도를 받는 사람은 결코 낙심하지 않습니다. 어떤 순간에도 하나님의 보이지 않는 손이 일하고 계심을 알기 때문입니다. 우리의 약점은 결코 약점으로 남지 않습니다. 그 약점으로 인하여 하나님을 바라볼 때 하나님은 우리를 긍휼히 보시고 막힌 길이라도 열어 주시며 인도하시고 도우십니다.

하나님은 어린아이와 같이 약한자를 사용하십니다. 모세를 생각해보면 이해가 갈 것입니다. 바로의 궁에서 자라서 힘이 있으니까(어른이니까), 자신이 직접 이스라엘 백성들을 돕겠다고 나섰다가 살인하고 광야로 도망을 갔습니다. 광야에서 40년간 이드로 장인 밑에서 데릴사위노릇을 하다가 하나님을 만났습니다. 하나님께서 자신을 통하여 이스라엘을 구원하시겠다고 할 때 "모세가 여호와께 아뢰되 오~ 주여! 나는 본래 말을 잘 하지 못하는 자니이다. 주께서 주의 종에게 명령하신 후에도 역시 그러하니 나는 입이 뻣뻣하고 혀가 둔한 자니이다."(출 4:10). 이렇게 대답을 합니다. 다시 "모세가 이르되 오~ 주여! 보낼 만 한 자를 보내소서!"(출 4:13). 라고 말합니다. 하나님께서 결국 "그(아론)가 너를 대신하여 백성에게 말할 것이니 그는 네 입을 대신할 것이요 너는 그에게 하나님 같이 되리라"(출 4:16). 하시면서 어린아이 같은 모세를 사용하십니다. 아론은 육에 속한 사람이기 때문에 하나님께서 직접 대면하지 못합니다.

성도가 하나님 나라에서 쓰임 받기 위해서는 오직 하나님을 우선시하고, 하나님이 하시는 일에 대해서 온전히 조력하는 것에 관심을 가져야 합니다. 우리의 능력은 하나님이십니다. 성도의 주체가 누구십니까? 하나님입니다. 그래서 하나님의 일이 살되도록 내가 해야 할 일은 무엇입니까? 바로 조력의 역할입니다. 하나님께서 잘 하시도록 하나님이 원하는 일을 하는 것입니다.

바로 이 사람이 하나님 나라에서 가장 강력한 일꾼이 될 수 있습니다. 하나님 일의 조력자라로서의 역할을 잘 감당하는 주의 거룩한 일꾼들, 자녀들이 되기를 간절히 원합니다.

하나님은 하나님의 자녀들이 자신의 나약함을 알게 하기 위하여 체험하게 하십니다. 하나님은 성도들이 살아계신 하나님을 체험하게 하십니다. 하나님은 살아계십니다. 살아계시기 때문에 일꾼으로 사용할 사람들을 체험하게 하면서 군사를 만드십니다. 필자가 지난 시절을 뒤돌아보면 하나님은 공부만 시키지 않으십니다. 즉, 머리로 알게만 하시지 않는다는 것입니다. 그런데 한국의 여러 교회들이 성도들을 공부시키는데 주안을 두는 곳이 많다는 것입니다. 살아계신 하나님과 영적인 세계의 체험보다 공부가 많기 때문에 성도들의 영적인 힘이 부족하여 예수를 믿으면서도 알지 못하는 고통을 당하면서 살아가고 있습니다. 하나님이 성도에게 부여한 영적 권위를 사용하지 못한다는 것입니다. 모든 것을 이론으로 알면 다되는 줄 착각하여 살아계신 하나님도 이론으로 아는 것으로 만족한다는 것입니다. 참으로 문제가 아닐 수가 없습니다.

물론 성경말씀을 많이 알아야 합니다. 알고 믿어야 하기 때문입니다. 그러나 아는 만큼 실제적인 하나님의 역사를 체험해야 합니다. 아는 것과 살아있는 역사가 균형이 잡혀야 합니다. 하나님은 돌아가신 하나님이 아니시고 살아계신 하나님이시기 때문입니다. 하나님을 알고, 몸과 마음으로 느끼고 체험해야 진정 하나님이 함께하는 성도가 되는 것입니다.

필자는 항상 이렇게 강조합니다. 아는 것으로 끝내지 말고 몸으로 느끼고 체험하며 움직이라는 것입니다. 즉, 아는 것과 실제가 균형이 잡혀야 한다는 말입니다. 한쪽으로 치우치면 문제가 발생합니다. 절름발이 신앙인이 되는 것입니다. 영이신 하나님과 교통할 수 있는 영적인 성도를 만들기 위하여 체험하며 훈련하게 하십니다. 하나님은 먼저 성령으로 세례를 받게 하십니다. 그리고 하나님은 영적인 눈을 열게 하십니다. 영적인 눈을 열어 영적인 세계가 있다는 것을 깨달아 알게 하십니다.

영적인 세계를 눈으로 보고 몸으로 부딪치며, 마귀와 귀신이 일으키는 환란과 풍파를 당하게 하면서 자신의 나약함을 깨닫고 하나님을 의지하게 하십니다. 하나님은 극한 상황에 도달하게 하시어 인간이 자신의 한계를 알게 하십니다. 자신의 힘과 재능으로는 극한 상황을 극복하기가 버겁다는 것을 알고 자동으로 하나님을 찾게 하십니다. 하나님을 찾으니 성령으로 응답을 하십니다. 성령의 감동을 받아 권능을 사용하여 난관을 통과하여 하나님이 살아계시며 함께 한다는 것을 깨달아 알고 믿게 하십니다.

이는 애굽을 떠나 광야로 나온 이스라엘 사람들을 친히 인도하시면서 체험하게 하신 것을 보면 증명이 됩니다. 출애굽기 14장 13절에서 14절에 보면 이스라엘 백성들이 430년 종살이하던 애굽에서 모세의 인도를 통해 홍해 가에 이르렀습니다. 건너갈 수 있는 교량도 없고 배도 없습니다. 그들이 그 곳에서 모여 있는데 바로가 대 군대를 거느리고, 도로 그들을 포로로 잡아가기 위해서 습격해 왔습니다. 샌드위치가 된 그들은 좌절과 절망 속에서 하나님께 부르짖고 모세에게 원망하며 말하기를 모세야 애굽에 매장지가 없어서 우리를 이곳에 불러가다 죽게 하는가 애굽에 있을 때에 우리가 말하기 않았는가? 그냥 내버려두라 그냥 우리가 종살이하면서 살겠다 하지 않았는가?… 어찌하여 우리를 이곳에 데려와서 죽이는가? 원망하고 탄식했습니다. 이렇게 살아계신 하나님을 체험하지 않고 하나님과 관계가 열리지 않은 사람은 극한 상황에 처하면 아무것도 스스로 할 수가 없습니다. 사람은 약합니다. 사람의 힘만으로는 아무것도 할 수가 없습니다. 사람이 스스로 할 수 있는 것은 자신의 목숨을 끊는 것밖에 없습니다.

그럴 때에 모세가 하나님의 계시를 받아서 이렇게 말했습니다. "모세가 백성에게 이르되 너희는 두려워 말고 가만히 서서 여호와께서 오늘날 너희를 위하여 행하시는 구원을 보라! 너희가 오늘 본 애굽 사람을 또 다시는 영원히 보지 못하리라. 여호와께서 너희를 위하여 싸우시리니 너희는 가만히 있을지니라" 모세는 하나님이 함께하시면 어떠한 난관도 극복할 수 있다는 것을 알고 있었습니다. 모세는 광야에서 40년간 하나님의 훈련을 받았습니다. 훈련받으면서 하나님의 살아 역사하심을 체험했습니다.

반드시 하나님은 홍해를 건너가게 하신다는 것을 알고 믿고 있었습니다. 그래서 하나님에게 기도하니 하나님이 모세의 입을 통하여 "여호와께서 너희를 위하여 싸우시리니 너희는 가만히 있을지니라"하고 담대하게 선포하게 하신 것입니다. 여기에서 모세에게 나타난 하나님은 우리를 위해서 싸우시는 하나님이신 것입니다. 하나님이 친히 이스라엘 백성을 인도하고 계시다는 것을 말로 듣고 눈으로 보고 깨닫게 하신 것입니다.

이스라엘 백성들에게 살아계신 하나님이라는 것을 믿게 하시기 위해서 입니다. 동행하고 계시는 하나님이라는 것을 체험하게 하기 위함입니다. 하나님은 성도들의 믿음을 키우기 위하여 이렇게 어려운 난관에 봉착하게 하십니다. 거기서 낙심하지 않고, 좌절하지 않고 기도하면 성령으로 비밀을 알려주십니다. 알려주신 비밀대로 행동하면 난관을 극복하게 됩니다. 살아계신 하나님의 역사를 눈으로 보고 믿게 하십니다. 하나님은 이렇게 공부만 시키지 않고 체험하게 하면서 훈련하십니다.

하나님은 거룩 거룩하시고 존귀해서 그냥 보좌에 앉아 계신 것이 아니라, 자녀들을 위해서 친히 팔을 걷고 나오셔서 원수와 대적해서 싸우시는 하나님으로 나타나신 것입니다. 하나님께서는 모세를 통해서 홍해수를 가르시고 육지같이 이스라엘 백성들을 건너가게 하시고, 그 뒤를 따라오는 애굽의 바로와 그 군대들을 물로 덮어서 다 수장 시켜버리고 만 것입니다. 친히 싸우시는 하나님이신 것입니다. 여기에 하나님께서 주의 백성을 위해서 친히 소매를 걷고 싸우시는 하나님으로 계시되어 있는 것입니다. 살아계신 하나님을 믿고 찾는 성도에게만 친히 나타나시어 역사하시는 하나님이십니다. 그래서 우리는 자신이 직접 하나님과 관계를 열어야 합니다. 무엇보다도 하나님과 관계를 여는 것이 중요합니다. 많은 성도들이 예수를 믿고 교회에 들어오면 자신의 영육의 문제를 해결하려고 합니다. 즉, 많은 수의 성도가 예수를 믿는 것이 자신의 문제를 해결하기 위하여 믿는 다는 것입니다. 그래서 문제를 해결하기 위하여 철야도 하고, 작정기도도 합니다. 열심히 봉사도 합니다. 거액의 헌금도 합니다. 그러다가 문제가 해결이 안 되면 하나님을 원망하기 시작을 합니다. 원망하다가 교회를 떠나는 사람도 있습니다.

이것은 하나님에 대하여 잘 몰랐기 때문입니다. 자신이 하나님에 대하여 무지한 결과입니다. 하나님은 이렇게 하십니다. 먼저 예수를 믿고 교회에 들어오면 예배를 드리고, 찬양하며 기도하다가 성령으로 세례를 받게 하십니다. 성령으로 세례를 받게 되면 성령이 심령을 장악하면서 내면의 상처를 치유하게 하십니다. 상처를 치유하면서 자아가 부수어집니다. 상처치유와 자아가 부수어지면서 혈통에 역사하던 귀신들이 떠나갑니다. 심령이 성령의 전으로 바뀝니다. 그러면서 영이시고 살아계신 하나님과 관계가 열립니다. 하나님과 관계가 열리니 하나님께서 말씀하시는 대로 순종할 때 성령님의 권능으로 문제가 해결되기 시작을 합니다. 영의 사람으로 변화되는 것에 관심을 가져야 더 빨리 하나님의 은혜를 받게 됩니다.

절대로 개개인의 문제를 해결하는 것은 하나님의 뜻입니다. 모든 성도들이 아브라함의 복을 받는 것이 하나님의 뜻입니다. 그런데 하나님과 관계가 열린 성도에게 만 해당이 됩니다. 하나님과 관계가 열리니 성령이 역사하여 문제가 해결되게 하시기 때문입니다. 그러므로 모든 성도들은 자신의 문제의 해결에 앞서서 하나님과 관계를 여는 것이 중요한 것입니다. 영에 속한 성도가 되어 영의 눈을 열어 하나님과 관계를 열어야 합니다.

모세는 하나님과 관계가 열린 사람입니다. 우리 모두 모세와 같이 영이시고 살아계시는 하나님과 관계를 열어 하나님이 주시고자 하는 축복을 받아 누리시기를 바랍니다.

살아서 역사하시는 하나님과 교통하며 살아가게 하기 위하여 하나님은 성도들을 체험하게 하시는 것입니다. 성도 자신이 얼마나 나약한 존재인가 깨닫게 하십니다. 자신의 나약함을 알아야 하나님을 의지하기 때문입니다. 자신의 나약함을 알고 하나님의 말씀에 순종하면 하나님께서 친히 역사하신다는 것을 눈으로 보고 믿게 하십니다.

하나님은 장엄하고 거룩하셔서 그냥 보좌에 앉아 계신 하나님이 아니라, 주의 자녀들과 동행하시면서 싸우시는 하나님이시라는 것을 우리가 알아야 하는 것입니다. 우리 성도들에게 하나님은 살아서 역사하고 계시다는 것을 믿게 하기 위한 것입니다. 그리하여 아무리 어렵고 힘든 난관이나 고통이 찾아와도 하나님께 기도하면 하나님께서 해결 방법을 주시고 알려주신 방법대로 순종하면 해결이 된다는 것을 알고 믿게 하시기 위하여 체험하며 훈련을 시키시는 것입니다. 영적인 눈을 열고 영이신 하나님의 역사를 눈으로 보면서 체험하여 믿음을 키우시기를 바랍니다. 하나님은 하나님의 지혜를 받아 순종하는 약한자를 사용하십니다.

15장 예수님이 함께 동행 하는 성도

(요 14:16-17)"내가 아버지께 구하겠으니 그가 또 다른 보혜사를 너희에게 주사 영원토록 너희와 함께 있게 하리니"

예수님은 세상 끝 날까지 너희와 항상 함께 하시겠다고 말씀하셨습니다(마 28:20). 예수님을 믿고 성령으로 거듭나 구원을 누리는 성도는 성령으로 마음 안에 오신 예수님과 동행해야 합니다. 성령으로 세례 받고 성령으로 기도하여 성령의 불이 충만한 상태가 되어야 영이신 하나님과 동행할 수 있다는 것을 먼저 이해해야 합니다. 성도가 예수님과 동행을 해야 하나님의 지혜를 받아 권능 있는 삶을 살아갈 수가 있는 것입니다. 영이신 하나님과 교통하는 성도이기 때문입니다. 하나님의 지혜와 복을 받으려면 하나님을 향한 사고와 생각이 바뀌어야 합니다. 하나님을 섬기기 위해서 믿음 생활하는 것이 아니고, 하나님과 동행하기 위해서 믿음 생활을 하는 사고로 바뀌어야 합니다. 하나님의 뜻에 합해야 동행할 수 있습니다. 하나님께서는 아모스 3장 3절에서 "두 사람이 뜻이 같지 않은데 어찌 동행하겠으며"라고 말씀하셨습니다. 하나님과 생각이 같아야 동행할 수 있습니다.

　하나님과 영성이 같아야 동행할 수 있습니다. 하나님과 동행할 수 있어야 영육의 거부가 될 수가 있는 것입니다. 하나님과 동행하려면 성령으로 거듭나 예수님을 닮아가야 합니다. 예수님을 닮아가려면 예수님만 바라보아야 합니다. 예수님을 생각하며 예수님을 바라보면 예수님을 닮아가기 때문입니다.

첫째, 하나님을 섬기기 위해서 믿음 생활하는 성도가 있다. 하나님을 섬기는 것에는 반대할 이유가 없습니다. 그러나 바르게 알고 섬겨야 합니다. 예수님은 마태복음 20장 28절에서 이렇게 말씀하십니다. "인자가 온 것은 섬김을 받으려 함이 아니라 도리어 섬기려 하고 자기 목숨을 많은 사람의 대속 물로 주려 함이니라." 예수님도 섬김을 받으러 오시지 않았다고 말씀하시는 것입니다. 반대로 많은 사람들의 대속 물로 자기 목숨을 주시려고 오셨다는 것입니다. 한마디로 죄인들을 살리려고 오셨다는 것입니다. 기독교는 생명의 복음입니다. 신을 섬겨서 복을 받으려는 죽은 사람의 종교가 아니라는 것입니다.

죄인이 예수를 믿어 죄를 사함 받아 새사람(하나님의 자녀)으로 태어나는 생명의 복음입니다. 일부 성도들이 하나님을 섬기는 신앙 생활하는 이유가 있습니다. 우리는 모두 세상에서 죄인으로 살다가 계기가 되어 예수를 믿고 교회에 들어온 성도들입니다. 세상에서 살아갈 때에 샤머니즘의 신앙생활을 했습니다. 샤머니즘의 신앙의 기본 틀이 신을 섬기는 것입니다. 신을 잘 섬겨서 신에게 복을 받으려는 신앙입니다. 신에게 잘 못 보이면 저주를 받는다고 알고 믿고 있습니다. 그래서 신에게 잘 보여야 되기 때문에 신을 두려워하며 섬기는 것입니다. 신의 노여움을 사지 않도록 신에게 도움을 받아야 잘 될 수 있기 때문에 신에게 비는 것입니다. 신에게 빌기 위하여 신이 계시는 장소를 찾습니다. 절이나 사당이나 신을 모신 장소에 가서 손이 발이 되도록 빕니다. 심지어 가정에도 신을 모시는 장소를 만들어 놓습니다.

이렇게 세상에서 미신을 섬기던 것이 습관이 되어 예수를 믿고 교회에 들어와도 고쳐지지 않습니다. 예수를 믿고 성령으로 거듭나는 것에 목적을 두지 않고 하나님께 잘 보이려고 빕니다. 하나님과 동행이 무엇인지 교통이 무엇인지 알지 못합니다.

하나님께 잘되게 해달라고 빌어야 하기 때문에 하나님이 계신 곳을 찾습니다. 보이는 교회에만 하나님께서 계신다고 믿고 교회를 찾아 하나님께 비는 것입니다. 공공연하게 하나님을 잘 섬겨야 복을 받는 다고 말합니다. 또한 성경에 기록된 교회를 눈에 보이는 유형교회로만 인식을 합니다. 실상은 자신이 성전이고 교회인데 말씀과 성령으로 거듭나지 못하니 자신이 성전인 것과 자신이 교회라는 것이 알지 못합니다. 그저 보이는 교회만 하나님께서 계신다고 생각하고 집중합니다.

그러니 자신을 성전으로 가꾸는 일에 관심을 갖지 못합니다. 하나님께서 분명하게 마태복음 16장 18절에서 "또 내가 네게 이르노니 너는 베드로라 내가 이 반석 위에 내 교회를 세우리니 음부의 권세가 이기지 못하리라" 성경에 기록된 교회는 유형교회도 있지만, 성도들 한 사람 한 사람인 몸 된 성전, 무형교회를 말하기도 합니다. 저는 개인적으로 이렇게 생각을 합니다. 율법주의자는 성경에 기록된 교회를 모두 유형교회로 본다는 것입니다. 율법주의자는 성령으로 영이 깨어나지 않는 신자이니 모두 보이는 것으로만 판단하기 때문입니다. 보이는 교회에 하나님께서 계신다는 것입니다. 율법으로 믿음 생활하는 사람들은 율법을 지켜야 하기 때문에 행위 위주의 믿음 생활을 하므로 구습이 변하지 않는 것입니다. 반드시 성도는 성령이 역사하는 진리를 듣고 말해야 변합니다.

반대로 예수를 믿고 성령으로 거듭나 영이 깨어나 진리를 알아듣고 말하는 성도는 성경에 기록된 교회를 성도 한 사람 한 사람으로 몸이 성전이라는 것으로 보고 이해한다는 것입니다. 이렇게 보는 것이 정확합니다. 하나님은 자신 안에 계십니다. 하나님은 고린도전서 3장 16절에서 "너희는 너희가 하나님의 성전인 것과 하나님의 성령이 너희 안에 계시는 것을 알지 못하느냐" 하나님은 영이시기 때문에 보이는 성전(유형교회)에 거하시는 것이 아니고, 성도의 마음에 임재 하여 계십니다. 영이신 하나님은 특정한 장소(유형교회)에 거하지 않으시고, 예수를 주인으로 영접한 사람의 심령에 좌정하고 계신다는 말입니다. 그래서 자신 안에 임재 하여 계신 하나님과 교통해야 합니다. 그래야 하나님과 항상 동행할 수 있습니다.

그렇다고 보이는 예배당(교회)이 필요가 없다는 것이 아닙니다. 자신이 성전 되도록 깨끗하게 하려면 생명의 말씀을 들어야 합니다. 성령의 역사가 심령에서 일어나게 해야 합니다. 이렇게 자신의 심령이 생명의 말씀을 듣고 깨어나게 하려면 교회에 가서 예배를 드리면서 목사님으로부터 진리의 말씀을 들어야 합니다. 성령으로 기도하여 성령 충만을 받아야 합니다. 이렇게 자신의 영을 깨우고 성령으로 충만 받으려면 자신의 능력으로는 한계가 있습니다. 한계를 극복하기 위하여 유형 교회가 있는 것입니다. 성도 간에 친교를 하고 모여서 말씀을 배우고 영성훈련을 하기 위하여 유형 교회가 필요한 것입니다. 깊은 영성을 유지하고 영적으로 자라야 하나님과 동행하며 친밀하게 지낼 수가 있습니다. 자신이 영적으로 자라는 만큼씩 하나님의 복이 따르는 것입니다. 유형교회는 자신이 성전 되도록 생명의 말씀과 성령으로 깨끗하게 정화되어 하나님께서 사용하실 수 있는 성도가 되게 하기 위하여 필요한 것입니다. 유형교회를 통하여 자신이 하나님께 쓰임을 받기 위하여 자신을 준비하기 위하여 필요한 곳입니다. 그래서 성도는 유형교회를 잘 만나야 하나님의 지혜와 복을 받으면서 살아갈 수가 있는 것입니다.

분명하게 자신의 믿음이 자라게 하기 위하여 보이는 유형교회가 필요한 것입니다. 유형교회에서 깊이 있는 생명의 말씀을 듣고, 성령으로 기도하며 성령 충만 받아 세상에서 살아가면서 자신 안에 계신 하나님과 끊임없이 교통하며 친밀하게 지내야 합니다. 그렇기 때문에 유형교회와 무형교회 모두가 잘되어야 하는 것입니다. 유형교회에 가서 목회자로부터 체험적인 진리의 말씀을 듣고 성령으로 기도하여 자신의 믿음이 자라기 위하여 보이는 교회가 잘 되어야 합니다. 그런데 하나님을 섬기기 위하여 신앙생활을 하는 신자들은 하나님을 섬기기 위하여 보이는 교회만을 생각하고, 보이는 교회 중심으로 믿음 생활을 하게 됩니다.

보이는 유형교회중심으로 믿음 생활을 하다가 보면 자신에게 중요한 자신이 성전 되는 일에 관심을 갖지를 못합니다. 자연스럽게 중요한 자신의 전인격의 관리에 등한하게 됩니다. 이런 이유로 인하여 예수를 십년을 믿어도 믿음이 자라지 않고, 전인격이 변하지 않는 것입니다. 하나님의 복을 받지 못하는 것입니다. 성도는 심령에 거하신 성령님이 자신을 완전하게 장악할 때에 예수님의 인격으로 변화되는 것입니다. 그런데 보이는 예배당에만 관심을 가지고 자신이 성전 되는 일에는 관심을 등한히 합니다. 자연스럽게 자신 안에 성령하나님과 관계가 막혀서 예수를 믿어도 오만가지 문제로 고통을 당하면서 세상을 살아가는 것입니다.

그것뿐만이 아닙니다. 유형교회에 하나님이 계신다고 믿고, 자신의 문제나 가정의 문제나 자녀의 문제가 생기면 교회에서 살다시피 합니다. 실상은 자신의 심령에 계신 하나님께서 역사하셔야 문제가 풀리는데 말입니다. 그래서 교회나 기도원에 가서 기도하느라고 자녀들이나 가정관리를 등한히 하는 성도들이 많다는 것입니다. 제가 매주 토요일 개인 특별집중정밀치유를 하다가 보면 참으로 안타까운 경우를 봅니다. 마음의 상처로 인하여 영적으로 정신적으로 고통당하는 성도들 치유하다가 보면 이런 일이 있습니다. 성령의 임재가 환자를 완전하게 장악을 하면 엄마~ 엄마~ 무서워요. 하는 분들이 있습니다. 성령님께 문의하면 유아시절에 혼자 집에 있을 때 두려움의 상처가 생겼다는 것입니다.

그래서 보호자에게 문의 하면 백이면 백 모두 이렇게 대답을 합니다. 아기를 집에 두고 교회에 가서 기도를 했다는 것입니다.

하루 이틀 했으면 환자가 그렇게 외마디 소리를 하겠습니까? 참으로 무지한 것입니다. 이렇게 교회에서 철야를 해도 문제는 해결이 되지 않습니다. 교회에만 하나님이 계시는 줄 착각했기 때문입니다. 정작 자신 안에 하나님이 계시는데 보이는 교회에서 하나님께 목이 터지라고 기도했으니 문제가 해결이 될 리가 만무한 것입니다. 인간의 모든 문제는 자신 안에 계신 성령하나님이 역사해야 해결이 됩니다. 자신 안에 계신 하나님께 관심을 갖지 않으니 하나님께서 주무시는 것입니다. 그래서 문제가 해결이 되기는커녕 더 나빠지는 것입니다. 성령으로 기도하여 자신 안에 계신 하나님을 깨워야 합니다. 영의 통로를 열어야 합니다. 하나님과 관계를 열어야 합니다.

보이는 예배당 중심으로 믿음 생활을 하면 중요한 자신의 몸 된 성전이 더러워질 수 있습니다. 하나님은 고린도전서 3장 17절에서 "누구든지 하나님의 성전을 더럽히면 하나님이 그 사람을 멸하시리라. 하나님의 성전은 거룩하니 너희도 그러하니라." 여기서 말하는 하나님의 성전은 자신의 몸 된 성전을 말하는 것입니다. 자신의 몸 된 성전이 더러워서 성령하나님의 역사가 일어나지 않으니 자신에게 부과되고 있는 문제가 점점 더 강해지는 것입니다. 하나님은 사도행전 17장 24절에서 "우주와 그 가운데 있는 만물을 지으신 하나님께서는 천지의 주재시니 손으로 지은 전에 계시지 아니하시고" 분명하게 사람의 손으로 지은 전에 계시지 않는 다고 말씀하십니다. 우리 하나님은 우리의 몸인 성전에 계십니다. 그래서 하나님을 섬기면서 믿음 생활을 하는 성도는 하나님의 종입니다. 반대로 하나님과 동행하기 위하여 믿음 생활하는 성도는 하나님의 자녀입니다.

우리는 바르고 정확하게 알고 믿음 생활을 해야 합니다. 막연하게 알고 믿음 생활하면 낭패를 당합니다. 그래서 저는 우리 성도들에게 이렇게 말합니다. 하나님을 섬기기 위하여 믿음 생활하지 말고, 하나님과 동행하기 위하여 믿음생활을 하라고 합니다. 하나님은 사도행전 17장 24-25절에서 "우주와 그 가운데 있는 만물을 지으신 하나님께서는 천지의 주재시니 손으로 지은 전에 계시지 아니하시고, 또 무엇이 부족한 것처럼, 사람의 손으로 섬김을 받으시는 것이 아니니, 이는 만민에게 생명과 호흡과 만물을 친히 주시는 이심이라" 하나님은 사람의 손으로 섬김을 받지 않는 분입니다. 하나님은 예수님을 믿는 자들에게 생명과 호흡과 만물을 친히 주시는 하님이십니다. 생명을 주시는 하나님에 대해 잘못알고 하나님을 섬기려니 보이는 교회를 찾는 것입니다. 하나님께서 보이는 예배당에 계신다고 믿기 때문입니다.

그러나 실상은 보이지 않는 자신 안에 거하십니다. 자신 안에 임재 하여 계시는 하나님과 친해지려면 자신 안에 계신 하나님을 주인으로 모시면서 관심을 가져야 합니다. 그래야 하나님과 동행할 수가 있는 것입니다. 하나님과 동행하면서 믿음생활을 하면 하나님의 역사로 세상에서 삶이 평안해지는 것입니다. 하나님의 역사로 마귀가 덤비지 못하기 때문입니다.

둘째, 하나님과 동행하기 위해서 믿음 생활을 하는 성도가 있

다. 세상에는 하나님과 동행하면서 믿음 생활을 하는 성도들이 많습니다. 하나님과 동행을 한다는 것은 하나님과 뜻이 동일하다는 것입니다. 하나님과 생각이 동일하다는 것입니다. 하나님과 의지가 동일하다는 것입니다. 영이신 하나님과 24시간 교통한다는 것입니다. 하나님과 24시간 교통한다는 것은 무시로 기도한다는 것입니다. 하나님이 말씀하시는 "항상 기뻐하라. 쉬지 말고 기도하라. 범사에 감사하라"가 지속적으로 이루어지고 있다는 것입니다. 순간순간 하나님의 음성을 듣고 순종한다는 것입니다. 요셉이 보디발 장군의 집에서 머슴을 살 때도 함께 동행하셨습니다. 성경은 창세기 39장 2절에서 "여호와께서 요셉과 함께 하시므로 그가 형통한 자가 되어 그의 주인 애굽 사람의 집에 있으니"라고 말씀하십니다.

하나님이 요셉과 동행하니 보디발의 집이 잘됩니다. 하나님이 책을 읽는 당신과 함께하니 매사가 형통한 것과 마찬가지입니다. 그리고 창세기 39장 23절은 "간수장은 그의 손에 맡긴 것은 무엇이든지 살펴보지 아니하였으니 이는 여호와께서 요셉과 함께 하심이라 여호와께서 그를 범사에 형통하게 하셨더라" 심지어 요셉이 감옥에 들어갔어도 하나님께서 요셉과 함께 하시니 감옥이 잘됩니다. 하나님께서 요셉과 동행한 것은 요셉이 하나님의 마음에 합했기 때문입니다.

모세는 출애굽기 34장 9절에서 이렇게 기도합니다. "이르되 주여 내가 주께 은총을 입었거든 원하건대 주는 우리와 동행하옵소서, 이는 목이 뻣뻣한 백성이니이다. 우리의 악과 죄를 사하시고 우리를 주의 기업으로 삼으소서" 하나님께서 모세의 기도를 들어주시어 모세와 동행합니다. 모세가 기도하는 것마다 응답하여 주십니다. 홍해에 길을 내주시고, 마라의 쓴물을 달게 하시고, 반석에서 물을 내시고, 불 뱀에 물려 백성들이 죽어갈 때, 놋 뱀을 만들어 장대에 달게 하여 쳐다보는 자마다 살게 하십니다.

민수기 12장 3절에 "이 사람 모세는 온유함이 지면의 모든 사람보다 더하더라" 하나님께서 인정한 사람이 모세입니다. 모세는 하나님과 동행하며 대면한 사람입니다. "그 후에는 이스라엘에 모세와 같은 선지자가 일어나지 못하였나니 모세는 여호와께서 대면하여 아시던 자요"(신 34:10). 우리도 하나님과 대면하면서 살아가려면 하나님과 동행해야 합니다. 모세는 달랐습니다.

민수기 12장 8절로 10절에 보면 "그와는 내가 대면하여 명백히 말하고 은밀한 말로 하지 아니하며 그는 또 여호와의 형상을 보거늘 너희가 어찌하여 내 종 모세 비방하기를 두려워하지 아니하느냐, 여호와께서 그들을 향하여 진노하시고 떠나시매, 구름이 장막 위에서 떠나갔고 미리암은 나병에 걸려 눈과 같더라. 아론이 미리암을 본즉 나병에 걸렸는지라" 우리도 모세와 같이 하나님과 동행하면서 대면하는 영성이 되어야 합니다.

하나님과 동행하면 기적은 우리 안에 있습니다. 하나님을 주인으로 모시고 동행할 때 하나님의 생명이 우리 안에 역사하는 것입니다. 하나님과 동행하면 하나님만이 하실 수 있는 일이 우리 삶에 이루어집니다. 한마디로 기적을 체험한다는 것입니다. 하나님께서 성령으로 감동하실 때 순종하면 기적을 체험하는 것입니다. 그런데 아무리 입으로 주여!를 일 년 내내 외쳐도 하나님만이 하실 수 있는 일이 우리 삶에 이루어 지지 않는 다면 하나님의 생명이 끊어진 죽은 자에 지나지 않습니다. 빨리 원인을 찾아 해결해야 합니다. 우리는 기적을 바라고 찬양도 하지만, 그 기적이 우리 삶에 실제로 이루어지리라고 기대하지 않습니다. 그래서 뜨겁게 기도하면서도 금방 불평하고 낙심하는 자리에 갑니다. 우리는 늘 하나님의 기적을 체험하며 살아가는 자가 되어야 합니다. 기적은 사소한 일상에서 일어나며 말씀과 성령으로 깨어있는 자는 볼 수 있습니다. 하나님과 동행하려면 우리들을 향하신 하나님의 생각을 알아내기를 열망해야 합니다.

우리는 자기 자신의 생각을 하나님이 알아주시고 이루어 주시길 바라는 데 익숙해 있습니다. 그렇게 되면 우리의 신앙은 자라나지 않습니다. 우리는 하나님의 생각을 알길 열망하고 하나님의 생각대로 행동하려고 결단해야 합니다. 하나님과 동행하는 성도는 하나님의 생각을 알길 열망해야 하고, 하나님의 생각을 따라 순종해야 합니다.

하나님이 무엇을 기뻐하시는지에 초점을 두어야 합니다. 자신의 생각을 붙잡는 자는 자기를 기쁘게 하는데 초점을 두고, 하나님의 생각을 붙잡는 자는 하나님이 기뻐하시는 데에 초점을 둡니다. 하나님은 하나님을 섬기려고 하는 종교의식을 기뻐하지 아니하십니다. "주께서는 제사를 기뻐하지 아니하시나니 그렇지 아니하면 내가 드렸을 것이라 주는 번제를 기뻐하지 아니하시나이다. 하나님께서 구하시는 제사는 상한 심령이라 하나님이

여 상하고 통회하는 마음을 주께서 멸시하지 아니하시리이다"(시 51:16). 하나님과 동행하려면 하나님의 음성을 들어야 하며, 또 하나님의 음성 듣길 열망해야 합니다. 하나님의 음성을 들으려면 하나님께 끊임없이 질문해야 합니다. 우리가 하나님의 음성을 듣지 못하기 때문에 자기방식대로 하나님을 사랑하며 하나님을 섬기는 것입니다.

하나님과 동해하려면 하나님을 알길 열망해야 합니다. 하나님의 길을 따라가야 합니다. 성령의 인도를 받으라는 말입니다. 그래서 늘 성경을 가까이 하고 성경을 볼 때에도 하나님의 관점에서 하나님이 무엇을 말씀하시고자 하는 지에 초점을 두어야 합니다. 하나님의 뜻대로 행하는 것이 의무가 아니라, 하나님과 교통하는 것이 즐거움이 되어야 하나님과 동행합니다.

셋째, 하나님과 동행하는 믿음 생활을 하기 위해서 어떻게 해야 합니까? 에녹과 같은 삶을 살아야 합니다. 창세기 5장 24절에서 "에녹이 하나님과 동행하더니 하나님이 그를 데려가시므로 세상에 있지 아니하였더라" 에녹은 도덕적 능력이 매우 약한 부패한 세대에 살았습니다. 그의 주위는 더러움이 만연하였으나 그는 하나님과 더불어 동행하였습니다.

에녹은 마음을 하나님께 바치도록 교육받았기 때문에 순결하고 거룩한 사물들을 생각하였습니다. 그러므로 에녹은 거룩하고 신령한 사물에 관하여 이야기하였습니다. 에녹은 하나님의 동료가 되었습니다. 에녹은 하나님과 동행하였으며 그의 권면을 받았습니다. 에녹은 우리와 마찬가지로 우리가 만나는 동일한 시험들과 더불어 싸우지 않으면 안 되었습니다.

에녹을 둘러쌌던 사회는 현재 우리를 둘러싸고 있는 사회보다 더 의롭지 못하였습니다. 에녹이 숨을 쉬는 분위기는 우리의 분위기와 마찬가지로 죄와 부패로 더럽혀져 있었습니다. 그러나 에녹은 그가 살았던 세대의 만연된 죄로 인하여 더럽혀지지 않았습니다. 그러므로 우리도 충실한 에녹이 행한 것처럼, 순결하고 부패되지 않은 채 남아 있을 수 있습니다. 그것은 성령의 인도를 받는 것입니다.

우리가 성령의 인도함을 받기 위해서는. 성령 안에서 기도하고, 성령 안에서 찬송하며, 성령 안에서 봉사하고, 성령 안에서 치유하며, 성령 안에서 사는 법을 배워야 합니다(빌3:3).

먼저, 성령 안에서 기도하는 생활을 통하여 성령의 인도를 받아야 합니다. 기도는 영혼의 호흡이요, 하나님과의 대화라 합니다. 이것은 가장 깊숙한 곳에 거하는 영의 흐름이 외부적으로 흘러나오는 것입니다. 영력이 흘러나오고 영적 생명이 흘러나옴으로 영에 몰입됨으로 인하여 성령 안에서 기도할 수 있게 되는 것입니다. 영력은 우리 몸의 지성소인 영속에 임재 하여 계시는 하나님의 능력입니다. 우리가 지성소에 계시는 하나님을 만나기 위해서는 성령의 인도를 받는 깊은 영의 기도가 되어야합니다.

이 기도를 통하여 하나님으로부터 주어지는 각종 은혜와 능력과 응답을 받게 됩니다. 이러한 기도를 통하여 하나님으로부터 주어지는 생명이 우리의 심령을 거룩하게 만들어가고, 영적인 생명과 능력을 키워 나가는 것입니다. 열매가 맺어지고 영적인 지각이 예민해지고 영성이 개발되어집니다.

그러므로 성령 안에서 기도하는 훈련이 필요합니다. 우리의 간구는 마음의 소원이나 원하는 바를 구함으로 성령 안에서 기도하기가 심히 어렵습니다. 그러나 영으로 기도하고 마음으로 기도하면 성령 안에서 기도하기가 쉬워집니다. 성령에 몰입되어 아무런 자신의 생각이나 욕심도 없이 오로지 하나님으로부터 주어지는 것을 받게 되는 기회가 되기 때문에 영으로부터 주어지는 각종 은혜와 능력과 은사가 넘치게 됩니다.

영적인 기능과 지각이 발달됨으로 성령의 인도함을 따르는 성도가 됩니다. 성령 안에서 기도하기 위하여 성전 뜰에서 먼저 육신의 생각으로 기도하지만, 시간이 흐르고 마음이 안정이 되고, 생각이 주님의 사랑과 말씀을 묵상하면서 진지하고 순전한 마음으로 하나님의 성소에서 깊어지는 영의기도를 하게 됩니다.

그리고 영으로 사는 삶을 통하여 성령의 인도를 받아야 합니다. 하나님은 데살로니가 전서 5장 17-18절에서 "항상 기뻐하라. 쉬지 말고 기도하라. 범사에 감사하라 이는 그리스도 예수 안에서 너희를 향하신 하나님의 뜻이니라." 고 말씀하십니다. 항상 영의 상태가 되게 하라는 것입니다. 영의 상태가 되어야 영이신 하나님과 동행하며, 교통하기 때문입니다. 항상 영이신 하나님과 동행하며 대면하는 성도가 영에 속한 성도입니다.

4부 영의 성도가 되었다는 증거는 무엇

16장 성령으로 기도하는 성도

(엡6:18~19)"모든 기도와 간구를 하되 항상 성령 안에서 기도하고 이를 위하여 깨어 구하기를 항상 힘쓰며 여러 성도를 위하여 구하라. 또 나를 위하여 구할 것은 내게 말씀을 주사 나로 입을 열어 복음의 비밀을 담대히 알리게 하옵소서 할 것이니,"

영의 사람으로 살아가려면 성령님과 동행하며 기도를 바르게 할 줄 알아야 합니다. 성령으로 하는 기도가 바른 기도입니다. 많은 분들이 기도는 평상시에 하기 때문에 대수롭지 않게 생각을 하고 정확하게 배우려고 하지를 않습니다. 영의 사람으로 살아가려면 예수님과 동행하며 성령으로 기도해야 순간순간 말씀하시는 하나님의 음성을 들을 수가 있습니다. 하나님은 예수를 믿고 성령으로 거듭난 우리에게 성령 안에서 기도하라고 하십니다. 제가 그동안 성령치유 사역을 하다가 체험한 것은 성도들의 기도가 바르지 못하다는 것입니다. 기도가 바르지 못하니 성령의 인도를 받지 못하여 영적으로 변화되지 못하는 것입니다. 기도는 많이 하고 열심 있는 신앙생활을 하는데 여전하게 육적인 신앙에 머무르는 것입니다. 기도는 많이 하는 데 자신이 변화되지 못하고 영육의 문제가 치유되지 못한다는 것입니다. 자신이 먼저 치유되어야 영의 사람으로 변화될 수가 있습니다.

　기도가 바르지 못하면 믿음 생활의 모든 부분이 잘못되는 것입니다. 우리나라 성도들의 영적인 열심은 알아주지 않습니까? 그런데 변화되지 못하고, 성령으로 충만하지 못하고, 성령의 권능을 받지 못하고, 삶이 바뀌지 않는 것은 기도가 잘못되었기 때문입니다. 기도를 바르게 하면 성령의 인도를 받아 전인격이 변화되기 시작을 합니다. 성도가 하나님의 복을 받는 것은 전인격이 성령의 지배를 받아야 가능한 것입니다. 기도가 바뀌어야 합니다. 무조건 많이 한다고 잘하는 기도가 아닙니다. 성령으로 바르게 해야 합니다.

　그래서 성도가 신앙생활 하는 가운데, 가장 어려운 것 한 가지가 바로 기도입니다. 기도하는 습관이 되지 않으면 기도생활을 꾸준히 지속적으로 해 나가는 것이 얼마나 어려운 가를 우리는 경험하며 살아가고 있습니다. 기도는 기본이 있습니다. 기도의 기본을 적용하지 않고 기도함으로 아무리 열심히 그리고 오래 기도를 해도 참 평안을 누리지 못하는 것입니다. 예수를 믿는 성도가 하는 기도는 세상 사람들이 하는 기도와 다릅니다.

　하나님은 예수를 믿고 성령으로 거듭난 우리에게 성령 안에서 기도하라고 하십니다. 바른 기도의 습관이 하나님과 바른 관계를 여는 것입니다. 기도는 참으로 중요한 것입니다. 그래서 크리스천이 제일 먼저 해야 할 것이 자신의 기도를 클리닉하는 것입니다. 우리가 신앙생활 하는 가운데, 가장 어려운 것 한 가지가 바로 기도이기 때문입니다. 성령으로 기도하는 습관이 되지 않으면 기도생활을 꾸준히 지속적으로 해 나가는 것이 얼마나 어려운 가를 우리는 경험하며 살아가고 있습니다. 기도는 기본이 있습니다. 기도의 기본을 적용하지 않고 기도함으로 아무리 열심히 그리고 오래 기도를 해도 참 평안을 누리지 못하는 것입니다.

성령으로 기도를 하되 숨을 쉬는 것과 같이 기도해야 합니다. 사람이 숨을 쉬지 않으면 죽습니다. 마찬가지로 하나님의 자녀가 기도하지 않으면 죽습니다. 기도는 영혼의 호흡이라고 했습니다. 시편은 "호흡이 있는 자마다 여호와를 찬양할지어다. 할렐루야(시 150:6)" 말씀하십니다. 우리 크리스천들은 기도를 하되 성령으로 숨을 쉬는 것과 같이 해야 합니다. 숨을 쉬는 것과 같이 하나님을 찾는 것입니다. 이는 습관이 되어야 합니다. 생명이 있는 사람이라면 저녁에 잠을 자면서도 숨을 쉽니다. 코를 골면서 자는 사람도 있습니다. 이는 자면서도 숨을 쉰다는 증거입니다. 이와 같이 예수를 믿어 성령으로 거듭난 성도는 숨을 쉬는 것과 같이 성령으로 기도해야 합니다.

우리는 기도를 바르게 알아야 합니다. 기도는 하나님과 사귀는 것입니다. 하나님과 가까이 하는 것입니다. 하나님과 함께 시간을 보내는 적극적인 행위입니다. 하나님과 사랑을 나누는 시간입니다. 하나님의 음성을 듣는 시간입니다. 하나님께 사랑을 고백하고 감사하는 시간입니다. 하나님의 눈으로 자신을 보는 시간입니다. 자신 안의 성전을 견고하게 세우는 시간입니다. 자신의 영혼에 성령으로 충만하게 채워서 마음의 안에 성전을 깨끗하게 하는 시간입니다. 우리의 삶에서 가장 깨어있는 시간, 하나님의 소리를 듣는 시간입니다. 자신을 영-혼-육을 치료하는 시간입니다. 세상에서 받은 스트레스를 정화하는 시간입니다. 예수를 믿는 성도가 하는 기도는 세상 사람들이 하는 기도와 다릅니다. 자신이 매일 철야하며 새벽기도를 해도 영육이 변화되지 않고, 환경이 어려운 것은 세상적인 기도를 하기 때문입니다. 예수를 믿는 성도가 하는 기도는 다음과 같은 원칙을 가지고 해야 합니다.

첫째, 성령 안에서 기도하라. 기도를 할 때에 자신의 생각이나 머리에서 나온 지식이나 언어구사를 잘하려고 하는 생각, 즉 자신의 육성으로 기도하지 말라는 것입니다. 전인격이 성령의 지배하에 성령의 의지를 따라서 기도하라는 것입니다. 바른 기도 생활을 위해서 '좋은 기도의 습관'이 중요하긴 하지만 그 보다 더 중요한 것이 있습니다. 그것은 바로 기도의 영을 받아 가지고 있는 겁니다. 우리가 새벽기도를 생각해볼 때 우리가 항상 새벽에 그 시간에만 살아가는 것이 아니지 않습니까? 우리가 예배당 안에서만 살고 있지는 않지 않습니까? 우리가 가정에서나 직장에서나 세상에서 살아갈 때 우리 앞에 다양하게 펼쳐지고, 우리에게 다가오는 그런 도전과 문제, 그 어려운 상황 속에서 우리의 기도가 정해진 기도의 제목만으로는 우리 삶을 다 감당하지 못해요. 그래서 좋은 기도의 습관을 갖는 것도 중요하지만, 우리가 기도의 영을 가져서 성령 안에서 기도하는 것 그것은 더욱 중요합니다.

마치 내 영이 기도의 영이신 성령 안에 푹 잠겨 있는 것처럼 내가 하루 24시간 어디에서 무엇을 하고 있든지 하나님과 끊임없는 교통가운데서 내 삶이 진행되는 것, 그것이 바로 기도의 영을 가지는 것인데, 이것이 바로 기도생활의 이상이라고 할 수 있습니다. 그래서 하나님 말씀은 우리에게 '성령 안에서 기도하라' '성령으로 기도하라'라는 말씀을 여러 번 당부하십니다. 그 중 한 곳인 에베소서 6장 18절을 같이 읽겠습니다. "모든 기도와 간구를 하되 항상 성령 안에서 기도하고 이를 위하여, 깨어 구하기를 항상 힘쓰며, 여러 성도를 위하여 구하라" 과거 개역에는 '무시로 성령 안에서 기도하라'고 했는데, '무시로'란 항상 이란 뜻입니다. 영어로 always 또는 all times입니다. 그렇다면 어떻게 기도하는 것이 '성령 안에서 기도'하는 것일까요? '성령 안에서 기도한다'는 의미는, "성령의 영성과, 성령의 지성과, 성령의 감성을 따라서 기도하는 것이다" 라고 말할 수 있습니다. 또, 성령의 임재 가운데 기도하는 것입니다. 성령께서 주시는 생각으로 기도하라는 것입니다.

실제적으로 성경에 보면, 성령께서 우리를 위하여 말할 수 없는 탄식으로, 성령의 생각이 삼위일체 하나님과 합치된 상태에서 우리 안에 와계신 성령께서 우리를 위하여 계속 기도하고 계십니다. "이와 같이 성령도 우리의 연약함을 도우시나니, 우리는 마땅히 기도할 바를 알지 못하나 오직 성령이 말할 수 없는 탄식으로 우리를 위하여 친히 간구하시느니라. 마음을 살피시는 이가 성령의 생각을 아시나니 이는 성령이 하나님의 뜻대로 성도를 위하여 간구하심이니라(롬8:26~27).”

'성령 안에서 기도하라'는 엡6장 18절의 말씀을 실행 할 수 있는 그 약속이, 이 로마서 말씀에 주어져 있습니다. 로마서 8장 26~27절속에는, 성령의 [영성] [지성] [감성]이 나타나 있어요. 성령의 영성은 무엇과 같은가요? 어머니의 영성과 같지요. 어머니는 자녀들을 한없는 사랑으로 용납해주고 품어줍니다. 그러한 것처럼 성령은 포근한 영성, 온유하신 영성, 인자하신 영성으로서 마치 어머니가 자식을 위해 기도하듯이, 성령께서 우리를 위하여 기도하고 계신다는 거예요. 우리는 무엇을 위하여 기도하는지도 모르고, 우리 앞에 어떤 일이 일어날지도 모릅니다.

그렇기 때문에 성령께서 '우리를 위하여 마땅히 무엇을 위해서 기도할지 모르지만, 우리를 위하여 앞서 기도'하고 계신다는 것입니다. 성령의 영성이 그러하단 것입니다. 또 성령의 영성은, 성령은 지성을 가진 인격체이셔서 우리를 위해서 기도 할 바를 명확하게 인지하시고, 그리고 그 생각을 갖고 기도하고 계십니다. 롬8장 27절 말씀에 성령은 지성을 지니신 분이시다. 라는 것을 보여주는 한 표현이 있습니다. '마음을 살피시는 이가 성령의 생각을 아시나니' '성령의 생각'이라고 했습니다. 성령은 생각하신다. 즉, 지성을 지니신 분이십니다. 우리를 향하신 그 성령의 생각이 얼마나 많은지 시편 40편 5절에 이런 말씀이 나옵니다.

"여호와 나의 하나님이여 주의 행하신 기적이 많고 우리를 향하신 주의 생각도 많도소이다" 우리의 부모가 자녀를 위해서 기도하지 않습니까? 자녀에 대한 모든 사정을 헤아리고 살펴서 자녀를 위해서 기도합니다. 부모는 자녀를 위해서 기도하지만, 자녀는 부모를 그렇게 생각하지 않아요. 자기 인생이 바쁘기 때문에 내리 사랑을 해서 부모는 자녀를 위해서 그렇게 안타깝게 간절히 기도하지만, 자녀들은 그 부모에 대한 마음을 헤아리지 못합니다. 저도 자녀를 위해서 기도하면서 '이 아이들이, 부모인 내가 이렇게 하나님 앞에서 간절히 자기들을 위해 기도하는 것을 알고 지내기나 하나?' 그런 생각을 할 때가 있습니다.

마찬가지로 우리는 별로 하나님을 생각하지 못하고 살아가지만 성령께서 우리를 위하여, 해변의 모래보다 더 많으신 그 생각, 그 사랑의 생각을 가지고 우리를 위해서 기도하고 계십니다. 또한 성령은 감성을 지닌 분이십니다. 로마서 8장 26절 말씀에 성령의 감성을 보여주는 한 어구 한 표현이 있습니다. "말할 수 없는 탄식으로 우리를 위하여 기도하시는 성령님"이라고 했습니다.

성령은 감성을 가지고 계세요. 우리는 성령을 근심하게 할 수도 있고, 우리는 성령을 기쁘시게 도 할 수 있습니다. 성령이 인격적으로 우리를 대해주십니다. 이 말씀이 보여주는 바대로 성령님은 어머니와 같은 그런 넓으신 자애로우신 사랑의 영성을 지니셨고, 또한 성령은 생각을 가지신 지성을 지니신 인격체이시고, 성령은 우리를 위하여 말 할 수 없는 탄식으로 하나님 앞에서 기도하시는 감성을 지니신 분이십니다. 성령께서 우리 안에 오셔서 우리를 위해 그토록 기도하시는 그 성령의 영성과 지성과 감성을 따라 기도하는 것이 성령님 안에서 기도하는 것입니다.

둘째, 성령으로 기도하라. 성령께서 감동하시고 인도하시는 대로 기도하라는 것입니다. 우리에게 자의적인 기도를 하는 습관이 있습니다. 자의적인 기도란 내 생각대로, 내 욕심대로, 내 마음대로 기도하는 것을 말하는 것입니다. 성령으로 기도하라는 것은 내 영이 성령 안에 잠긴 것처럼 성령이 그 영성과 지성과 감성을 따라서 기도하는 것, 그것이 바로 우리가 지향하는 이상적인 성령으로 하는 기도입니다. 예를 들어서 설명 드립니다. 이미 세월이 지나서 다 잊어버리셨겠지만, 부모님들이 어린 자녀들을 키울 때, 자녀들이 막 글자를 깨우쳐 갈 나이일 때 글씨 쓰는 법을 가르쳐 주지 않습니까? 그때 어떻게 가르쳐 주셨어요? 아이가 글자를 삐뚤삐뚤 쓰니까 엄마나 아빠가 아이를 품안에 안고 아이의 작은 손을 내가 손으로 잡고 연필을 쥔 아이의 손을, 내가 붙잡아서 글자를 써갑니다. 마찬가지로 기도할 줄 모르는 우리들을 성령께서 안으시고 품으시고, 나의 작은 손을 그 권능의 손으로 붙드셔서 내게 기도하는 법을 가르쳐 주신다는 거예요. 부모가 어린자녀든 장성한 자녀든 자녀를 위해서 밤낮 기도하듯이 성령께서 우리에게 오셔서 나는 의식도 하지 못하는데, 나는 느끼지도 못하는 사이에 나를 위하여 말할 수 없는 탄식으로, 그 많으신 성령의 사랑의 생각을 갖고서, 하나님의 뜻에서 합치된 방향으로 나를 위하여 기도하고 계시는데 내가 그것을 깨닫고 성령의 인도를 따라 기도하는 것이 바로 성령 안에서 기도하는 것입니다.

그것이 그토록 중요한 이유는 우리가 성령 안에서 기도하게 되면, 우리가 중언부언 하는 기도는 하지 못하죠. 여전히 우리는 내 짧은 욕심이 들러붙은 그런 마음의 손을 가지고 기도를 하는데, 우리가 점차적으로 성령 안에서 변화를 받게 되면, 우리가 마음속에 품게 되는 소원과 우리가 하나님께 아뢰는 기도의 제목들이 하나님의 뜻에 합치되는 방향으로 내 그 기도가 바뀐다는 것입니다. "이와 같이 성령도 우리의 연약함을 도우시나니 우리는 마땅히 기도할 바를 알지 못하나 오직 성령이 말할 수 없는 탄식으로 우리를 위하여 친히 간구하시느니라." 우리의 기도가 성령 안에서 드려지게 되면 우리가 간구하는 것이 하나님의 뜻에 맞게 되니까 하나님께서 하나님의 뜻을 이루어주시지 않겠습니까?

로마서 8장 28절에 보면 "우리가 알거니와 하나님을 사랑하는자 곧 그 뜻대로 부르심을 입은 자들에게는 모든 것이 합력하여 선을 이루느니라." 하셨습니다. 우리 기도가 성령 안에서 드려지는 기도, 우리의 뜻이 하나님의 뜻에 합치되는 방향으로 변화 받게 되면, 우리가 기도하는 바를 하나님이 응답해 주실 뿐만 아니라, 우리에게 둘러싼 삶의 환경을 하나님께서 절대주관 가운데 품으시고, 붙드시고, 변경하시고, 조정하셔서 모든 것들을 합력하여 선을 이루게 해 주신다는 겁니다.

그러니까 로마서 8장 28절에 '성도의 모든 것을 합력하여 선을 이루신다'는 구절은, 문맥상 26절과 연결해서 해석할 때, 성령 안에서 기도하는 성도에게, 모든 것이 합력해서 선이 이루어진다는 뜻입니다. 즉 28절의 '성도의 모든 것이 합력해서 선을 이루는' 은총은 26절의 성령 안에서 기도하며 살아가는 자에게 주어지는 축복입니다. 시편 37편 4절 말씀에도 '또 여호와를 기뻐하라. 저가 내 마음의 소원을 이루어 주시리로다.'라고 하셨습니다.

우리 기도가 성령 안에서 기도하는 것으로 점차로 바뀌어서 우리가 성령 안에서 하나님을 기뻐하며 살아가게 될 때, 성령님께서 우리 마음속 안에 있는 모든 소원들을 아시고 헤아리시고 살피셔서, 우리로 하여금 하나님께 기도드려서 그 소원들을 다 이루게 해주시기 때문에 성령 안에서 기도하는 것이 그토록 중요합니다. 그런데 혹자는, '성령 안에서 기도 한다.'는 것은 방언기도 하는 것을 뜻한다고 하여 성령 안에서 기도와 방언기도를 동일시합니다. 저는 부분적으로는 맞는다고 생각해요. 그러나 다 맞는 것은 아니고, 부분적으로 맞습니다. 성령께서 우리에게 방언의 은사를 주시면, 그 사람은 그 방언기도를 하는 가운데 성령 안에서 기도하게 됩니다. 성령의 영성과 지성과 감성에 내가 편입되어서 내가 그 의미를 다 모르고 기도하는 사이에도 내가 성령 안에서 기도하는 것으로, 나의 기도가 바뀔 수가 있어요. 그래서 방언기도는 귀중한 은사입니다.

그런데 '성령 안에서 기도하는 것'을 [방언기도]로 한정해 놓으면, 그런데 진정 하나님 안에 구원받은 하나님 자녀들 가운데서도 아직 방언기도를 하지 않는 사람들도 많습니다. 방언이라는 것은 은사입니다. 은사는 다양하게 모든 사람에게 주어지는 것이지, 한 은사를 모든 그리스도인에게 나누어 주시는 것은 은사가 아니예요. 내가 비록 방언의 은사를 받지 못했지만, 남이 가지고 있지 않은 은사가 나에게 주어집니다. 섬김의 은사, 구제의 은사, 가르침의 은사, 예언의 은사, 병 고침의 은사 등, 방언의 은사 말고도 더 많은 은사들이 있습니다. 그런데 '성령 안에서 기도하는 것'을 방언기도로만 한정해놓으면, 방언기도를 하지 않는 다른 그리스도인은 성령 안에서 기도할 수 없는 것으로 되니까. 그것은 말이 안 되는 것이지요. 그러므로 방언은사를 받지 않은 많은 그리스도인들도, 성령 안에서 기도할 수 있습니다.

셋째, 성령으로 기도하는 방법. 기도에 대하여 바르게 알아야 합니다. 많은 성도들이 문제가 있으면 무조건 기도하면 문제가 풀어지는 줄로 알고 있습니다. 그래서 무조건 기도하라고 합니다. 그렇지 않습니다. 기도는 하나님의 음성을 듣는 것입니다. 문제의 원인에 대하여 하나님께 질문하여 하나님께서 알려주시는 것을 해결하면서 기도해야 합니다. 예를 든다면 회개라든가, 용서라든가, 하나님께서 알려주시는 레마를 받아 순종하며 기도해야 문제가 풀어지는 것입니다. 막연하게 문제를 해결하여 주시옵소서. 하며 기도하면 문제가 해결되지 않습니다. 반드시 하나님에 알려주시는 해결 방법을 적용하여 해결하면서 기도해야 문제가 풀어지는 것입니다. 성도들이 바르게 알아야 할 것은 자신이 당하는 문제는 하나님의 문제라는 것을 믿어야 합니다. 그래서 자신에게 일어나는 문제는 하나님이 해결해야 합니다. 왜냐하면 자신은 예수를 믿을 때 죽었습니다. 다시 예수로 태어났습니다. 지금 예수 인생을 사는 것입니다. 그렇기 때문에 성령으로 기도하여 영의 상태가 되면 하나님께 해결 방법을 질문하여 응답받은 대로 조치를 해야 문제가 해결되는 것입니다. 그렇기 때문에 문제를 해결하려면 기도하지 않으면 안 되는 것입니다. 성령으로 기도하여 영의 상태가 되어야 내적인 상처도 치유되고, 귀신도 떠나가고, 병도 고쳐지고, 문제도 해결되고, 하나님의 음성도 들을 수가 있는 것입니다.

성령으로 기도하는 것은 성령의 임재가운데 성령 안에서 기도하는 것을 말합니다. 마음으로 기도하여 마음의 문이 열려야 영으로 기도하게 되는 것입니다. 영으로 기도하는 것이 성령으로 기도하는 것입니다. 그렇기 때문에 먼저 마음의 기도로 마음의 문을 열어야 영으로 기도할 수가 있는 것입니다. 성령으로 기도하는 비결은 이렇습니다. 숨을 들이 쉬고 내 쉬면서 주여! 숨을 들이 쉬고 내 쉬면서 주여! 숨을 들이 쉬고 내 쉬면서 주여! 자연스럽게 주여! 주여! 를 하면 되는 것입니다. 방언으로 기도할 줄 아는 분들은 호흡을 들이쉬고 내쉬면서 방언기도하고, 호흡을 들이쉬고 내쉬면서 방언기도를 합니다. 즉 내면의 활동이 강화되어 자신의 마음속 영 안에 계신 성령이 밖으로 나오시게 해야 합니다. 코로는 바람을 들이쉬고 배꼽 아랫배로 호흡을 하는 것입니다. 호흡을 들이쉬고 내쉬면서 주여! 주여! 주여! 하다가 성령께서 감동을 주시는 것이 있습니다.

예를 든다면 "자녀를 위하여 기도하라!" 하실 수도 있습니다. 그러면 자녀를 위하여 기도하는 것입니다. 자녀에게 문제가 있는 것도 할 수가 있습니다. 자녀에게 바라는 것이 있으면 그것을 기도해도 좋습니다. 기도를 마치고 다시 주여! 주여! 주여! 하면서 기도를 합니다. 다시 성령께서 너의 물질문제를 기도하라고 하실 수도 있습니다. 물질문제를 기도합니다. 물질문제가 어떻게 해서 생겼는지 하나님에게 질문하며 기도합니다. 죄악으로 인한 것이라면 회개를 합니다. 회개하고 죄악을 타고 들어온 귀신을 축귀합니다. "예수 이름으로 명하노니 선조들의 죄를 따라 들어와 물질 고통을 주는 귀신아 물러가라" 소리는 크지 않아도 됩니다. 성령이 충만한 상태이므로 귀신들이 잘 떠나갑니다. 다시 다른 기도를 위하여 주여! 주여! 주여! 하면서 기도를 합니다.

그러면 성령께서 다시 감동을 합니다. 너의 건강을 위하여 기도하라! 그러면 자신의 건강을 위하여 기도합니다. 기도하면서 하나님에게 질문을 합니다. 하나님! 저의 어느 부분이 문제가 있습니까? 하면서 기도하여 조치를 취하면 됩니다. 무엇을 결정해야 할 경우는 어느 정도 기도하여 성령으로 충만한 상태가 되면 지속적으로 문의 하는 것입니다. 이것을 어떻게 해야 합니까? 이것을 어떻게 해야 합니까? 이것을 어떻게 해야 합니까? 지속적으로 질문을 하면 문득 떠오르는 생각이 있습니다. 이것이 하나님의 방법입니다. 이것을 해결하면 치유가 되는 것입니다. 이것이 성령으로 기도하는 것입니다. 어려울 것이 없습니다.

자신의 생각이나 욕심을 내려놓고 순수하게 성령을 따라 기도하는 것입니다. 보통 성도님들이 하시는 말씀대로 기도분량이 채워지니까 성령께서 알려주신 것입니다. 기도분량이 채워졌다는 것은 성령님이 역사하실 수 있는 영적인 상태가 되었다는 것입니다. 절대로 성령은 육의 상태에서 응답을 주시지 못합니다.

반드시 성령으로 충만한 영의 상태가 되어야 레마를 들려주십니다. 그러므로 영의 상태가 되도록 성령으로 깊은 영의기도를 해야 합니다. 영의 상태에서 하나하나 감동이나 음성으로 알려주시는 것입니다. 기도의 성공요소는 영의 상태에 들어가는 것입니다. 영의상태에서 성령님과 교통할 수가 있기 때문입니다.

필자는 아침과 잠자리에 들기 전에 각각 한두 시간 기도하는 것을 습관으로 들이고 있지만 그게 전부가 아닙니다. 낮에도 틈만 나면 기도를 시도합니다. 자동차 안이든, 집이든, 걷기를 하든, 공원의 벤치이든 상관하지 않습니다. 눈을 뜨고 기도할 때도 많습니다.

그래서 하루 종일 기도하며 하나님의 영으로 채우려고 노력을 합니다. 물론 아직까지 기도의 달인의 경지에 도달했다고 할 수 없지만, 적어도 기도의 달인이 되려고 애쓰고 노력하고 있는 것은 분명합니다. 쉼 없는 기도에 도달하려면 성령이 내주하시는 기쁨과 평안을 누려야 가능합니다.

성령이 내주하시면 자신의 의지가 아니라, 성령의 이끌림에 따라 기도에 몰입하게 됩니다. 물론 이 때의 기도는 응답을 바라는 기도목록의 나열이 아니라, 하나님의 이름을 찾고 부르며 그 분의 내주를 갈망하고 찬양하고 감사하는 기도가 대부분입니다.

17장 마음 안의 영을 강하게 하는 성도

(잠4:23) "모든 지킬 만한 것 중에 더욱 네 마음을 지키라 생명의 근원이 이에서 남이니라"

영적인 성도가 되려면 마음 안에 좌정하고 계시는 하나님으로부터 영적인 능력이 흘러 나와야 가능한 것입니다. 하나님은 예수를 영접한 사람의 마음 안에 임재 하여 계십니다. 많은 성도들이 성경에 나오는 교회가 유형 교회인 것으로 알고 있는 경우가 많습니다. 성경에 기록된 교회는 물론 유형교회를 말하고 알고 있지만, 성경에 기록된 교회는 대부분 예수님을 주인으로 모신 성도들을 말하는 것입니다. 사람들은 하나님께서 유형 교회 건물 안에나 성당 안에 혹은 기도원에 혹은 가톨릭 교인들이 말하는 피정의 집에 계신다고 말합니다. 실상은 인간이 지은 어떤 형태의 건물이든 그 건물 안에 하나님은 계시지 않습니다.

하나님은 바로 인간의 마음속에 거하시는 것입니다. 마음에 하나님을 주인으로 모시지 않은 사람들이 아무리 화려하게 지은 예배당에 모여도 그곳에는 하나님은 계시지 않습니다. 하나님은 영과 진리로 예배드리는 사람을 찾고, 그런 성도의 마음속에 주인으로 계시는 것입니다.

인간적인 사람들의 관심은 눈에 보이는 성전 건물입니다. 성전은 하나님의 임재를 나타냈으나 더 이상 백성들은 성전을 통해 하나님의 영광을 보지 못했습니다. 이 시대는 성전 용어보다 교회 예배당이란 말이 합당합니다. "충만한 교회 예배당" 건물로서의 성전은 더 이상 없습니다. 성경은 이제 주님을 모신 우리의 몸이 성전이라 합니다. "너희가 하나님의 성전인 것과 하나님의 성령이 너희 안에 거하시는 것을 알지 못하느뇨(고전3:16)" 우리의 관심은 어디에 있습니까? 웅장하고 화려한 건물입니까? 참 성전이신 예수님을 마음의 주인으로 모시는 믿음의 일입니까? 우리의 관심과 열정은 많은 이들의 심령에 예수생명이 불길처럼 일어나게 하여 영의 사람으로 살아가야 합니다.

첫째, 하나님께서 떠난 우리의 마음. 창세기 1장 27절로 28절에 하나님이 자기 형상 곧 하나님의 형상대로 사람을 창조하시되 남자와 여자를 창조하시고 하나님이 그들에게 복을 주셨다고 말한 것입니다. 또 창세기 2장 7절에 "여호와 하나님이 땅의 흙으로 사람을 지으시고 생기를 그 코에 불어넣으시니 사람이 생령이 되니라"고 했습니다. 그런데 하나님은 성경에 보니 영이라고 말했지, 하나님이 육체라고 말하지 않았습니다. 그러므로 육체적인 아담과 하와가 하나님의 형상과 모양이 아니라, 아담과 하와의 마음이 하나님의 형상과 모양이요, 그 마음속에 하나님이 와서 거하시는 것인데, 아담과 하와의 마음이 불신앙과 불순종으로 하나님을 떠나 버리고 만 것입니다. 마귀의 말을 듣고 하나님을 반역하고 아담과 하와의 마음이 하나님을 떠나 버렸습니다. 그러자 하나님도 아담과 하와의 마음속에 거하지 아니하시고 떠나시게 된 것입니다.

창세기 2장 17절에 "선악을 알게 하는 나무의 열매는 먹지 말라 네가 먹는 날에는 반드시 죽으리라" 하셨습니다. 그들이 선악과를 따먹고 그 마음이 죽어서 마귀가 그 마음에 들어오자 하나님은 아담과 하와의 마음을 떠나 버린 것입니다. 타락한 아담과 하와 이후의 인류들은 마음속에 하나님을 모시지 못하고 공중에 권세 잡은 악령을 마음속에 갖고 산 것입니다. 사람의 마음은 영을 담는 그릇이기 때문에 성령이든, 악령이든 거하는 것입니다. 중간지대인 마음은 없습니다.

그래서 악령이 시키는 대로 불신앙과 불순종과 세속을 따라서 살았고 하나님을 멀리멀리 떠나 버리고 만 것입니다. 그러므로 사람에게 가장 중요한 것은 마음인 것입니다. 마음이 하나님을 떠나고, 마귀가 점령하자 공허하고 혼돈하며 흑암이 깊이 점령한 마음이 되고 만 것 입니다. 사람의 마음이 죄와 허무와 죽음의 황야가 되고 만 것입니다. 죄가 마음을 부패시키고 마음에 하나님 없으니 허무하기 짝이 없게 된 것입니다. 하나님이 계셔야 마음에 소망이 있고 기쁨이 있고 가치가 있을 것인데 이것을 다 잃어버리고 마음이 허무하게 되고 죽음의 광야가 꽉 들어찬 것입니다. 어디에서 와서 왜 살며 어디로 가는지를 마음은 알지 못하고 오직 죄와 허무와 죽음의 황야가 되고 만 것 입니다. 마음이 길을 잃고 방황하게 된 것입니다. 하나님은 방황하는 인간을 예수님을 보내셔서 구원하십니다.

둘째, 예수님의 은혜로 성전 회복. 하나님이 우리 마음을 변화시키기 위해서 보내신 분이 하나님의 아들 예수님인 것입니다. 우리 마음을 변화시킬 수 있는 유일한 분은 예수님 밖에 계시지 않습니다. 예수를 영접하면 성령께서 마음 안에 임재하시기 때문입니다. 예수님이 오셔서 십자가를 걸머지고 우리 옛사람을 십자가에 못 박아 버려 마음의 죄악을 청산하고 마음을 점령한 귀신을 성령으로 쫓아내고 청소하고 변화시켜 주셨습니다. 그렇기 때문에 십자가의 보혈을 통해서 우리는 새로 거듭날 수가 있는 것입니다. 성경은 "누구든지 그리스도 안에 있으면 새로운 피조물이라 이전 것은 지나갔으니 보라 새것이 되었다"고 말한 것입니다. 주님이 우리를 새것으로 만들기 위해서 이사야 53장 5절로 6절에 보면 "그가 찔림은 우리의 허물 때문이요 그가 상함은 우리의 죄악 때문이라 그가 징계를 받으므로 우리는 평화를 누리고 그가 채찍에 맞으므로 우리는 나음을 입었도다. 우리는 다 양 같아서 그릇 행하여 각기 제 길로 갔거늘 여호와께서는 우리 모두의 죄악을 그에게 담당 시키셨도다."라고 말한 것입니다.

예수님이 우리의 부패하고 부정하고 죽은 마음을 십자가에 걸머지시고 청산한 것입니다. 우리의 육체를 청산한 것이 아니라, 우리 죄악으로 물든 영혼을 청산한 것입니다. 그리고 변화시켜서 하나님의 형상과 모양대로 다시 새롭게 지음을 주신 것입니다. 십자가를 통해서만이 우리는 하나님의 형상과 모양으로 복구되고 새로운 피조물이 되는 것입니다. 십자가 없이 인간의 수양과 도덕으로 마음이 변화되지 않습니다. 아무리 자기 피부를 비눗물로 닦아도 황인종이 백인종이 되지 못하고, 흑인종이 황인종이 되지 못하는 것입니다. 마음이 그리스도의 보혈로 말미암아 변화되어야 참 새롭게 변화될 수가 있는 것입니다. 예수님은 보혈과 성령을 통하여 우리 마음을 점령하였던 마귀를 쫓아내고, 하나님과 화목케 하시고 보혈과 성령의 능력으로 우리를 새롭게 한 것입니다. 주님의 십자가의 보혈의 능력과 성령의 역사가 없이는 마귀는 쫓겨 나가지도 않습니다.

보혈과 성령의 역사가 일어나면 마귀는 마음에서 철수하는 것입니다. 보혈과 성령의 역사 없이 하나님과 우리 사이를 화목 시킬 수도 없습니다. 예수님의 보혈과 성령이 마귀를 청산해 버리고 쫓아내고 죄악을 씻어내고 우리 마음을 하나님과 화목 시키고 하나님이 또다시 우리 마음속에 와서 거하게 만들어 주시는 것입니다. 심령성전을 가꾸는 분은 성령입니다. 성령으로 기도할 때 성령께서 마음 성전을 정화하시는 것입니다.

셋째, 말씀과 성령으로 마음을 다스리는 자가 삶을 다스린다.
어떻게 하면 마음을 다스릴 수가 있을까요? 하나님의 마음은 우리 마음속에 성령을 통해서 오시는 것입니다. 하나님이 우리를 세상에서 부르신 것은 우리들을 통하여 하나님의 일을 하시려고 부르신 것입니다. 하나님은 성도들의 마음 안에 주인으로 거하시기 원하시는 것입니다. 우리는 성령으로 세례를 받고 성령으로 충만 받아 육체를 성전 만들어야 합니다. 성전 된 자신의 육체에 하나님 말씀을 성령으로 받아 드려서 마음을 다스려야 되는 것입니다. 그러므로 말씀을 우리가 듣고 말씀을 읽고 말씀을 묵상하는 것은 굉장히 좋습니다. 성령으로 마음을 다스리지 아니하면 말씀으로 다스리지 아니하면 마음은 절대로 다스려지지 않습니다. 말씀과 성령을 마음속에 항상 채워 놓아야 세상과 마귀가 마음에 들어오지 못합니다. 말씀과 성령의 충만을 등한이 하면 곧장 세상과 마귀가 들어와서 세상과 마귀의 생각을 집어 넣어서 마음을 흔들어 놓는 것입니다. 그러므로 하나님의 말씀이 마음을 변화시키는 것입니다. 그러므로 마음으로 늘 하나님을 찾아야 합니다.

자신 안에서 성령의 역사가 일어나지 않으면 자신을 성전으로 가꿀 수가 없습니다. 이성과 육체에 마귀와 귀신이 거할 수가 있기 때문입니다. 마귀는 사람의 힘으로 어찌할 수 없는 강한자입니다. 반드시 성령의 역사가 일어나야 마귀와 귀신이 떠나가는 것입니다. 심령에서 성령이 사로잡아야 몸 된 성전이 정화되고 거룩하게 되어 하나님께서 마음대로 역사하실 수가 있습니다. 마음은 성령의 불로 충만한 믿음으로 다스려야 되는 것입니다. 믿음은 들음에서 나며 들음은 그리스도의 말씀으로 말미암는 것입니다. 하나님의 말씀을 믿는 것입니다. 눈에는 아무 증거 안보이고 귀에는 아무 소리 안 들리고 손에는 잡히는 것 없더라도 하나님의 말씀을 믿고 흔들리지 말아야 마음을 다스릴 수 있는 것입니다. 하나님의 은혜로 주신 약속을 우리는 믿어야 되는 것입니다. 믿으면 그 믿음을 통해서 마음을 다스리고 그 마음이 하나님의 역사를 나타낼 수가 있는 것입니다.

열두 해를 혈루병을 앓은 여인을 보십시오. 그가 하나님을 알지 못할 때는 마음을 다스릴 수가 없었습니다. 마음이 불안하고 초조하고 절망이었습니다. "나는 못산다. 나는 할 수 없다. 나는 죽는다"고 생각한 것입니다. 열 두해 동안 피를 흘리고 고통을 당했으니 빈혈증에 걸리고 가족들이 다 떠난 후로 산비탈아래 초막을 치고 살고 있으니 외롭기 그지없었습니다. 마음을 잡을 수가 없었습니다. 그는 이미 절망하고 죽음이 그 마음을 점령했습니다. 그런데 어느 날 예수 그리스도의 소식을 들었습니다. 하나님의 아들 예수 그리스도께서 갈릴리와 유다를 다니면서 죽은 자를 살리시고, 문둥이를 깨끗이 하고, 앉은뱅이를 일으키고, 천국복음을 전한다는 말씀을 듣고, 이 예수 그리스도를 마음속에 믿자 그 마음이 변화되기 시작한 것입니다.

마음이 변화되어 흑암이 떠나가고 좌절과 절망이 떠나가고 마음에 희망과 꿈과 소망이 넘쳐나자 예수님이 그를 찾아오게 된 것입니다. 마음이 변화된 사람을 예수님이 찾아오시는 것입니다. 마음이 세속으로 꽉 들어찬 사람에게 예수님이 찾아오지 않습니다. 예수님은 마음이 예수 그리스도를 사랑하고 사모하는 자를 찾아오는 것입니다. 혈루병을 앓은 여인이 마음속에 예수님을 믿고 예수님을 사모하고 마음이 안정되고 주의 은혜를 받기를 사모하자 예수님이 그 집 앞을 지나가게 되고 예수님을 만나고 그 옷자락에 손을 대니 혈루병이 낫게 된 것입니다. 이 혈루병을 앓은 여인이 소망을 갖고 치유를 받은 것은 먼저 마음속에 예수님을 모시고 믿음이 굳세게 섰기 때문에 그렇게 된 것입니다.

그러므로 환경이 변화되기를 기다리지 마십시오. 마음이 변화되면 환경이 따라서 변화되는 것입니다. 자신의 마음 안에서 성령의 역사가 일어나야 환경을 변화시키는 것입니다. 마음에 절망이 있는데 환경이 소망으로 찾아올 수 없습니다. 마음에 슬픔이 있는데 환경이 갑자기 기쁨으로 변화될 수 없습니다. 마음에 공포가 있는데 환경에 평화가 다가올 수 없는 것입니다.

마음에 성령으로 충만한 믿음이 있으면 성령의 역사로 공포가 사라지고 평안한 환경이 되는 것입니다. 마음에 평화가 있으면 환경이 평화롭게 되는 것입니다. 마음에 축복이 있으면 환경이 축복으로 변화되는 것입니다. 마음에 치료가 있고 건강이 있으면 환경에 치료와 건강이 다가오게 되는 것입니다. 무엇이든지 마음이 먼저 변화되어야 환경이 변화되는 것입니다. 마음은 생명의 말씀과 성령의 역사로 변화되는 것입니다. 마음이 믿음으로 굳세게 서야 운명과 환경이 변화될 수가 있는 것입니다. 그렇기 때문에 마음을 지키는 것은 성령으로 충만한 믿음인 것입니다. 하나님은 마음을 하나님의 나라를 만드시기 위하여 마음 안에 성령으로 임재하신 것입니다. 마음을 변화시켜야 모든 것을 변화시킬 수가 있기 때문입니다.

또한 마음은 마음속을 꿈으로 다스려야 되는 것입니다. 85세 된 아브라함이 마음이 흔들리고 마음이 캄캄했습니다. 왜냐하면 얼마 안 있으면 죽을 것인데 나이가 85세요, 아내가 75세인데 아들이 없습니다. 재산은 많습니다. 금과 은도 많고 짐승 떼들도 많은데 이 많은 재산을 상속할 자가 없어서 자기의 종에게 상속하고 갈 수밖에 없었습니다. 그러므로 마음이 답답했습니다. 기도하고 부르짖었습니다. 그런데 하루는 밤에 하나님이 아브라함을 천막에서 불러내어 하늘을 쳐다보고 하늘에 있는 별들을 헤아려보라고 말했습니다. 그리고 말하기를 "네 자손이 저 별들처럼 많을 것이다."라고 말한 것입니다. 거기에서 아브라함은 마음속에 꿈을 얻었습니다. 몸은 85세입니다. 아내는 75세입니다. 몸이 젊어진 것도 아닙니다. 아내가 젊어진 것도 아닌 것입니다. 그러나 마음이 절망과 흑암과 두려움에서 믿음으로 변화된 것입니다. 왜냐하면 꿈을 가질 수 있게 된 것입니다. 꿈이 마음을 다스린 것입니다. 눈에는 아무 증거 없습니다. 귀에는 들리는 소리도 없습니다. 손에는 잡히는 것 없습니다. 몸은 여전히 85살의 늙은 몸입니다. 그러나 마음이 달라진 것입니다. 마음에 꿈을 얻게 된 것입니다. 그들은 하늘의 별과 같이 많은 자녀들을 거느린 사람이 된다는 꿈을 얻게 된 것입니다. 꿈이 마음을 변화시킨 것입니다.

십자가를 바라보면 변화될 수 있는 것입니다. 몸이 변화된 것이 아닙니다. 가정이 변화된 것도 아니고 환경이 변화된 것도 아니지만, 십자가를 바라보고 마음이 변화되면 몸도 변화되고 가정도 변화되고 환경도 변화될 수 있는 것입니다. 먼저 마음이 변화되어야 되는 것입니다. 마음이 무엇으로 변화되는 것입니까? 꿈을 바라볼 때 마음이 변화되는 것입니다. 어디에서 꿈을 얻을 수 있습니까? 십자가를 바라보면 꿈을 얻을 수가 있는 것입니다. 예수님은 십자가를 통하여 죄를 짓고 불의하고 추악하고 버림받아야 마땅한 나를 의롭다하고 용서해 주신 것입니다. 십자가를 통하여 용서받은 의인이 된 꿈을 얻을 수가 있는 것입니다. 소망을 얻을 수가 있는 것입니다. 예수님이 나를 대신해서 마귀와 세상과 싸워서 이기고 우리에게 거룩함과 성령 충만을 주셨으니 십자가를 통하여 거룩함과 성령 충만의 꿈을 얻을 수가 있는 것입니다. 예수님이 나를 위해서 병들고 고통을 당하여 치료의 은혜를 베풀어 주셨으니 십자가를 통하여 치료의 꿈을 얻을 수가 있는 것입니다. 내가 가난하고 헐벗고 굶주리고 실패했을지라도 예수님이 십자가에서 나를 위하여 저주를 담당하시고 청산하셨기 때문에 십자가를 통하여 아브라함의 복과 형통이 임하는 것을 꿈꿀 수가 있는 것입니다. 내 마음속에 꿈을 받아 들일수가 있는 것입니다. 내가 비록 죽을지라도 십자가를 바라보고 영생을 꿈 꿀 수가 있는 것입니다.

십자가를 가슴에 끌어안고 십자가를 통하여 예수께서 나를 위해서 역사해 주신 그 은혜를 품으면 그 꿈이 이루어져 나오는 것입니다. 영혼이 잘됨같이 범사에 잘되며 강건하고 생명을 얻되 풍성하게 얻는 놀라운 병아리가 깨어 나오는 것입니다. 꿈을 품어야 마음을 지킬 수가 있는 것입니다. 마음은 꿈을 통해서 좌지우지 될 수가 있는 것입니다. 아브라함은 결국 85세에 꿈을 품었더니 100세에 그 꿈이 이루어져서 사랑하는 아들이삭을 선물로 받게 된 것입니다.

그 다음 마음은 입술의 고백을 통해서 지켜질 수가 있는 것입니다. 입술로 시인하므로 기적이 일어나는 것입니다. 로마서 10

장 10절에 "사람이 마음으로 믿어 의에 이르고 입으로 시인하여 구원에 이르느니라" 예수 믿는 것도 마음에 그냥 믿어서 구원받는 것이 아닙니다. 입으로 고백해야 구원을 받게 되는 것입니다. 우리가 입술로 말한다는 것은 하나님의 역사를 풀어놓게 되는 것입니다.

잠언 16장 32절에 "자기의 마음을 다스리는 자는 성을 빼앗는 자보다 낫다"고 했는데 마음은 입술의 고백을 통해서 다스릴 수 있는 것입니다. 잠언서 4장 23절에 "모든 지킬 만한 것 중에 더욱 네 마음을 지키라 생명의 근원이 이에서 남이니라" 마음은 입술의 고백을 통해서 지킬 수가 있는 것입니다. 마음에 아무리 긍정적인 마음을 가지려고 해도 입술로 "나는 못한다. 나는 안 된다. 나는 할 수 없다. 나는 죽는다. 나는 병들었다"고 고백을 하면 그 마음은 사망의 세력으로 묶이게 되는 것입니다. 마음이 아무리 답답하고 고통스러울지라도 입술로 고백을 긍정적으로 합니다. 예수 그리스도의 십자가의 보혈로 말미암아 "나는 용서받은 사람이다. 나는 의로운 사람이다. 나는 성령이 같이 계신다. 나는 건강한 사람이다. 나는 복 받은 사람이다. 나는 영생복락을 얻은 사람이다. 나는 승리한다. 나는 영혼이 잘되고 범사에 잘되며 강건하며 생명을 얻되 넘치게 얻는 사람이다." 고백하면 그 마음이 기적을 가져오는 것입니다. 성경에 하나님을 믿으라. 누구든지 이 산들에게 명하여 저 바다에 던지라 하고 그 말하는 것이 이룰 줄 마음에 믿고 의심하지 아니하면 그대로 되리라. 말씀으로 믿음을 꽉 잡아 놓으면 그대로 이루어진다고 말한 것입니다. 우리 입술의 말이 씨가 되는 것입니다. 그러므로 마음에서 아무리 의로운 긍정적인 마음을 가졌다고 할지라도 입으로 부인하면 다 파괴되어 버리고 마는 것입니다. 입술의 열매를 가지고 마음을 지킬 수가 있는 것입니다.

넷째, 영혼을 강화시키는 훈련을 하라. 영의 사람으로 살아가기 위하여 마음 성전을 거룩하게 가꾸려면 성령으로 기도하면서 영을 강하게 해야 합니다. 영을 강하게 하는 영적인 방법은 ① 성령으로 세례를 받고 성령과 불로 충만 받으면서 영과 진리로 예배를 드리고, ②성령으로 영의기도를 하며, ③ 말씀을 배우고, 묵상하고 ④ 말씀을 삶에 적용하고 ⑤ 전인격으로 살아계신 하나님의 역사를 체험하여 믿음을 갖게 하는 것이 영을 강하게 하는 단계이며 절차입니다.

이 다섯 가지가 어느 한쪽으로 일방적으로 치우치지 않고 균형을 유지해야 하며, 어느 한 가지라도 결여 되었다면 그 것은 온전하지 못한 것입니다. 우리는 하나님이 완전하신 것처럼 완전해야 합니다. 완전하다는 말의 헬라어는 '텔레이오스'인데 '전체로 가득 하다'라는 뜻을 지닙니다. 이 세 가지 구성 요소 중 어느 것도 빠짐없이 다 들어있는 상태를 말하는 것입니다. 우리의 영이 강해지는 것은 이 세 요소를 다 갖추고 있다는 것을 말합니다. 하나님은 우리가 이런 상태로 살아가기를 원하시는 것입니다.

영을 강화시키는 훈련은 첫째로 말씀을 묵상하는 훈련입니다.

성령의 임재가운데 마음으로 말씀의 묵상을 지속적으로 하면 영이 강화됩니다. 예를 든다면 하나님은 영이십니다. 하나님은 반석이십니다. 그렇지 않으면 시편 1편을 묵상하는 것입니다. 감동 받은 말씀을 묵상하는 것입니다. 둘째로 마음으로 기도하는 것입니다. 호흡을 들이쉬고 내쉬면서 하나님을 찾는 것입니다. 저는 마음으로 하나님! 사랑합니다. 하나님! 도와주세요. 하나님! 어떻게 해야 합니까? 하면서 하나님을 찾으며 집중하는 것입니다. 길을 걸어가면서도 쉬지 않고 하나님께 집중하는 것입니다. 셋째로 마음으로 찬양을 부르는 것입니다. 호흡을 들이쉬고 내쉬면서 마음으로 찬양을 하는 것입니다. 찬양은 자신이 제일 잘 부를 수 있는 찬양을 1절만 지속적으로 하는 것입니다. 이렇게 영을 강화시키는 훈련을 지속적으로 하면 자신의 혼과 육이 영의 지배를 받아 육체가 강건하여 집니다.

마음을 다스리는 자가 환경과 건강과 운명을 다스리는 것입니다. '아이고 내 팔자야. 나는 왜 이 모양이야. 나는 항상 모든 것이 좌절이 되고 절망이고 실패하고 패배한다.'고 말하면 안 됩니다. 마음을 올바르게 먹으면 마음이 운명을 다스리고 환경을 변화시킬 수가 있는 것입니다. 마음은 무엇으로 다스릴 수 있습니까? 사람의 마음은 하나님의 성령의 역사와 생명의 말씀으로 다스릴 수가 있는 것입니다. 성령의 임재가운데 말씀을 묵상하여 생명의 말씀이 들어와서 생각을 잡아줘야 되는 것입니다. 생각이 흔들리면 안 되는 것입니다. 생각이 바다 물결같이 흔들리면 안 되는 것입니다.

성령님과 생명의 말씀이 마음을 점령합니다. 그러면 말씀은 변하지 않기 때문에 확실한 생각을 가질 수가 있는 것입니다. 마음은 꿈으로 다스릴 수가 있는 것입니다. 마음은 마음속에 꿈이 있을 때 그 마음을 점령하고 마음을 다스릴 수가 있는 것입니다. 마음은 믿음으로 다스리는 것입니다. 마음은 입술의 고백을 통해서 다스릴 수가 있는 것입니다. 마음으로 기도해야 합니다. 기도할 때 성령으로 충만해지기 때문에 마음을 지킬 수가 있습니다. 하나님의 성령은 우리 몸에 거하는 것이 아니라 마음에 거하고 계신 것입니다. 마음을 통해서 하나님은 역사하는 것입니다. 천국을 누리는 권능이 마음에 있는 것입니다. 그러므로 지킬만한 것보다 마음을 지켜야 되는 것입니다.

18장 온몸을 성전으로 가꾸는 성도

(잠4:23)"모든 지킬 만한 것 중에 더욱 네 마음을 지키라 생명의 근원이 이에서 남이니라"

크리스천들이 바르게 알아야 할 것이 있습니다. 유형교회를 세우려고 교회에 다닌다고 한다면 잘못 이해한 것입니다. 유형교회를 출석하는 것은 먼저 자신이 성전 되기 위해서 출석하는 것입니다. 자신을 교회로 가꾸기 위하여 유형교회의 예배에 빠짐없이 출석해야 합니다. 크리스천은 유형교회를 통하여 자신을 성전으로 가꿀 수가 있기 때문입니다. 유형교회에서 목사님의 설교를 들으면서 영을 깨우고 선배들의 신앙지도를 받으면서 영이 자라 성전 된 자신이 가꾸어지기 때문입니다. 자신을 성전으로 가꾸기 위하여 유형교회를 건축해야 합니다. 자신의 전인격이 성전으로 가꾸어야 전인적인 복을 받습니다. 자신이 잘 되어야 전도도 할 수가 있는 것입니다.

하나님은 "너희가 하나님의 성전인 것과 하나님의 성령이 너희 안에 거하시는 것을 알지 못하느뇨"(고전 3:16). 성경은 '하나님이 임재하신 성전,' 즉 '하나님이 거하시는 성전'이 예수를 믿는 사람이라고 말씀합니다. 우리는 달력 등에 실린 삽화에서 예수님이 문 밖에서 노크하고 계신 그림을 본적이 있습니다(계 3:20). 우리의 마음 문밖에 서 계신 예수님을 우리의 마음 안에 모셔 들입시다. 무너져 내린 육체의 성전을 다시 건축해야 합니다. 하나님께서 모세에게

"내가 그들 중에 거할 성소를 그들을 시켜 나를 위하여 지으라"(출 25:8). 명하신 것처럼, 하나님께서 오늘 우리에게 다시 명하십니다. '내가 거할 성소를 너희 마음 안에 지으라.' 수천 년 전 이 땅에 세워졌던 성전은 우리의 육체에 건축되어야 할 성전의 표상입니다. 하나님의 지도하심을 따라서 육체의 성전이 완성되고 예수 그리스도의 거룩한 피가 우리의 몸인 성전에 뿌려져야 합니다. 예수님께서 십자가에서 흘리신 보혈을 통해서 우리 안에 건축된 성전에 하나님께서 거룩하신 성령으로 임하십니다. 거룩하신 성령께서 육체의 성전을 정결케 하실 것입니다. 그리고 영원히 마음 안에 거룩하신 성령으로 거하실 것입니다.

첫째, 성령으로 마음을 청소하고 정리해야 몸 된 성전이 강하게 된다. 집안을 다스리려면 마음 안에 계신 성령하나님께서 주인으로 좌정하고 계셔야 합니다. 세상에서도 집안을 다스리려면 집안을 청소하고 정리해야 되는 것처럼 마음을 성령으로 청소하고 하나님께서 다스려야 되는 것입니다. 말씀과 성령으로 정신적으로 미움, 분노, 시기, 질투, 교만, 탐욕 같은 쓰레기더미의 원인을 찾아내고 양심의 고통스런 죄책을 다 회개하고 성령의 역사로 씻어야 마음을 다스릴 수가 있는 것입니다. 마음에 세상과 스트레스로 들어온 쓰레기가 잔뜩 쌓여있고 마음이 안정되지 못하고 불완전하게 흩어서서 정신을 차릴 수 없는데 다스려집니까?

마가복음 7장 21절로 23절에 "속에서 곧 사람의 마음에서 나오는 것은 악한 생각 곧 음란과 도둑질과 살인과 간음과 탐욕과 악독과 속임과 음탕과 질투와 비방과 교만과 우매함이니 이 모든 악한 것이 다 속에서 나와서 사람을 더럽게 하느니라" 우리 속에는 세상을 살아오면서 들어온 쓰레기더미가 있습니다. 너나 할 것 없이 우리 가슴을 활짝 펴고 성령으로 충만한 가운데 자신 안을 들여다보면 쓰레기더미가 다 있어요. 남에게만 쓰레기더미가 있다고 손가락질하지 말 것은 내 속에 쓰레기더미가 있는 것입니다. 그러므로 이것을 찾아서 청산해야 돼요. 쓰레기더미를 어떻게 청산합니까? 우리가 성령께서 인도하시는 회개를 통해서 청산할 수 있는 것입니다. 그리고 그때 들어온 귀신들을 성령으로 예수이름으로 몰아내야 합니다.

마음 안에 하나님을 주인으로 모시고, 성령으로 마음을 정리정돈하고 여유가 생겨서 마음속이 행복하면 환경이 행복한 환경으로 변화되는 것입니다. 먼저 버려야 할 사소한 생각으로는, 불행하다는 마음과 마음의 고통, 슬픔, 상처 등 주로 부정적인 것들을 다 밀어내야 합니다. 화, 불안, 분노, 비난 등 부정적인 감정들도 지금 당장 버리고 망설이고, 걱정하고, 불신하고, 갈등하고, 조급증, 적대감 등의 행동을 과감하게 성령의 역사를 통하여 정화해야 합니다. 성령으로 충만하면 마음속의 쓰레기가 밀려서 나가는 것입니다. 마음이 세상 것으로부터 해방되면 행복하게 된다는 것입니다. 우리가 영혼의 만족을 누리면서 성공적이고 행복한 삶을 살기 위해서는 무엇보다 먼저 우리의 생각과 감정과 행동 가운데 부정적이고 소극적인 쓰레기더미를 예수님의 보혈과 성령의 역사로 씻어내고 우리 마음을 십자가 구속의 은혜로 채워야 하는 것입니다.

둘째, 하나님을 주인으로 모시고 살아야 몸 된 성전이 강하게 된다. 하나님께서 마음 안에 주인으로 계시니 우리는 천국의 삶을 사는 것입니다. 우리는 모두 다 영원한 천국의 꿈을 갖고 사는 것입니다. 꿈이 없는 백성은 망한다고 말한 것입니다. 작은 꿈, 큰 꿈, 살아 있는 사람은 다 마음에 꿈을 갖고 있는 것입니다. 그런데 희망찬 꿈을 갖고 살아야지 꿈이 언제나 비관적이고 절망적이면 절대 행복하지 않습니다. 비관적인 꿈을 가진 사람들이 요사이 자살을 많이 하지 않습니까? 대학생들도 대학교수도 자살을 하거든요. 그러면 희망찬 꿈을 어디에서 얻을 수 있느냐. 우리는 갈보리 십자가를 바라보고 희망찬 꿈을 얻을 수 있는 것입니다. 예수님이 우리의 모든 절망을 십자가에서 청산해 주었기 때문에 십자가를 바라보아야 희망찬 꿈을 얻을 수가 있는 것입니다. 세상 꿈은 왔다갔다, 왔다갔다, 변화무쌍 합니다. 큰돈을 벌겠다고 애를 써서 돈을 벌고 난 다음 대개 건강을 잃어버리고 환경이 어려워지면 순식간에 돈은 다 날아가 버리고 빈손 들게 되는 것입니다. 그러나 절대로 우리가 실망하지 않는 것은 갈보리 십자가에서 몸 찢고 피흘려 돌아가신 예수 그리스도를 바라보면 그 예수 그리스도 안에서 얻는 꿈은 희망차고 없어지지 않습니다.

마음 안에 주인으로 계시는 예수님을 쳐다보고 용서와 의의 꿈을 언제나 꿀 수 있고 거룩하고 성령의 불로 충만한 꿈을 꿀 수 있고 치료받고 건강한 꿈을 꿀 수가 있고 아브라함의 복과 형통을 얻을 꿈을 꿀 수 있고 부활 영생 천국의 꿈을 꿀 수가 있습니다. 꿈은 꿈이니까요. 그래서 내 영혼이 잘됨같이 범사에 잘되며 강건하고 생명을 얻되 넘치게 얻는 꿈을 꾸고 나아가면 그 꿈이 우리들을 그 세계로 이끌어 가는 것입니다. 자신이 꿈을 이루는 것이 아닙니다. 절대로 그것은 오해하지 마십시오. 꿈을 가슴에 품고 있으면 성령께서 꿈을 이끌어 가는 것입니다. 그렇기 때문에 꿈을 갖는다는 것은 그렇게 중요한 것입니다. 믿음의 주요 또 온전케 하시는 예수를 바라보라고 성경에 말한 것입니다. 예수를 바라보고 나아가면 그 꿈이 우리를 예수께로 이끌어 주는 것입니다.

그래서 "누구든지 그리스도 안에 있으면 새로운 피조물이라 이전 것은 지나갔으니 보라 새것이 되었도다." 이전의 죄악 된 삶, 부패한 삶, 병든 삶, 패배와 실패, 낭패, 가난, 저주의 삶, 죽음의 고통의 삶이 예수님의 보혈과 성령의 불로 다 사라지고 새로운 삶, 영혼이 잘됨 같이 범사에 잘되며 강건하고 생명을 얻되 넘치게 얻는 삶으로 변화되는 것입니다. 그것은 내가 노력하고 힘쓰고 애써서 되는 것이 아니라, 꿈이 그 세계로 이끌어 가는 것입니다. 마음 안에 예수님을 주인으로 모시면 성령이 오셔서 그 꿈대로 변화시켜 주는 것입니다.

셋째, 성령으로 난 믿음을 활용해야 몸 된 성전이 강하게 된다. 마음 안에 계신 성령하나님의 권능으로 마음을 다스리기 위해서는 하나님을 주인으로 믿어야 되는 것입니다. 성경에는 하나님을 믿으라고 말했는데 세상 사람들은 믿을 데가 없잖아요. 지위, 명예, 권세, 돈 이런 것을 믿지, 하나님을 못 믿는 것은 하나님을 모르니까. 하나님이 보이지 않으니까! 그러나 극히 어려운 일을 당하면 하나님을 모르는 사람은 믿을 데가 없기 때문에 망하고 마는 것입니다. 이스라엘 백성이 애굽에서 나올 때 바로와 온 군대가 그들을 다 잡으러 나왔는데 홍해수가에 와서 올 데 갈 데가 없었습니다. 군대도 없고 무장도 안 되고 바로왕의 군대를 대항할 수도 없었습니다. 다 잡혀 죽을 수밖에 없었습니다.

그럴 때 이스라엘 백성은 무엇을 했습니까? 모세를 따라서 하나님을 바라보았습니다. "너희는 오늘날 낙심하지 말고 하나님을 믿으라. 오늘 네가 본 애굽 군대를 다시는 보지 못하리라" 했는데 하나님께서 그들을 위해서 싸워서 홍해수가 갈라졌습니다. 상상할 수 없는 기적이 생겨난 것입니다. 우리가 하나님을 믿는다는 것은 하나님께서 동행하고 계시니 상상할 수 없는 기적이 일어날 것을 기대하고 믿는 것입니다. 하나님을 믿는 것은 일반적인 상식적인 일이 일어날 것이면 하나님 믿을 필요가 없어요. 우리가 감각적으로나 경험 등으로나 이성적으로나 지적으로 가능한 것을 믿으면 그것은 믿음이 아니지요. 불가능한 것을 믿는 것입니다. 할 수 없는 것을 믿는 것입니다.

그렇기 때문에 내가 믿는다고 기도할 때는 반드시 기적이 일어날 것을 기대해야 되는 것입니다. 기적이 없는 믿음은 믿음이 아닙니다. 믿음은 기적이 일어나야 돼요. 내가 영적으로 믿으면 영적인 변화의 기적이 일어나야 되고, 육신적으로 믿으면 육신적인 치료가 기적적으로 일어나야 되고, 생활적으로 믿으면 생활에 사람이 상상할 수 없는 은총이 나타나야 되는 것입니다. 그러므로 하나님을 믿으라는 것은 기적이 일어날 것을 기대하는데 무엇을 믿을까요? 그렇게 말하는 사람 많습니다. "믿음은 들음에서 나며 들음은 그리스도의 말씀으로 말미암는다고" 성경에 보면 하나님이 주신 약속이 얼마나 많은지 모릅니다. 백화점처럼 많아요. 그러므로 말씀을 읽고 그 말씀이 우리들에게 레마가 되어서 감동을 주면 그 자리에 무릎을 꿇고 기도해요. 역사가 이루어지는 것입니다.

잠언 4장 20절로 22절에 "내 아들아 내 말에 주의하며 내가 말하는 것에 네 귀를 기울이라 그것을 네 눈에서 떠나게 하지 말며 네 마음속에 지키라 그것은 얻는 자에게 생명이 되며 그의 온 육체의 건강이 됨이니라." 말씀이 마음속에 들어오면 그것이 생명이 되고 온 몸에 건강이 되는 것입니다. "네가 내 안에 내 말이 너희 안에 있으면 무엇이든지 원하는 대로 구하라 이루리라." 우리는 정말로 튼튼한 빽을 가지고 있습니다.

이런 하나님이 어디에 계십니까? 그러므로 우리가 예수 이름으로 말씀이 우리 마음속에 믿어지고 기도하면 하나님이 이루어주시는 것입니다. 그렇기 때문에 믿음이라는 것은 기적을 기대하고 없는 것을 있는 것같이 생각하고 바라보는 것입니다. 없는 것을 있는 것같이 눈에는 아무 증거 안보이고 귀에는 아무 소리 안 들리고 손에는 잡히는 것 없어도 내가 믿는다는 것은 없는 것을 있는 것같이 보고 생각하고 기대하는 것입니다. 그러므로 강하고 담대할 수가 있습니다.

창세기 13장 14절로 15절에 "롯이 아브람을 떠난 후에 여호와께서 아브람에게 이르시되 너는 눈을 들어 너 있는 곳에서 북쪽과 남쪽 그리고 동쪽과 서쪽을 바라보라 보이는 땅을 내가 너와 네 자손에게 주리니 영원히 이르리라" 지금 내 땅이 아닌데 바라보라는 것입니다. 바라봄의 법칙입니다. 바라보고 마음에 내 것이라고 믿고 선언하면 너에게 주겠다. 그런데 가나안 땅 동서남북 땅을 아브라함과 그 자손에게 다 하나님이 다 주신 것입니다. 바라보라. 책을 읽는 당신은 지금 뭘 바라봅니까? 건강을 바라봅니까? 행복을 바라봅니까? 마음속에 좌정하신 하나님을 계속 바라보십시오. 그리고 믿으십시오. 기적이 일어날 것을 기대하십시오. 바라보고 믿고 기적이 일어날 것을 기대하고 입으로 하나님이 은혜를 주셨다고 시인하면 능력이 나타나게 되는 것입니다.

로마서 4장 18절에 "아브라함이 바랄 수 없는 중에 바라고 믿었으니 이는 네 후손이 이같으리라, 하신 말씀대로 많은 민족의 조상이 되게 하려 하심이라" 바랄 수 없는 중에 바라본다. 인간적으로 바랄 수 없는데 우리들은 바라고 믿어요. 하나님이 계시기 때문에…. 그러므로 내일은 오늘보다, 다음 달은 금번 날보나, 명년은 금년보다 나아질 수 있는 것은 마음속에 바라보는 법칙을 따라 바라보고 믿을 수 있기 때문인 것입니다. 마음에 바라보고 믿으면 운명과 환경이 믿음을 따라 변화되는 것입니다. 자꾸 '내 팔자가 나쁘다. 내 환경이 나쁘다. 시대가 나쁘다.' 그렇게 말하지 마십시오. 그 모든 것은 마음을 다스리면 자동적으로 다스릴 수 있습니다. 마음을 다스리고 난 다음에 다스린 마음으로 예수 이름으로 기도하고 명령하면 큰 변화의 역사가 환경에 다가오게 되는 것입니다.

마태복음 9장 20절로 22절에 "열두 해 동안이나 혈루증으로 앓는 여자가 예수의 뒤로 와서 그 겉옷 가를 만지니 이는 제 마음에 그 겉옷만 만져도 구원을 받겠다 함이라" 마음으로 바라봄의 법칙입니다. 아직 안 나았습니다. 혈루병으로 피를 철철 흘리며 고통스러웠습니다. 그런데 마음에 예수님의 옷 가에 손 만대면 낫는다고 바라보고 믿었는데 손을 대자마자 나아버렸습니다. "예수께서 딸아 안심하라. 네 믿음이 너를 구원하였다" 보십시오. 먼저 믿음이 있고 그 다음에 구원이 따라오는 것입니다. 그러므로 우리는 낙심하지 말아야 되는 것입니다. 용기를 내어서 담대하게 행하십시오. 용기를 잃어버리면 안 되는 것입니다. 행함이 없는 믿음은 죽은 믿음이기 때문에 바라보고 믿고 행하면 기적이 일어나게 되는 것입니다.

예수님께서 "볼지어다. 내가 세상 끝날까지 너와 항상 함께 있겠다"고 말한 것입니다. 주님께서 내가 하늘과 땅의 모든 권세를 다 가지고 있다고 말하셨습니다. 그분이 우리들과 같이 계시므로 마음속에 예수님을 바라보고 강하고 담대하고 두려워하지 말고 놀라지 말아야 되는 것입니다. 제일 나쁜 것이 두려움인 것입니다. 두려워하고 무서워하고 놀라면 주님은 도와줄 수 없고 사탄이 들어오는 것입니다. 왜냐하면 두려움과 놀라움은 사탄을 청하는 분위기를 만드는 것입니다. 욥이 패가망신하고 온 전신이 동양성 문둥병에 걸려서 기왓장으로 긁으면서 뭐라고 했습니까? 내 무서워하는 것이 내 몸에 왔고 내 두려워하는 것이 내 몸에 미쳤구나. 욥이 잘 나갈 때 마음속에 잘못된 것을 바라보았다는 말입니다. 마음속에 자기가 패가망신하고 문둥병이 걸릴 것을 꿈꾸었다는 말입니다. 그것이 두려움과 공포가 되어 있었는데 그대로 이루어졌어요. 긍정적으로 바라보면 긍정적인 일이 생기고, 부정적으로 바라보면 부정적인 것이 생기기 때문에 부정적인 것은 당장 회개하고 쫓아내 버리고, 긍정적인 것은 예수님의 말씀을 통해서 마음에 꿈꾸고 믿고 시인하십시오. 그러면 그것이 이루어지는 것입니다. 히브리서 10장 35절에 "너희 담대함을 버리지 말라 이것이 큰 상을 얻게 하느니라"

넷째, 천국 언어로 마음을 다스려야 몸 된 성전이 강하게 된다. 말이 제일 중요한 것은 말을 통해서 생각하고 말을 통해서 바라보고 말을 통해서 믿고 말을 통해서 행동하게 되는 것입니다. 사람은 말에 대해서 깊이 생각 안하는데 말이 자신을 붙잡고서 좌우하는 것입니다. 믿었다고 해도 말하지 않으면 믿음이 아니지 않습니까? 하나님께 하실 줄 믿습니다. 말로 하면 믿음이 나타나는 것입니다. 꿈도 마음속에 가만히 혼자서 어떻게 꿈니까? 나는 꿈을 꾸고 있습니다. 무슨 꿈을 꾸느냐. 영혼이 잘됨같이 범사에 잘되며 강건한 꿈을 꾸고 있습니다.

말을 하면 그 꿈이 선명해진다는 말입니다. 마음에서 올라오는 말을 해보십시오. 그 꿈이 마음에 아주 확실하게 되잖아요. 그렇기 때문에 자꾸 말로써 '나는 행복합니다. 나는 기쁘고 즐겁습니다.' 하면 마음속에 행복한 꿈과 즐거운 꿈이 마음속에 그려져요. 그런데 말을 안 하면 안 됩니다. 말을 할 때 영혼 속에 하나님의 권능이 나타나는 것입니다. 영혼의 권능은 말을 통해서 나타나는 것입니다.

잠언서 18장 21절에 "죽고 사는 것이 혀의 힘에 달렸나니" 힘이 있지요. 혀가 힘이 있습니다. "죽고 사는 것이 혀의 힘에 달렸나니 혀를 쓰기 좋아하는 자는 혀의 열매를 먹으리라" 영혼 속에서 입을 통하여 선포한 말이 공중분해 되는 것이 아니고, 말한 그대로 열매를 맺어서 먹도록 만들어 주는 것입니다. 야고보서 3장 2절에 "우리가 다 실수가 많으니 만일 말에 실수가 없는 자라면 곧 온전한 사람이라 능히 온 몸도 굴레 씌우리라" 말이 온 몸을 굴레 씌우는 것입니다. 그러므로 말이라는 자체가 얼마나 힘이 있는지 모릅니다. 말을 통해서 믿음의 분위기를 만들어야 됩니다.

왜냐하면 마음속에 긍정적인 생각과 긍정적인 꿈과 긍정적인 믿음과 긍정적인 말을 해서 긍정적인 분위기를 만들어 놓으면 성령이 임재하십니다. 분위기가 얼마나 중요한지 몰라요. 집안에 음식 쓰레기가 있으면 쥐가 옵니다. 오지 말라고 해도 음식 쓰레기가 있으면 쥐가 오고 벌레들이 오는 것입니다. 그러나 꽃을 갖다 놓으면 나비와 벌들이 옵니다. 마음 안에 있는 영혼에 어떠한 분위기를 만드느냐에 따라서 환경이 달라지는 것입니다. 그러므로 마음 안에 성령과 생명의 말씀으로 영혼이 잘되고 범사에 잘되며 강건한 분위기를 만들어 놓으면 좋은 일이 한없이 생겨나는 것입니다. 이 마음의 분위기를 잘 만드는데 가장 공로를 세우는 것이 말입니다. 로마서 10장 8절로 10절에 "말씀이 네게 가까워 네 입에 있으며 네 마음에 있다 하였으니 곧 우리가 전파하는 믿음의 말씀이라 네가 만일 네 입으로 예수를 주로 시인하며 또 하나님께서 그를 죽은 자 가운데서 살리신 것을 네 마음에 믿으면 구원을 받으리라 사람이 마음으로 믿어 의에 이르고 입으로 시인하여 구원에 이르느니라." 아무리 마음에 믿어도 말을 하지 않으면 구원에 이르지 않습니다. 처음 믿는 사람이 일어나서 기도를 따라하는 이유가 거기에 있는 것입니다. 믿음으로 일어났지요. 그러나 내가 말을 따라 해야 구원을 받는 것입니다. 말이 그렇게 중요해요. 마음이 긍정적인 분위기 속에 하나님께 집중적으로 성령으로 기도하면 기도가 응답이 되는 것입니다.

마음이 긍정적인 분위기가 되어서 "예수 안에서 할 수 있다. 하면 된다. 해 보자. 주님이 살아계신다. 하나님께서 나와함께 하신다." 레마의 말씀을 선포하면 주님이 이루어 주실 것을 믿고 말을 하면 믿음을 보시고 기적을 일으켜주십니다. 성령으로 충만한 마음에 분위기가 만들어졌으니까. 환경이 만들어졌으니까, 기도가 마음 하늘에 능력 있게 상달되는 것입니다.

"아무 것도 염려하지 말고 다만 모든 일에 기도와 간구로, 너희 구할 것을 감사함으로 하나님께 아뢰라 그리하면 모든 지각에 뛰어난 하나님의 평강이 그리스도 예수 안에서 너희 마음과 생각을 지키시리라"(빌 4:6~7). 우리의 마음과 생각이 평강으로 꽉 들어차서 기도하면 모든 일이 다 이루어진다고 말씀해 주고 있는 것입니다. 마음 안에 있는 영혼에서 올라오는 기도는 하나님의 말씀이므로 말한 대로 이루어지는 것입니다.

다섯째, 말씀과 성령으로 몸 된 성전을 가꾸어야 한다. 자심의 몸인 성전을 말씀과 성령으로 가꾸어야 영혼의 만족으로 행복합니다. 크리스천의 모든 권능은 마음 안에 있는 성령으로부터 흘러나오는 것입니다. 우리는 늘 깨어서 육체 안에 있는 성전에 세상 것들이 들어와 집을 짓지 못하도록 말씀을 묵상하고 성령으로 기도하면서 육체 안에 있는 성전을 정화시켜야 합니다. 아하스가 죽은 후, 그의 아들 히스기야가 왕이 되었습니다. 히스기야는 지난 세월 교만했던 이스라엘과 유다 왕들과는 달리 다윗이 한 모든 것을 그대로 본받아 행한 올바른 왕이었습니다.

그는 25세의 젊은 나이에 왕이 되었지만 하나님의 마음을 알았기 때문에 하나님이 보시기에 옳게 행함으로 닫혀있던 성전 문을 열고 수리했습니다. 그리고 제사장들과 레위 사람들을 모으고 자신을 성결케 하고 성전을 성결케 하여 더러운 것을 없애도록 지시했습니다. 이것이 바로 성전 정화 사건입니다. 사람들의 부패하고 그릇된 신앙의 척도를 바로잡기 위해 히스기야와 예수님은 성전을 정화한 것입니다.

필자도 하나님 앞에 무릎 꿇고 기도할 때마다 내 마음 안에 예수님이 주인으로 들어 오셔서 순결한 자녀라고 여겨주실지 생각하면서 성령으로 기도합니다. 내 안에는 열등감, 비교의식, 경쟁의식, 실패감이 깊게 자리 잡혀 있습니다. 어떤 상황 속에서도 이러한 의식이 수면위로 드러나면서 내 자신이 하나님 앞에서 순결해지는 것을 방해하고 공격적으로 만듭니다. 예수님은 이러한 의식들을 버리라고 말씀하십니다. 이러한 어둠에 속한 의식들을 내어버리고, 빛 가운데서 자유하며 살라고 말씀하고 계신 것입니다. 왜냐하면 내가 성결하게 되지 않고는 세상에 영향력을 줄 수 없기 때문입니다. 내가 성결하게 되는 것은 내 안의 영 안에서 하나님의 권능이 흘러나와야 할 수 있기 때문입니다. 말씀을 묵상하고 성령으로 영의기도를 하면서 오늘 하루 내 자신을 성결하게하고 열등감과 비교의식, 경쟁의식을 버립니다. 그때마다 하나님은 내게 아버지의 마음을 느낄 수 있게 해주시고, 평안을 느끼게 하시고, 마치 다윗이 고백한 것처럼 "실로 내가 내 영혼으로 고요하고 평온하게 하기를 젖 뗀 아이가 그의 어머니 품에 있음 같게 하였나니 내 영혼이 젖 뗀 아이와 같도다." (시 131:2). 항상 하나님의 얼굴을 구하면서 마음 성전을 가꾸고 살아야 합니다. 하나님은 우리들에게 천국의 마음을 품고 사는 은혜를 허락하실 것입니다.

분명하게 보이는 건물이 성전이 아닙니다. 예수 믿는 내가 성전입니다. 마음 안에 하나님께서 주인으로 좌정하고 계시기 때문입니다. 자신은 걸어 다니는 성전입니다. 성전은 하나님을 만나는 곳이고 하나님의 기쁨이 되는 곳이기 때문입니다. 그러니 내가 교회를 오면 교회가 성전입니다. 내가 가정에 가면 가정이 성전입니다. 우리가 일터에 나가면 그곳이 성전입니다. 자신 안에 하나님께서 주인으로 계시기 때문입니다. 거기서 주님과 동행하며 주님의 기쁨이 되어야 하기 때문입니다. 그런데 그 성전이 인간의 욕망으로, 돈 때문에 타락하고 말았습니다. 예수님은 그 성전에 들어가셔서 모든 것을 뒤집어 엎으셨습니다. 예수님이 성전이시기 때문입니다. 돈이 기준이고 인간의 욕망이 기준인 곳은 이미 성전이 아니기 때문입니다. 주일은 영과 진리로 예배를 드리며 성전인 자신의 몸을 청소하는 날입니다. 주님이 자신 안에 주인으로 거하실만하실까? 우리의 마음은 깨끗할까? 그렇지 못하면 성령의 임재 가운데 주님의 보혈에 의지하여 고백하며 청소해야합니다, 그리고 말씀과 성령으로 충만하게 채워야 합니다. 그래야 다시 주님과 통할 수 있습니다.

우리 기도하십시다. "예수님, 부족하고 연약한 자들을 하나님께서 좌정하시어 성전삼아 주시니 감사합니다. 오늘도 성전 된 나의 육체를 성령의 임재가운데 주님의 보혈과 생명의 말씀으로 정화하여 주옵소서, 그래서 걸어 다니는 성전으로 살게 하여 주옵소서. 우리가 가는 곳마다 성전이 되게 하옵소서, 가정이 일터가 운전하는 차안이, 우리의 입이, 우리의 눈과 귀가, 우리의 손과 발이, 주님의 성전이 되게 하옵소서, 주님의 기쁨이 되게 하옵소서, 때때로 흔들리고 넘어지지만 다시금 일으켜 세우시고 회복시켜주시니 감사합니다. 우리의 기도를 들어주시는 예수님의 이름으로 기도합니다. 아멘"

19장 성령의 지배와 장악을 받는 성도

(고전 2:10-13) "오직 하나님이 성령으로 이것을 우리에게 보이셨으니 성령은 모든 것 곧 하나님의 깊은 것까지도 통달하시느니라. 사람의 일을 사람의 속에 있는 영 외에 누가 알리요 이와 같이 하나님의 일도 하나님의 영 외에는 아무도 알지 못하느니라. 우리가 세상의 영을 받지 아니하고 오직 하나님으로부터 온 영을 받았으니 이는 우리로 하여금 하나님께서 우리에게 은혜로 주신 것들을 알게 하려 하심이라. 우리가 이것을 말하거니와 사람의 지혜가 가르친 말로 아니하고 오직 성령께서 가르치신 것으로 하니 영적인 일은 영적인 것으로 분별하느니라."

영의 사람이 되어 하나님과 동행하며 쓰임 받을 분들의 전인격이 성령의 지배를 받는 사람이 되기를 원하십니다. 하나님은 모든 성도들이 성령의 지배를 받기를 소원하십니다. 왜 예수를 믿으면서 여전하게 불통의 세월을 사는가? 자신의 전인격이 성령의 지배를 받지 못하기 때문입니다. 한마디로 세상 것이 섞여 있기 때문입니다. 자신의 생각과 자아로 살아가기 때문입니다. 성령님은 자신의 힘으로 세상을 이기지 못한다는 것을 체험하게 하십니다. 오직 하나님께 의지해야 한다는 것을 체험하게 하십니다. 자신의 자아로 살아가려고 하니 세상 것이 섞여서 방해함으로 성령의 지배를 받아야 한다는 것을 체험하게 되는 것입니다. 이것은 아주 심각하게 받아드려야 합니다. 그래야 성령의 역사에 관심을 가져서 성령의 지배를 받는 성도가 될 수 있기 때문입니다. 전인격이 성령의 지배를 받지 않고는 영이 강해져서 권능 있는 삶을 살수가 없기 때문입니다. 우리 예수 믿는 사람들의, 삶의 특징이 있다면, 그것이 무엇이라고 생각하십니까? 입으로만 예수를 믿는다고 시인하는 그런 보통의 신앙의 삶이 아니라, 예수를 믿고 난 다음에 변화된 삶을 살아가는 성도들의 특징을 말하는 것입니다. 이러한 성도들의 삶의 특징이 무엇이겠습니까? 그것은, "영-혼-육 전인격이 성령의 지배를 받는 삶"이라, 그렇게 말 할 수 있습니다. 바르게 알아야 할 것은 "성령의 지배를 당하는 삶"이 아니라, "영-혼-육 전인격이 성령의 지배를 받는 삶" 이라는 것입니다. 성령님은 강압적으로 우리를 지배하시지 않습니다. 지배를 받으려고 성령님께 관심을 가지고 마음을 열어야 지배하십니다.

그러면, 성령의 지배를 받는 삶이란, 또 무엇을 말하는 것입니까? 전인격이 성령께 사로잡혀 사는 것을 말하는 것입니다. 성령을 주인으로 모시고 세상을 살아가는 것입니다. 매사를 성령님과 의논하고 성령의 뜻을 따라 사는 것을 성령의 지배를 받는 삶이라고 말할 수 있습니다. 성령의 인도함을 받아, 성령의 능력에 의해서 살아가는 삶을 말하는 것인 줄로 믿습니다. 성령님이 나를 지배하고 다스리는 삶, 이전에 우리의 삶이, 육체의 본능이 지배하는 삶이었고, 죄가 지배하는 삶이었다면, 이제 예수를 믿고, 변화를 받고 난 다음에 나타나는 삶은, 성령에 의해서 지배를 받는 삶이 되어야 합니다.

성령의 지배를 받는 삶이란, 또 무엇을 말하는 것입니까? 성령으로 장악된 삶인 것입니다. 성령님에 의하여 전인격이 장악이 되어야 영-혼-육이 성전이 되는 것입니다. 에베소서 5장 14절 말씀을 보게 되면, "그러므로 이르시기를, 잠자는 자여 깨어서 죽은 자들 가운데서 일어나라. 그리스도께서 네게 비춰시리라 하셨느니라." 말씀하고 있습니다. 지금 우리의 신분은 어떤 신분입니까? 이제 예수 안에서, 새로운 생명을 소유하고 태어난, 하나님의 자녀들입니다.

그러므로 이제는, 과거의 세상 적이고, 육신적인 삶의 방식은 벗어버리고, 하나님의 자녀로서 살아가야 하는 삶의 방식을 따라야 한다는 것입니다. 그 하나님의 방식을 따르는 삶, 이것이 바로 성령의 지배를 받는 삶이라는 것입니다.

그러나 오늘 우리 성도들의 삶은 어떻습니까? 아직도 우리는 많은 부분이 주님의 방식을 따르지를 못하고 있습니다. 아직도 내 자아가, 내 속에 살아 쉼 쉬고 있고, 아직도 내 뜻이 내 인생의 대부분을 결정하고 있습니다. 어둠의 권세에 속해 있는 죽음의 자리에서 벗어나, 이제는 나의 삶을 주장하시고, 온전히 이끌어 주시기를 원하시는, 빛 되신 예수 그리스도를 향해, 걸어가야 하는데도 불구하고, 우리는 여전히 그 빛을 외면하고, 고개를 어둠의 세상을 향해, 돌리고 있다는 것입니다.

우리의 삶에 빛이 크게 비춰면, 어두움은 작아지게 되고, 결국에는 그 어둠이 흔적 없이 물러가게 됩니다. 그러나 반대로, 우리의 삶에 어두움이 크면 어떻습니까? 빛이 작게 느껴지게 됩니다. 그리고 이 상태로 계속 있게 되면, 나중에는 그 어두움이, 빛을 완전히 삼켜 버리게 된다는 것입니다.

그래서 예수를 믿어도, 예전과 비교해 별로 변화된 것이 없는 여전히 세상 흑암 속에서 헤매며, 오히려 더 무능력한 가운데, 오히려 더 고통스런 가운데, 삶을 살아가게 된다는 것입니다. 왜냐하면 성령의 역사가 일어나지 않으니 마귀와 귀신들이 자꾸 장악하기 때문입니다. 그래서 오만가지 문제가 발생하는 것입니다. 빨리 알아차리고 성령의 지배를 받아야 합니다.

가슴에 손을 얹고 생각해 보세요. 주님이 우리에게 요구하시는 삶의 모습이, 과연 이러한 것이겠습니까? 주님이 우리에게 요구하시는 삶은, 결코 이러한 모습의 삶은 아닐 것입니다. 주님은 우리에게, 변화된 삶을 요구하십니다. 그것도 어정쩡한 변화가 아니라, 확실히 변화된 삶을 요구하십니다. "아니 저 사람 예수 믿고 나더니, 완전히 달라졌네!" 이런 평가와 칭찬을 듣는 그러한 삶을 원하신다는 것입니다. 그런데 이렇게 변화되기 위해서는 반드시 성령의 역사가 있어야 가능한 것입니다. 성령의 지배를 받아야 변화되는 것입니다. 예수를 믿으면서도 변화되지 않는 것은 성령의 역사 없이 이론으로 지식으로 전통으로 믿음 생활을 하기 때문입니다.

그래서 이런 찬송이 있지요? "내 죄 사함 받고서 예수를 안 뒤, 나의 모든 것 다 변했네. 지금 나의 가는 길 천국 길이요, 주의 피로 내 죄 씻었네." 할렐루야! 예수를 믿고 나서, 자신의 모든 것이 변화되어 지는 것, 바로 이러한 놀라운 삶의 변화의 역사를, 하나님은 우리 모두에게 기대하고 계신다는 것입니다.

우리의 신앙의 출발은, 하나님의 권능을 믿는 믿음에서 출발하는 것입니다. "하나님은 나의 모든 것을 아시는 가운데, 나의 모든 것을 주의 권능으로 채워주시며, 온전케 하시는 하나님이시다." 이것은 모두 성령으로 되는 것입니다. 우리가 이것을 믿어야, 하나님을 평생에 주인으로 모시며 따를 수 있는 것입니다. "내가 사망의 음침한 골짜기로 다닐지라도 해를 두려워하지 않을 것은, 주께서 나와 함께 하심이라." 다윗은 담대하게 신앙의 고백을 했습니다. 그리고는 선언했지요. "나의 평생에 선하심과 인자하심이 정녕 나를 따르리니 내가 여호와의 집에 영원히 거하리로다." 할렐루야!

세상 사람들이 우리를 향해, 너는 못한다고 말할지라도, 우리 예수 믿는 성도들은 예수 안에서 할 수 있다고, 얼마든지 가능하다고 말하며, 믿음으로 밀고 나가 행해야 기적을 체험하는 것입니다. 삶에 자신감과 담대함이 있어야 한다는 것입니다. 왜입니까? 하나님의 권능이 오늘도 나와 함께 하시기 때문에…. 성령의 역사가 오늘도 나의 삶에 나타나기 때문에…. "너 가는 길을 누가 비웃거든, 확실한 증거를 보여 주어라. 성령이 친히 감화하여 주사, 저들도 참 길을 얻으리" 지금 우리 모두가, 성령의 다스림 속에서, 성령의 인도함 속에서, 이런 확실히 변화된 인생을 살아갈 수 있기를, 주님의 이름으로 축원 드립니다.

그러면, 오늘 우리가 어떻게 하면 이런 성령의 지배함을 받는 능력 있는 삶을 살아갈 수 있겠는가? 여기에 대한 고민이 있어야 진정한 성도일 것입니다. 그래야 바른 길을 찾아서 성령의 인도를 받으며 성령의 지배를 받는 성도가 될 수 있기 때문입니다. 그런데 이에 대한 해답이 바로 에베소서 5장 18절에 나타나 있다는 것입니다. "술 취하지 말라. 이는 방탕한 것이니, 오직 성령의 충만을 받으라." 했습니다. 우리가 성령의 지배를 받는 삶을 살아가는 방법, 뭐 다른 게 있겠습니까? 내 속에 성령의 크기를, 내 자아보다 더 크게 만들면 되는 것입니다. 성령이 자신을 지배하게 하면 됩니다. 성령님을 주인으로 모시고 살면 되는 것입니다. 성령이 내 속에 끊임없이 임하게 만들어서, 그 성령이 나의 삶을 온전히 주장할 수 있도록, 자신의 신앙을 가꾸어 나가면 되는 것입니다. 그렇잖아요? 그 외에 무슨 방법이 있겠습니까? 성령의 지배를 받으며 살아가는 것 알고 보면 너무나 쉽습니다. 습관이 되지 않기 때문에 어려운 것입니다.

그러면, 우리가 생각해 볼 것은 무엇입니까? 성령으로 세례 받지 못한 성도가 최초 성령이 언제 어느 때에, 우리에게 임하고 장악하게 되는가? 하는 것입니다. 직장에서 일할 때 성령이 임합니까? 가정에서 설거지 하고, 청소할 때 성령이 임합니까? 학교에서 공부할 때 성령이 임합니까? 언제 우리에게 성령이 임하게 되어 집니까? 최초 성령 세례는 성전에서, 성령이 역사하는 교회에서 우리가 말씀 듣고, 기도하고, 찬송할 때, 성령의 세례가 임하고 장악이 되는 것입니다. 그래서 성도들에게 유형교회는 아주 중요합니다. 성령은 반드시 성령의 역사가 일어나는 장소에서 체험할 수가 있기 때문입니다. 성령세례의 체험으로 끝나는 것이 아니고 날이면 날마다 자신 안에 주인으로 계시는 예수님으로부터 성령과 불로 세례와 충만을 받아야 합니다. 이렇게 성령의 역사가 강하게 일어나는 교회에서 성령으로 장악이 되어, 삶의 현장에서 성령으로 기도할 때 성령의 지배를 받을 수 있습니다.

성경을 보세요. 초대 교회의 성도들이 언제 성령을 체험하고 받았습니까? 각 가정마다 모여 예배하고 말씀 들을 때, 또 마가의 다락방 같은 곳에 모여, 그들이 기도하고, 찬송할 때, 하늘로부터 급하고 강한 바람 같은 성령이, 홀연히 그들 가운데 임하게 되어졌다는 것입니다. 그렇다고 가정에서만 성경보고, 기도하라는 얘기는 아닙니다. 그때는 그 가정이 곧 교회였습니다. 초대 교회는 곧 가정 교회였습니다. 하나님은 언제나 교회 가운데, 좌정하여 계시는 줄 믿습니다. 교회는 유형교회와 무형교회를 모두 망라하는 것입니다. 그래서 지금도, 언제나 성령의 역사가 일어나는 교회에 모여 성경보고, 말씀 듣고, 기도하고, 찬양할 때, 성령이 임하게 된다는 것입니다. 그런데 홀연히 라는 말이 무슨 말입니까? 갑자기라는 말이지요. 오로지 하나님만을 생각하며 몰입 집중하여 기도할 때 홀연히 성령이 장악하시는 것입니다.

성령이 임하시는 것은 전적으로 성령님의 뜻이지만, 분명한 것은 적당히 말씀보고, 적당히 기도하고, 적당히 찬송할 때 임하는 것이 아니라, 마음 중심으로 예배하고, 말씀을 깊이 묵상하고, 전심으로 기도하고, 뜨겁게 찬송할 때, 성령은 우리 가운데 분명 임하게 된다는 사실입니다. 그러므로 내 삶 속에 말씀 보는 시간을 늘리고, 기도하는 시간을 늘리고, 찬송하는 시간을 늘리면, 그 때에 우리도 성령이 충만하게 될 가능성이 더 많아진다는 것입니다.

에베소서 5장 15절-16절 말씀에, "그런즉 너희가 어떻게 행할 것을 자세히 주의하여 지혜 없는 자같이 말고, 오직 지혜 있는 자같이 하여 세월을 아끼라. 때가 악하니라." 했습니다. 무슨 뜻입니까? 세상에 취하여, 하나님이 주신 시간들을 자기 임의로 사용하여, 허송세월을 보내지 말고, 우리의 시간들을 영적인 부분들에 할애해서, 말씀과 기도와 찬양의 시간들을 통하여, 하나님의 뜻을 온전히 분별한 가운데, 그 뜻대로 살아가는 신앙의 모습이, 필요하다는 것입니다. 항상 하나님을 생각하고 집중하는 자세가 중요합니다. 그래서 결과적으로 우리의 삶이, 성령이 원하시는 대로, 성령이 이끄시는 대로, 성령의 지배함을 받아, 살아가게 된다는 것입니다.

우리가 이렇게 성령의 지배를 받게 되면, 우리의 삶에 어떤 역사가 나타나겠습니까? 먼저 우리는 하늘의 신령한 지혜와 강력한 능력을 이끌어낼 수가 있습니다. 그리고 세상에 능력을 행사하게 됩니다. 그래서 세상을 살아가도 힘 있게, 당당하게 살아가게 된다는 것입니다. 사단의 권세가 지배하는 이 세상에서, 사단의 올무에 걸려 허우적거리는 인생을 살아가는 것이 아니라, 하나님의 자녀답게 하나님의 권능을 힘입어, 사단의 권세를 깨뜨리며, 주의 이름으로 날마다 승리하며 살아가는 삶, 이런 역사들이 우리의 삶에 나타나게 된다는 것입니다.

더 나아가 마음에 천국을 이루어 항상 하나님과 교통하면서 살아갈 수가 있는 것입니다. 성도는 무엇보다도 하나님과 관계를 열어 친밀하게 지내야 합니다. 하나님과 친밀하게 지내려고 성령의 지배를 받는 것입니다. 성령의 지배를 받게 되니 마귀와 귀신이 감히 넘보지 못하는 성도가 되는 것입니다. 그래서 무시로 하나님을 찾는 것입니다. 항상 성령으로 충만하여 성령의 지배를 받는 삶을 살기위해서 하나님을 찾는 것입니다. 많은 성도들이 성령이 충만 하면은 교회에 나가서 기도할 때 손을 흔들고 벌벌 떨면서 기도하면 성령으로 충만한 줄로 착각합니다.

그러나 성령으로 충만하다는 것은 항상 하나님을 생각하면서 하나님을 찾는 상태가 성령으로 충만한 상태인 것입니다. 걸어 다니는 성전으로 사는 것입니다. 이렇게 될 때 전인격이 성령의 지배를 받게 되는 것입니다. 성도들은 성령의 권능으로 살아가야 합니다. 성도들에게서 성령의 능력이 빠진 인간의 힘이나, 경험으로는 하나님을 기쁘시게 하지 못합니다. 성령의 도우심이 빠진 인간의 재주나 재능으로 세상을 이길 수가 없습니다. 성령의 지배를 받지 않는 성도는 잎만 무성한 무화과나무로 자라게 만들 뿐이라는 겁니다. 열매가 없이 잎만 무성한 무화과나무, 그 나무는 인간의 눈으로 볼 때는 멋있게 자란 나무이고, 가지도 무성하고, 잎도 너무나도 푸른 나무이지만, 결국 어떻게 되었습니까? 주님의 저주로 인해 말라 죽고 말았다는 것입니다. 이러한 사실을 우리는 유념해야 할 줄로 압니다. 전인격이 성령의 지배를 받아야 합니다. 그러면, 성령의 지배를 받는 사람들에게 나타나는 삶의 변화는 무엇일까요?

첫째, 생산적인 인생을 살아가게 된다는 것입니다. 하나님을 떠나 세상에 속한 인생은 어떤 인생입니까? 낭비하는 인생입니다. 돌아온 탕자가 아버지를 떠나 살 때에 보았던, 그 허랑 방탕한 인생의 모습으로 살아갑니다. 허비하고 낭비하여, 모든 것들을 다 날려버리는, 그런 인생을 살아가게 된다는 것입니다.

그러나 하나님께 속해 있으면서, 성령의 인도하심을 따라 사는 사람들의 삶은 어떻습니까? 있는 것을 허랑방탕하게 다 없이 만드는 인생이 아니라, 없는 것도 있게 만드는, 그야말로 무에서 유를 창조하는, 생산적인 인생을 살아가게 된다는 것입니다. 하나님은 창조의 하나님이시기 때문입니다. 성령의 지배를 받으니 하나님께서 창조하도록 지혜를 주시기 때문입니다. 믿지 않는 자가 볼 때에 이해가 되지 않는 것입니다. 왜요, 하는 것마다 형통하게 되기 때문입니다.

그래서 성령 충만한 사람들을 세상 사람들이 볼 때에 이해가 되질 않습니다. 어떻게 저런 인생을 살아갈 수 있을까? 상식이 통하지 않습니다. 통계가 통하지 않습니다. 저렇게 살다간 실패하는데, 걱정합니다. 그런데 오히려 더 성공합니다. 저렇게 하다간 망하는데, 오히려 더 흥합니다. 성도들을 향해 우습게 여기며 접근했는데, 나중에는 오히려 큰 코를 다칩니다. 어떻게 저렇게 될 수 있을까? 세상 사람들은 도무지 이해를 하지, 못한다는 것입니다.

그러나 우리는 어떻습니까? 안다는 것이지요. 무엇을 압니까? 그 능력이, 성령으로 말미암은 것인 줄 안다는 것입니다. 생각해

보세요. 성령이 나를 주장하고 다스리시는데, 그 인생이 어찌 실패함이 있을 수 있겠습니까? 그 인생에 어찌 망함이 있을 수 있겠습니까? 성경이 진짜 살아계신 하나님의 말씀이고, 하나님이 진짜 살아계셔서 우리 가운데 함께 계신 임마누엘의 하나님이시라면, 결코 인생에 실패함이나, 망함이 나타날 수가 없는 것입니다.

성령의 인도하심을 받아 살아가는 그 인생에 어찌 약함이 있을 수 있겠습니까? 하나님의 능력으로 강하게 되고, 하나님의 도우심으로 범사가 형통케 되어지는, 그런 귀한 역사들이, 실제적으로 우리 삶에 나타나게 된다는 것입니다. 그런데 우리의 문제는 무엇입니까? 이런 강함을 소유하기 위해, 성령의 충만을 받기 위해 노력하는 것이 아니라, 자꾸만 엉뚱한 것에 관심을 가지며, 세월을 낭비하고 있다는 겁니다. 우리를 향하신 하나님의 뜻이 무엇인지를 제대로 분별하지를 못한 채, 계속해서 세상적으로 나아가 낭비하는, 그런 어리석은 인생을 살아가고 있다는 것입니다.

오늘 인생을 성공적으로 살고 싶습니까? 그러면 성령의 지배를 받기 위하여 성령으로 기도하시길 바랍니다. 사업이 잘 되기를 소원하십니까? 그렇다면, 성령의 지배를 받기 위하여 성령으로 기도하시길 바랍니다. 영육이 건강하기를 소원하십니까? 그렇다면 성령의 지배를 받기 위하여 성령으로 기도하시길 바랍니다. 자녀들이 공부를 잘 하기를 소원하십니까? 그렇다면, 그들이 성령의 지배를 받기 위하여 성령으로 기도하시길 바랍니다. 그러면 공부를 잘하게 될 것입니다. 성령께서 지혜를 주시고 집중하게 하시니 공부를 잘하게 되는 것입니다.

성령의 지배를 받으면 인생에 실패함이 없이, 계획한 모든 것을 이루며, 또한 얻으며 살아가게 된다는 것입니다. 지극히 생산적인 인생을 살아가게 된다는 것입니다. "너희는 먼저 그의 나라와 그의 의를 구하라. 그리하면 이 모든 것을 너희에게 더하시리라." 오늘 우리는 이 약속의 말씀을 믿으면서, 성령의 충만을 받아, 성령의 지배를 받는 삶을 살아갈 수 있기를, 주님의 이름으로 축원 드립니다.

둘째, 집중력 있는 인생을 살아가게 된다는 것입니다. 무슨 일을 해도 포기하지를 않습니다. 쉽게 절망하지 않습니다. 끝까지 될 때까지 밀어붙이는 끈기 있고, 집중력이 있는 인생을 살아가게 된다는 것입니다. 그래서 기도를 해도, 남들과 다릅니다. 언제까지 기도합니까? 응답될 때까지 기도를 한다는 것입니다. 하나님은 신실하신 하나님이시다. 신실이 뭡니까? 믿을 신자, 열매 실자가 아닙니까? 말 그대로 우리가 믿는 대로 열매를 맺게 해주시는 하나님이시라는 겁니다. 그것을 의심 없이 믿는다는 것이지요. 그래서 시간이 문제지, 응답은 반드시 된다는 믿음을 가지고 기도하게 된다는 것입니다. 하나님이 귀찮아서라도 응답해 주실 줄 믿습니다. 불의한 재판관의 마음을 움직여, 자신의 억울한 사정을 풀게 한 것은 한 여인의 끈질긴 기도 때문이었습니다. 집중력 있는 기도 때문이었다는 겁니다.

오늘 우리 충만한 교회의 특징이, 무엇이어야 하겠습니까? 이런 집중력이, 특징이 되어야 할 줄로 믿습니다. 작은 교회라도 이런 집중력만 있다면, 얼마든지 큰 교회 못지않은, 아니 그 보다 더 큰 하나님의 일들을 감당해 나갈 수 있는 줄로 믿습니다. 비단 하나님의 일만 그렇겠습니까? 성도들이 하는 모든 일에도 그럴 줄 압니다. 성령이 충만하여, 성령의 지배함을 받는 삶을 살아가면, 이런 집중력을 발휘해 삶 가운데서도, 어떤 시련이나, 어떤 어려운 환경도, 능히 극복하며 성공할 수 있게 되는 것입니다.

그래서 성령 충만한 분들의 얼굴을 보면, 늘 웃음이 가득합니다. 활기가 있습니다. 오늘 죽도록 일했는데, 내일이면 금방 회복됩니다. 자기 안의 하나님으로부터 공급받은 힘으로 일을 하기 때문에, 성령 충만한 사람들은 일하고도 지치지 않습니다. 이것이 성령의 지배함을 받는 사람들의 특징이라는 것입니다.

오늘 인생을 살아감에 있어, 직장 생활을 함에 있어, 또는 교회에서 맡은 사역을 감당함에 있어, 자꾸만 힘이 들고, 자꾸만 내가 피곤하게 느껴지는 때가 있습니까? 인생에, 사역에 나타나는 열매는 없고, 자신의 힘만 고갈되는 그런 경험을 하신 적이 있습니까? 그래서 모든 것을 그냥 포기하고 싶은 그런 생각이 드십니까? 혹 이런 가운데 지내는 분들은 없으십니까? 곰곰이 생각 해 보시기 바랍니다. 일이 많아 힘든 것이 아닙니다.

환경이 어려워 힘든 것이 아닙니다. 무엇 때문입니까? 내가 성령에 충만하지 못하기 때문에 힘이 든 것입니다. 내가 성령의 지배를 받지 않고, 내 힘과 내 뜻으로 살아가려고, 그 일을 감당하려고 했기 때문에 힘이 든 것입니다. 자신의 힘으로 하나님의 일을 하려고 하기 때문에 힘이 드는 것입니다. 우리가 바르게 알아야 할 것은 성도가 하는 모든 일은 하나님의 일입니다. 그렇기 때문에 성도는 성령이 지배하여 성령의 힘으로 인생을 살아가고, 직장 생활을 해야 됩니다. 사람의 힘으로 하나님의 일을 하려니 얼마나 힘이 들겠습니까? 상상에 맡깁니다.

19세기의 사역자, D.L 무디가 이런 말을 했습니다. "사역자들을 망가뜨리는 것은 과도한 사역이 아니라 성령 없이 일하는 것이다" 참 멋진 얘기 아닙니까? 우리가 과도한 사역을 해서 무너지는 게 아니라는 겁니다. 성령 없이 일하기 때문에 무너지는 것입니다. 기계가 망가지는 게 기계를 많이 돌려서 망가지는 것입니까? 아닙니다. 윤활유 없이 돌리기 때문에 망가지는 것입니다. 오늘 우리가 하나님 앞에 성령의 충만을 위해 기도해야 하는 이유가 여기 있는 것입니다.

하나님 앞에서 기도하는 가운데 성령의 은혜를 받고, 성령의 능력으로 사명을 감당하는 하나님의 거룩한 자녀들이 다 되시기를 바랍니다. 우리는 사명을 꼭 교회에서 사역하는 것으로 한정하면 안 됩니다. 성도들이 하는 모든 일은 하나님께서 주신 사명입니다. 직장 생활도 사명입니다. 사업을 하는 것도 사명입니다. 예수를 믿고 성령으로 거듭난 성도가 하는 모든 일은 사명입니다. 사명을 거창하게 생각하지 마시기를 바랍니다. 다 같이 한번 따라합시다. "주여! 성령 없이는, 아무 일도 하지 않게 하옵소서." "주여! 성령에 사로잡힌 인생이 되게 하옵소서." 성령의 지배함을 받아, 남은 평생의 시간도, 이런 생산적인 인생, 집중력 있는 인생으로, 지치지 않는 인생을 살아가시는 성도님들이 다 되시기를 주님의 이름으로 간절히 축원 드립니다.

20장 하나님의 얼굴을 구하는 성도

(욥 42:5) "내가 주께 대하여 귀로 듣기만 하였사오나 이제는 눈으로 주를 뵈옵나이다."

영의 사람이 되면 하나님과 친밀한 관계가 됨으로 하나님의 손을 구하는 삶에서 하나님의 얼굴을 구하는 삶으로 전환이 됩니다. 우리가 아무리 사모하고, 기도를 많이 하고, 아무리 능력을 경험해도 하나님의 얼굴을 구하는 삶으로 전환하지 않으면 하나님과 친밀함은 절대 열리지 않습니다. 영의 사람으로 살아갈 수가 없습니다. 바꿔 말하면 하나님의 손을 구하는 삶에서는 하나님과 친밀함은 절대 불가능합니다. 아브라함은 하나님의 얼굴을 구하는 자입니다. 반대로 롯은 하나님의 손을 구하는 자입니다. 누가 어떻게 되었는지는 창세기에 결과가 잘 기록되어 있습니다. 우리는 하나님의 얼굴을 구하는 크리스천이 되어야 아브라함과 같은 전인적인 복을 받게 됩니다.

하나님의 손을 구하는 사람들은 홍해 가에 있는 이스라엘 사람들입니다. 하나님께 원망하면서 소리만 지르는 사람들입니다. 모세는 하나님의 얼굴을 구하여 하나님을 대면하는 삶을 산 사람입니다. 모세의 형 아론은 하나님의 손을 구한 사람입니다. 모세는 출애굽기 4장 10절에서 "입이 뻣뻣하고 혀가 둔한 자"라고 말씀하고 있습니다. 하나님도 이 부분을 인정하셔서 형인 아론을 붙여 주셨습니다. 하나님은 말 잘하는 아론과 직접 대화시며 일하시지 않으시고 모세에게 붙여주신 이유가 있습니다. 모세는 하나님의 얼굴을 보면서 대화하는 사람입니다. 반면에 아론은 말은 잘하지만 하나님의 얼굴을 볼 수 없는 육신에 속한 사람이기 때문입니다. 모세는 한마디로 하나님과 대면하며 친밀하게 지내는 사람입니다.

신앙의 본질은 하나님과 친밀함입니다. 하나님을 알고 사랑하는 삶을 말하는 것입니다. 하나님을 알기 위해서는 하나님께서 자신을 계시(조명)하실 때만 하나님을 알 수 있습니다. 하나님의 얼굴을 구해하는 것은 필수입니다. 따라서 하나님의 얼굴을 구하는 삶은 신앙의 첫 단추와 같습니다. 반대로 하나님의 손을 구하는 삶에서는 하나님과 친밀함이 절대로 가능하지 않습니다.

첫째, 하나님의 손을 구하는 삶에서는 친밀함은 절대 열리지 않는다. 요한복음 6장에 나오는 광야에 있는 사람들입니다. 오병이어의 떡을 먹었던 무리들과 제자들로서 큰 기적을 경험하고 또 사모한 그들이지만 예수님께서 십자가를 지실 것을 말씀하자 다 떠났습니다(요6:66). 예수님은 그들에게 영적인 눈을 열어 주시지 않았습니다. 하나님의 얼굴을 구하는 삶으로 나오지 않았기 때문입니다. 즉 하나님의 손을 구하는 삶(요6:26)을 사는 아담적인 사람이기 때문입니다. 여기서 우리가 기억해야 할 것은 하나님의 얼굴을 구하는 삶으로 나오지 않으면 그렇게 사모하여 나왔음에도 불구하고 하나님과 친밀한 교제가 전혀 열리지 않는다는 것입니다. 육신에 속한 아담이기 때문입니다.

또 다른 무리들은 광야 이스라엘 백성들입니다. 엄청난 기적들을 경험했음에도 불구하고 하나님과 친밀함이 전혀 열리지 않았습니다. 왜 그렇습니까? 하나님의 얼굴을 구하는 삶으로 전환하지 않았기 때문입니다. 우리가 아무리 사모하고, 기도를 많이 하고, 아무리 능력을 경험해도 하나님의 얼굴을 구하는 삶으로 전환하지 않으면 하나님과 친밀함은 절대 열리지 않습니다. 바꿔 말하면 하나님의 손을 구하는 삶에서는 하나님과 친밀함은 절대 불가능합니다. 하나님의 손을 구하는 삶의 특징은 이렇게 표현하고 설명할 수가 있습니다.

1)육신에 속한 사람으로 완악하여 하나님의 뜻을 헤아리지 못하고, 자신들의 육적인 만족을 이루기 위하여 하나님을 이용하니 하나님을 근심케 하고, 더 나아가 하나님을 분노케 합니다.

①이스라엘 백성들은 40년 동안 하나님의 행사를 보았음에도 불구하고 그들은 40년 동안 하나님을 격노케 하였습니다(히 3:7-19). 하나님의 능력을 경험하는 것이 반드시 하나님이 우리를 신임(기뻐하시는)하는 보증이 아니라는 겁니다. 이것은 별개입니다. 자신에게서 신령한 능력이 나타난다고 다된 것이 아니라는 것입니다.

②유다에서 제 3대 아사 왕은 여호와를 섬기는 신앙부흥을 적극적으로 추진한 왕이었습니다. 그는 먼저 이방제단과 산당을

없이하고 주상을 훼파하며 아세라신을 다 찍어 없앴습니다. 에티오피아의 대왕 세라가 백만 대군을 거느리고 유다를 침략해 들어왔을 때, 간절히 부르짖어 기도하여 하나님께서 에티오피아의 군대를 치셨습니다. 그 후 20년 동안 아무 일이 없이 나라가 부강하고 태평 성대하니 아사가 하나님을 찾지 않았습니다. 북방인 이스라엘 왕 바아사가 군대를 거느리고 유다를 침략하자 마음속에 두려움이 들어와서 여호와께 부르짖거나 기도하지 않았습니다. 병이 들어서 하나님께 구하지 않고 의원에게 의지했기 때문에 못 고쳤습니다(대하 16:12). 그는 죽고 만 것입니다. 형통함이 하나님의 기뻐하시는 보증이 아니라는 것입니다.

③ 요한계시록에 나오는 라오디게아 교회를 보세요(계3:14-17). 라오디게아교회는 세상 적으로 잘되었던 교회입니다. 급성장한 교회였습니다. 부족한 것이 없는 교회였습니다. 그런데 주님으로부터 칭찬 한마디 없는 교회가 바로 라오디게아 교회였습니다. 그런데 왜 칭찬을 못 받았나요? 세상 적으로 잘되는 것이 하나님이 자기들을 신임하는 보증이라고 자기들의 수준으로 생각한 것입니다. 많은 성도들이 세상에서 잘되는 것이 축복인줄로 압니다. 그러나 기억하세요, 외부적 사역의 확장이 하나님의 신임은 아니라는 것입니다. 하나님의 신임과는 별개입니다. 이것을 영의 눈을 열어 보셔야 합니다.

2)하나님의 얼굴을 구하지 않으면 하나님의 길을 알지 못합니다. 하나님의 길을 따라 행할 때 하나님이 기뻐하는 삶이 가능한

것입니다. 하나님의 길을 모르면 하나님을 기쁘시게 하는 삶은 불가능합니다. 하나님의 손을 구하는 삶에서는 친밀함이 불가능합니다. 따라서 하나님의 길을 알 수 없습니다. 고로 하나님을 기쁘시게 하는 삶은 불가능한 것입니다.

헨리 블랙가비 목사님은 하나님은 우리에게 3가지를 계시하시는데 하나님 자신, 하나님의 목적, 길(방법)을 계시하신다고 하셨습니다.

①하나님이 자신을 계시하시는 목적입니다. 모세를 하나님과 친밀한 관계로 인도하시기 위해서 자신을 계시하십니다. 그래서 하나님의 인도를 따라 가려면 영적인 눈을 열어 믿음으로 하지 않고는 불가능합니다. 그런데 믿음으로 주님을 의지하려면 주님을 알아야합니다. 하나님을 아는 만큼 믿을 수 있기 때문입니다.

②하나님이 목적을 계시하시는 이유입니다. 그 일에 동참케 하기 위해서 계시하셨습니다(계시가 곧 초청). 하나님의 일에 동참하려면 자신의 삶을 조정해야 합니다. 자신의 삶을 조정하려면 대가를 지불해야합니다. 오늘날 많은 사람이 하나님을 따르기를 원합니다. 그런데 대가는 지불하길 원치 않습니다. 하나님의 음성을 듣는 그 자체로 만족하는 경우가 많습니다. 그러니 실제 하나님과 동행하지 못한 것입니다. 하나님을 따르려면 반드시 대가가 지불되어야 합니나. 자신의 삶이 조정되고 동참되어지면 그때 주님이 앞서서 인도해가십니다. 구체적인 길(방법)을 지시하십니다.

③언제 하나님 자신, 목적, 길이 보일까요? 하나님의 얼굴을 구해야 합니다. 이스라엘 백성들은 하나님의 얼굴을 구하지 않으니 하나님이 자신을 계시하지 않았습니다. 하나님을 모르니 믿음이 없습니다. 따라서 불신, 세상사랑이 가득한 것입니다. 하나님의 얼굴을 구하지 않으니 하나님의 목적을 계시하지 않습니다. 하나님의 의중(길)을 모릅니다. 참다운 순종이 불가능한 것입니다. 따라서 하나님을 기쁘시게 하는 것은 불가능한 것입니다.

둘째, 하나님의 얼굴을 구하는 삶이 되어야 한다. 이 삶에서 하나님과 친밀함도, 동행하는 삶도, 다가오는 하나님의 놀라운 행하심에 동참하는 삶이 가능한 것입니다. 하나님의 얼굴을 구하는 성도는 육체가 십자가를 통과한 영에 속한 사람입니다. 하나님과 대화하는 영에 속한 성도로 거듭난 증거입니다.

1) 하나님의 얼굴을 구하는 삶의 특징입니다. 하나님의 얼굴을 구하는 삶은 하나님의 손을 구하는 삶과 정반대의 특징을 가지고 있습니다. 하나님과 친밀해집니다. 하나님의 길을 알고 그 길을 따라 행하기 때문입니다. 하나님의 은총이 있습니다. 하나님이 기뻐하십니다. 진정한 믿음이 있습니다. 하나님과 친밀한 교제에서 나오기 때문입니다. 올바른 순종을 할 수가 있습니다. 하나님이 영광으로 임하십니다. 출애굽기 34장에 보면 하나님이 모세 앞에 영광으로 임하십니다. 모세가 하나님의 얼굴을 구

한 것에 대한 응답으로 이루어진 것입니다.

성경은 마지막 때에 하나님의 놀라운 영광으로 하나님의 백성들과 하나님의 교회를 방문하실 것을 예언하고 있습니다. "일어나라 빛을 발하라 이는 네 빛이 이르렀고 여호와의 영광이 네 위에 임하였음이니라. 보라 어둠이 땅을 덮을 것이며 캄캄함이 만민을 가리려니와 오직 여호와께서 네 위에 임하실 것이며 그의 영광이 네 위에 나타나리니"(사60:1-2). 그러므로 오늘날 하나님의 얼굴을 구하는 삶으로의 전환이 어느 때 보다 절실하게 필요합니다.

2) 하나님의 얼굴을 구하는 삶이란 이렇습니다. 하나님의 손을 구한다는 말과 대조적으로 사용합니다. 하나님의 손을 구한다는 것은 자신의 목적과 목표를 위해 하나님의 도움이나 능력과 같은 하나님의 손길을 구하는 것입니다. 하나님의 얼굴을 구한다는 것은 하나님 자신을 구하는 것을 의미합니다. 하나님을 더 알기를, 더 사랑하기를 구하는 것입니다. 하나님을 자신의 주인으로 모시기 위하여 얼굴을 구하는 것입니다.

하나님의 손을 구하는 삶과 하나님의 얼굴을 구하는 삶은 별 차이가 없어 보이지만 근본적인 차이가 있습니다. 하나는 하나님이 수단이 되는 삶이고, 다른 하나는 하나님이 목적이 되는 삶입니다. 그러므로 하나님의 얼굴을 구하는 삶은 먼저 거짓신앙체계를 버리는 것, 즉, 하나님이 수단이 된 삶을 버리는 것에서 시작됩니다. 하나님이 목적이 되는 삶으로 바뀌어야 합니다. 하나님을 주인으로 모시고 살아가려는 자세가 되어야 합니다.

3)하나님의 얼굴을 구하는 삶의 실 예입니다. 먼저 모세입니다. "여호와께서 모세에게 이르시되 너는 네가 애굽 땅에서 인도하여 낸 백성과 함께 여기를 떠나서 내가 아브라함과 이삭과 야곱에게 맹세하여 네 자손에게 주기로 한 그 땅으로 올라가라. 내가 사자를 너보다 앞서 보내어 가나안 사람과 아모리 사람과 헷 사람과 브리스 사람과 히위 사람과 여부스 사람을 쫓아내고, 너희를 젖과 꿀이 흐르는 땅에 이르게 하려니와 나는 너희와 함께 올라가지 아니하리니 너희는 목이 곧은 백성인즉 내가 길에서 너희를 진멸할까 염려함이니라 하시니"(출33:1-3). 모세가 지금 있는 곳은 광야입니다. 하나님의 약속은 젖과 꿀이 흐르는 가나안 땅, 심지어 천사들을 앞서 보내어 모든 원수를 멸해주시겠다고 약속합니다.

모세의 이 자세를 보십시오. 모세는 하나님께서 함께 가시지 않는 젖과 꿀이 흐르는 가나안 땅이나 천군 천사를 통한 놀라운 승리보다 하나님의 임재가 함께 하시는 그 돌 뿐이고 숨이 막히는 사막이 더 좋다고 했습니다. 그만큼 그는 그 무엇보다 하나님의 얼굴을 구했습니다. 하나님의 임재, 하나님 자신을 구했습니다. 하나님과 함께 있기를 구했습니다. 그 무엇보다 하나님이 그에게 소중했습니다. 하나님의 은총 가운데 있는 것이 소중했습니다. 이것이 바로 하나님의 얼굴을 구하는 자세입니다.

우리는 이러한 모세의 기도와 삶의 자세를 보면서, 왜 하나께서 그에게 그러한 친밀함을 허락하셨는지, 그가 왜 하나님의 은총을 입었는지, 왜 하나님은 그의 기도를 들으사 곧바로 돌이키시고 이스라엘 백성들과 동행하셨는지, 그리고 왜 하나님께서 영광으로 그에게 임하셨는지를 깨달을 수 있습니다.

우리는 성경에서 하나님의 얼굴을 구하는 것이 무엇인지를 한 구절로 정리한 것을 볼 수 있습니다. "내가 여호와께 바라는 한 가지 일 그것을 구하리니 곧 내가 내 평생에 여호와의 집에 살면서 여호와의 아름다움을 바라보며 그의 성전에서 사모하는 그것이라"(시17:4). 하나님의 얼굴을 구하는 것은 하나님을 알고 사랑하는 것이 유일한 소망이 되는 것입니다.

다윗도 하나님의 임재 가운데서 하나님의 영광을 보고, 하나님의 아름다움을 앙망하는 것을 한 가지 소원으로 하나님께 간구했습니다. 그것은 다윗의 많은 소원 중의 하나가 아니었습니다. 심지어 많은 것 중에서 첫 번째도 아니었습니다. 그것은 다윗의 유일한 한 가지 소원이었습니다. 그리고 그것은 예전에도 그랬고, 지금도 변함없이 그랬습니다. 이것이 바로 하나님의 얼굴을 구하는 삶입니다. 하나님께서 다윗에 대해서 하나님의 마음에 합한 자라고 말씀하셨는데, 우리는 그 이유를 알 것 같습니다.

하나님의 얼굴을 구하는 것은 오직 하나님만이 유일한 목적이 되는 것을 말합니다. 필자는 성공적인 사업도 원하고, 하나님도 더욱 알기 원하는 성도들을 보았습니다. 그리고 목회도 성공하고 하나님의 영광도 보기 원하는 많은 목회자들도 보았습니다. 그러나 필자는 그것은 결코 하나님의 얼굴을 구하는 자세가 아닌 것을 발견했습니다. 그것은 나눠진 마음입니다. 우리들이 진실로 하나님을 알기 원하고, 하나님이 우리에게 소중하면, 그 분만이 우리의 유일한 목적과 목표가 되어야 합니다. 하나님만이 우리의 유일한 목표와 목적이 되어 질 때, 그 분 안에 우리에게 필요한 모든 것이 다 있습니다. 그 분은 천지를 창조하신 분일 뿐 아니라, 우리를 진실로 사랑하시는 분이시기 때문입니다.

4)우리는 지속적으로 하나님의 얼굴을 구해야 합니다.

①모세의 예입니다. 모세와 다윗과 같은 하나님의 사람들은 지속적으로 하나님의 얼굴을 구했습니다. 그들이 광야를 방황하며 헤맬 때 뿐 아니라, 그들의 사역이 확장되고 놀라운 하나님의 복이 그들과 함께 할 때에도 그들은 여전히 하나님의 얼굴을 구했습니다. 하나님 자신만이 그들의 유일한 소망이요 열망이었습니다. 출애굽기 33:12-13에 나오는 모세의 기도는 그의 사역의 절정기에 그가 한 기도인 것을 기억하십시오. "모세가 여호와께 아뢰되 보시옵소서, 주께서 내게 이 백성을 인도하여 올라가라 하시면서 나와 함께 보낼 자를 내게 지시하지 아니하시나이다. 주께서 전에 말씀하시기를 나는 이름으로도 너를 알고 너도 내 앞에 은총을 입었다 하셨사온즉, 내가 참으로 주의 목전에 은총을 입었사오면 원하건대 주의 길을 내게 보이사, 내게 주를 알리시고 나로 주의 목전에 은총을 입게 하시며 이 족속을 주의 백성

으로 여기소서"(출33:12-13).

②바울의 예입니다. 신약 성경에 나오는 사도 바울도 처음부터 끝까지 오직 예수님 한 분만을 구했습니다. 바울이 간절히 알기를 원했던 한 가지로서 오직 예수님만(주님만) 알기를 원했습니다. "내가 너희 중에서 예수 그리스도와 그가 십자가에 못 박히신 것 외에는 아무 것도 알지 아니하기로 작정하였음이라"(고전2:2). 사도 바울이 간절히 얻기를 원하는 것이 바로 예수 그리스도입니다. "그러나 무엇이든지 내게 유익하던 것을 내가 그리스도를 위하여 다 해로 여길뿐더러 또한 모든 것을 해로 여김은 내 주 그리스도 예수를 아는 지식이 가장 고상하기 때문이라 내가 그를 위하여 모든 것을 잃어버리고 배설물로 여김은 그리스도를 얻고"(빌립보서 3:7-8).

사도 바울이 간절히 본받기를 원하는 것도 예수 그리스도입니다. "내가 그리스도와 그 부활의 권능과 그 고난에 참여함을 알고자 하여 그의 죽으심을 본받아"(빌립보서 3:10). 바울은 그것을 얻기 위하여 다른 모든 것을 해로 여겼습니다(빌3:7-8절). 사도 바울은 오직 예수님만을 원했습니다. 고린도전서는 대체적으로 그의 사역의 초기 부분에 쓰인 서신서입니다. 그리고 빌립보서는 로마 옥중에서 쓰인 서신으로서 그의 사역의 말기 부분에 쓰인 서신입니다. 이 서신들을 보면, 바울은 처음부터 끝까지 오직 예수 그리스도만을 알기 원하고, 그 분만을 사랑하기 원했던 것을 알 수 있습니다.

우리는 지속적으로 하나님의 얼굴을 구해야 합니다. 우리는 이 점을 반드시 배워야 합니다. 우리의 유일한 목표와 목적은 처음부터 끝까지 하나님 자신뿐이어야 합니다. 그 분을 알고, 그 분을 더욱 사랑하는 것만이 되어야 합니다. 우리들이 하나님의 얼굴을 구하는 삶을 살다가도, 조금만 방향이 흐려져 다른 것이 우리의 삶의 초점이 되어지면, 심지어 그것이 주를 위한 사역이라 할지라도, 곧바로 하나님과의 친밀함이 우리에게서 끊어집니다.

5)하나님의 얼굴을 구체적으로 어떻게 구해야 합니까? 하나님의 얼굴을 구하는 과정은 이렇습니다. "그가 나가서 아사를 맞아 이르되 아사와 및 유다와 베냐민의 무리들아 내 말을 들으라. 너희가 여호와와 함께 하면 여호와께서 너희와 함께 하실지라. 너희가 만일 그를 찾으면 그가 너희와 만나게 되시려니와 너희가 만일 그를 버리면 그도 너희를 버리시리라"(대하15:2). 찾으면 만난바 되는데 어떻게 찾아야 할까요? "또 마음을 다하고 목숨을 다하여 조상들의 하나님 여호와를 찾기로 언약하고"(대하15:12), "온 유다가 이 맹세를 기뻐한지라. 무리가 마음을 다하여 맹세하고 뜻을 다하여 여호와를 찾았으므로 여호와께서도 그들을 만나 주시고, 그들의 사방에 평안을 주셨더라."(대하15:15).

하나님을 아는 것이, 찾는 것이 유일한 목표가 되는 것으로, 100으로 하나님을 찾아야 하나님을 1이라도 알 수 있습니다.

지속적으로 찾느냐에 따라서 30%, 60% 알아갈 수 있는 것입니다. "여호와께서 이와 같이 말씀하시니라. 바벨론에서 칠십 년이 차면 내가 너희를 돌보고 나의 선한 말을 너희에게 성취하여 너희를 이곳으로 돌아오게 하리라. 여호와의 말씀이니라. 너희를 향한 나의 생각을 내가 아나니 평안이요 재앙이 아니니라. 너희에게 미래와 희망을 주는 것이니라. 너희가 내게 부르짖으며 내게 와서 기도하면 내가 너희들의 기도를 들을 것이요, 너희가 온 마음으로 나를 구하면 나를 찾을 것이요, 나를 만나리라."(렘 29:10-13).

전심으로 찾는 것이 어떤 것입니까? "내 이름으로 일컫는 내 백성이 그들의 악한 길에서 떠나 스스로 낮추고 기도하여 내 얼굴을 찾으면 내가 하늘에서 듣고 그들의 죄를 사하고 그들의 땅을 고칠지라."(대하7:14). 스스로 겸비한다는 뜻은 역대하 22장의 요시아 왕이 보인 것과 같이, 말씀 앞에 정직하게 엎드려 동의하는 것입니다. 전심으로 기도(구하고, 찾고, 두드림)해야 합니다. 구하고 찾고 두드립니다(눅11:9). "내가 또 너희에게 이르노니 구하라, 그러면 너희에게 주실 것이요. 찾으라, 그러면 찾아낼 것이요. 문을 두드리라, 그러면 너희에게 열릴 것이니"(눅11:9). 하나님의 얼굴을 구해야 합니다. 창32장에 나오는 얍복강의 야곱과 같이 하나님의 얼굴을 구해야 합니다. 그리고 익한 길에서 떠나야 합니다. 온유함으로 옷을 입어야 합니다.

아사왕의 예(대하15:8-15)입니다. "온 유다가 이 맹세를 기뻔한지라 무리가 마음을 다하여 맹세하고 뜻을 다하여 여호와를 찾았으므로 여호와께서도 그들을 만나 주시고 그들의 사방에 평안을 주셨더라"(대하15:15). 중간에 멈추십니다. 유지와 지속적이 중요합니다.

6)하나님의 얼굴을 구하는 삶의 특징은 하나님의 방법을 따라 사는 삶입니다. 자기의 방법을 따라 사는 삶을 종결하고 하나님의 뜻을 물어보는 것입니다. 하나님의 의도를 질문하여 알아내고 순종하는 것입니다. 한마디로 하나님의 방법대로 사는 삶을 사는 것입니다. "곧 내가 오늘 네게 명령하여 네 하나님 여호와를 사랑하고 그 모든 길로 행하며 그의 명령과 규례와 법도를 지키라 하는 것이라. 그리하면 네가 생존하며 번성할 것이요, 또 네 하나님 여호와께서 네가 가서 차지할 땅에서 네게 복을 주실 것임이니라"(신30:16).

특히 여호수아 22장은 여호수아가 가나안 정복을 마치고 르우벤 사람과 갓 사람과 므낫세 반 지파를 요단 동편으로 보내면서 그들을 향한 모든 신앙의 권면을 이 한 마디 속에 담아서 당부한 구절입니다. 핵심은 "하나님의 길로 행하라"입니다.

예수님은 철저하게 하나님의 방법을 따라 사셨습니다. "그러므로 예수께서 그들에게 이르시되 내가 진실로 진실로 너희에게 이르노니 아들이 아버지께서 하시는 일을 보지 않고는 아무 것도 스스로 할 수 없나니 아버지께서 행하시는 그것을 아들도 그와 같이 행하느니라"(요15:19). 하나님의 방법을 따라 살기 위해 우리에게 필수적인 요소 중 하나는 하나님께 묻는 것입니다. 하나님의 의중에 순종하고 따르는 것입니다.

가장 잘 묻는 사람이 다윗입니다(삼상23:2-4; 삼하2:1). "이에 다윗이 여호와께 묻자와 이르되 내가 가서 이 블레셋 사람들을 치리이까? 여호와께서 다윗에게 이르시되 가서 블레셋 사람들을 치고 그일라를 구원하라 하시니, 다윗의 사람들이 그에게 이르되 보소서 우리가 유다에 있기도 두렵거든 하물며 그일라에 가서 블레셋 사람들의 군대를 치는 일이리이까 한지라. 다윗이 여호와께 다시 묻자온대 여호와께서 대답하여 이르시되 일어나 그일라로 내려가라 내가 블레셋 사람들을 네 손에 넘기리라 하신지라"(삼상23:2-4).

이 중 대표적인 사례가 삼상30장입니다. 다윗이 블레셋에 피신, 당시 블레셋 족장들과 합하여 사울을 차러갑니다. 가다가 자기가 머물던 시글락으로 돌아옵니다. 아말렉 사람들이 남아있던 자녀, 아내들을 포로로 끌고 갑니다. 다윗의 부하들이 돌을 들어 다윗을 치려고 합니다.

이런 상황에서도 하나님께 물어봅니다(삼상30:6-8). 이러한 다윗도 묻지 않아서 큰 낭패를 경험한 적이 있습니다(대상13장). 나중에 그의 가장 근본적인 잘못이 하나님께 묻지 않았던 것에 있었음을 발견합니다(대상15:13). 영에 속한 성도는 하나님의 얼굴을 구하면서 매사를 하나님의 뜻에 따라 순종하면서 살아가는 성도입니다.

5부 영의 사람으로 살아가는 삶

21장 성령의 법 안에서 살아가는 삶

(롬 8:1-2) "그러므로 이제 그리스도 예수 안에 있는 자에게는 결코 정죄함이 없나니, 이는 그리스도 예수 안에 있는 생명의 성령의 법이 죄와 사망의 법에서 너를 해방하였음이라"

생명의 성령의 법으로 살아가는 성도가 영의사람입니다. 세상에 법이 없다면 이 세계는 생지옥이 되고 말 것입니다. 자연에는 자연의 질서 정연한 법이 있습니다. 국가에는 나라를 다스리는 국법이 있고 각 사회단체는 그 사회단체를 운영해 나가는 법이 있습니다. 인간에게는 개인에게 양심의 법이 있고 또 최상 최고의 법은 하나님의 성령의 법이 있는 것입니다. 우리들의 삶의 발전과 행복은 이 법들을 알아내고 이 법을 잘 지킬 때 그리고 이 법을 이용할 때 우리의 삶은 행복하고 하나님의 영광이 충만하게 되지만, 이 법을 어기면 조만 간에 법을 어긴 죄로써 벌을 받게 되는 것입니다. 그것은 한 국가의 법을 어기면 국가에서 벌을 받고, 자연법을 어기면 자연의 벌을 받게 되는 것입니다. 하나님의 법을 어기면 하나님께로부터 벌을 받게 되는 것입니다. 하나님의 법은 성령의 법입니다. 성령의 법도 하나님의 법을 우리가 알아내고 그 성령의 법을 우리 생활에 활용할 때, 그 성령의 법은 자연의 법을 초월해서 위대한 역사를 우리들을 위해서 베풀어주는 것입니다.

첫째, 영적 세계의 실상을 알아보자. 오늘 육으로 태어난 사람은 영적 세계가 있는 것조차 모르고 또 인정도 안 합니다. 그러나 원래 하나님께서는 영이신 데 영이신 하나님이 만물을 지으셨습니다. 성경에는 "하나님은 영이시니 예배하는 자가 영과 진리로 예배할찌니라"고 말씀한 것입니다. 영이신 하나님께서 눈에 보이는 이 모든 삼라만상을 지으셨기 때문에 이 눈에 보이는 만물은 영에서 나온 것입니다. 땅이 공허하고 혼돈하며 흑암이 깊음 위에 있을 때 하나님의 영이 수면에 운행하셨습니다. 그때 영이신 하나님이 말씀하셨습니다. "빛이 있으라" 그러자 빛은 영이신 하나님의 입술의 말로써 지어졌습니다. 물 위에와 물 아래로 갈라지고 "궁창이 생겨나라" 영이신 하나님의 입의 말씀을 통해서 하늘 위의 물과 하늘 아래의 물로 갈라지고 궁창이 생겨났습니다. 영이신 하나님이 명령하셨습니다.

"온 천하의 물은 한 곳으로 모이고 육지가 드러나고 그곳에 각종 열매 맺는 풀과 나무가 생겨나라"고 하시자 물질적인 이 열매 맺는 풀과 나무가 생겨나고 육지에 창성하게 되었었습니다. 영이신 하나님이 말씀하기를 "하늘에는 해와 달과 별이 있어 땅을 비춰라" 그러자 해와 달과 별들이 나타났습니다. "공중에는 새들이 날고, 바다 속에는 물고기가 놀도록 하라" 영이신 하나님의 명령을 따라서 그 모든 육체들이 생겨났고, 영이신 하나님께서 "땅은 곤충과 짐승으로 가득 차고 뛰놀게 하라" 하고 말씀하니 그대로 되었습니다. 영이신 하나님이 사람을 흙으로 취하시고 그 속에 하나님의 영을 불어넣어 주셨습니다. '후욱'하고 불어넣으니까 사람이 생령이 되어서 살아났습니다.

　여기에 모든 물질세계, 모든 생물 세계는 하나님이 직접 영으로써 말씀으로 지었지만, 인간은 하나님이 친히 손으로 지으시고 생기를 불어넣어서 생령이 됨으로 사람만이 영적으로 지음을 받았습니다. 그렇기 때문에 사람만이 영적인 존재로써 하나님과 대화하고 하나님과 사랑을 나눌 수 있게 된 것입니다. 그래서 오늘 우리가 보는 이 세계는 먼저 영적인 세계에서 태어났다는 것을 알아야하는 것입니다. 사람들은 영의 세계는 무력하고 물질의 세계는 힘이 있는 줄 알지만, 실상은 그렇지 않습니다. 우리가 보는 이 모든 물질세계는 눈에 안 보이는 배후의 영적인 세계가 생산해 낸 것입니다. 그리고 인간은 물질이 아니라 영입니다. 하나님의 형상과 모양대로 지음 받은 영이 이 물질 속에 살고 있는 것입니다.

　그러므로 인간이 하나님과 영적으로 동행하는 이상, 인간은 물질세계를 지배하고 살 수 있도록 만들어진 것입니다. 왜냐하면 물질은 영에서 나왔으며 영이 물질세계를 지배합니다. 사람은 영이기 때문에 자기의 육체를 지배할 뿐만 아니라, 자기의 주변 세계를 지배하도록 만들어 놓은 것입니다. 왜냐하면 영은 물질 보다 높은 차원이기 때문인 것입니다. 창세기 1장 27절로 28절에 "하나님이 자기 형상 곧 하나님의 형상대로 사람을 창조하시되 남자와 여자를 창조하시고 하나님이 그들에게 복을 주시며 하나님이 그들에게 이르시되 생육하고 번성하여 땅에 충만하라, 땅을 정복하라, 바다의 물고기와 하늘의 새와 땅에 움직이는 모든 생물을 다스리라 하시니라." 여기에 영인 사람은 땅을 정복하고 모든 만물을 다스리도록 하나님께서 명령하신 것입니다.

그러므로 사람이 영적인 존재인 이상 사람은 물질의 노예가 되지 않습니다. 그럼에도 불구하고 우리가 현재의 인간을 보면 죄의 노예 생활을 하고, 절망의 다스림을 받으며, 질병의 포로가 되고, 가난과 실망과 저주에 짓밟히고, 최후에는 죽음의 노예가 되어서 그 육체가 썩어져 버리고 맙니다. 왜 이처럼 인간은 처참하게 물질 환경의 노예로 전락해버리고 말았을까요? 그것은 인간의 타락과 영이 죽음으로 그런 일이 생기게 된 것입니다. 인간의 영이 살아있었으면 인간의 영은 하나님과 교제하고 물질적인 세계를 창조하고 지배하고 다스렸을 것입니다. 그런데 인간의 영이 죽고 인간이 육체로 전락함으로 말미암아 물질의 포로가 되어버리고 만 것입니다.

하나님께서 에덴동산에 모든 아름다운 것을 다 예비해 놓으시고 동산의 모든 것을 다 마음대로 다스리고 즐기되 하나님의 특권인 "선악을 아는 열매는 먹지 말라, 먹으면 죽으리라"고 말씀하셨습니다. 인간이 영으로 지음 받아 모든 것을 다스릴 권한이 있지만 하나님을 다스릴 권한은 없습니다. 그러므로 하나님의 권위만은 반드시 인정을 해야 인간은 영으로써 다스림을 받으며 살 수 있는 것입니다. 그런데 그만 아담과 하와가 마귀의 꾐을 받아서 하나님과 동등하게 되려고 하나님의 권위를 짓밟고 선악과를 따먹자, 그 길로 하나님과의 교제가 끊어지고 그 영은 죽어버리고 만 것입니다. 영이 없어진 것이 아니라 영이 그만 하나님과 교제가 끊어지고 죽어버린 것입니다.

그래서 영이 죽어버린 인간은 별도리 없이 이제는 자기의 마음과 육체만 의시하는 자연인이 되었고, 육체의 사람이 되었고, 자연의 법칙의 노예가 되어버리고 만 것입니다. 자연인은 이제 영적 세계를 전혀 알 수 없습니다. 영이 죽었기 때문에 영의 세계와는 절대로 교제 할 수 없고 영의 세계에 대한 관념은 전혀 없습니다. 성경은 고린도전서 2장 14절에 "육에 속한 사람은 하나님의 성령의 일들을 받지 아니하나니 이는 그것들이 그에게는 어리석게 보임이요, 또 그는 그것들을 알 수도 없나니 그러한 일은 영적으로 분별되기 때문이라."고 말씀하는 것입니다. 그러므로 영이 죽은 육에 속한 사람은 하나님의 신령한 일은 절대로 깨닫지 못하고 또 하나님의 신령한 일은 어리석기 짝이 없게 보이는 것입니다.

육에 속한 사람이 성경을 읽으면 성경은 완전히 어리석은 신화로 보이는 것입니다. 육에 속한 사람은 교회 와서 하나님을 예배하라고 하면 비웃고 시간 낭비라고 말합니다. 육에 속한 사람은 하나님의 신령한 일을 깨달을 수가 없습니다. 깨닫는 능력도 없는 것입니다. 오늘 부정 모혈로 태어난 모든 인간은 육의 사람들입니다. 이런 사람들은 자연환경 속에서 이를 지배하고 살기 위해서는 이성을 통해서 과학을 발전시켜서 이성과 과학으로 살지 그 위에 믿음으로 사는 길은 전혀 알지 못하는 것입니다. 이와 같은 인간은 처절한 상황 속에 살게 되는 것입니다. 영화롭게 지음받은 인간이지만은 별도리 없이 자연 법칙의 노예가 되어서 살고 있는 것입니다. 그러면 우리가 다시 영적으로 살아갈 수 있는 길은 없을까요? 다시 하나님과 교제하고 하나님처럼 영적으로 자연과 운명을 창조하고 지배하면서 살아갈 수 없을까요? 바로 그 일을 얻게 하기 위해서 예수께서 이 세상에 오신 것입니다.

둘째, 영적인 세계를 도로 찾는 길. 오늘 알아보고 싶은 것은 영적인 세계를 도로 찾는 길인 것입니다. 하나님의 아들 예수님께서는 인간의 육신을 쓰시고 이 땅에 오셨지만 영적인 사람이 어떠한 것인가를 모범적으로 보여주신 것입니다. 예수님을 보십시오. 예수님은 우리와 같이 피와 육을 가진 사람으로 태어났지만 그 영이 살아있었고 하나님과 교제했던 영적인 사람입니다. 모든 사람이 육의 사람인데 예수님은 영의 사람으로 태어나셔서 영의 사람으로서의 모습을 보여주신 것입니다.

예수님은 가시는 곳마다 영의 사람으로서 말씀으로 죄를 다스렸습니다. 말씀으로 귀신을 다스렸습니다. 말씀으로 질병을 쫓아내고 다스렸습니다. 말씀으로 환경을 지배했습니다. 파도 이는 바다도 잠잠케 하셨습니다. 주님께서 말씀으로 죽은 자도 살려내셨습니다. 말씀으로 없는 것도 있게 하셨습니다. 영의 사람이 인간의 운명과 환경을 지배하고 다스릴 수 있다는 그 모범을 예수님께서 보여주셨습니다. 그리고 예수께서 말씀하기를 "나를 믿는 자는 내가 하는 일을 저도 행할 것이요, 이보다 더 큰 것도 행하리니 이는 내가 아버지께로 감이니라"고 말씀하신 것입니다. 이러므로 영으로 살아난 사람은 예수님처럼 살 수 있게 되고, 예수님보다도 더 큰 일을 하면서 살 수 있다는 보장을 주신 것입니다.

그러면 우리가 어떻게 영적으로 도로 살아날 수 있을까요? 예수님의 교훈에 귀를 기울여 보십시다. 요한복음 3장 5절로 6절에 "예수께서 대답하시되 진실로 진실로 네게 이르노니 사람이 물과 성령으로 나지 아니하면 하나님의 나라에 들어갈 수 없느니라. 육으로 난 것은 육이요 영으로 난 것은 영이니." 이처럼 말씀하셨습니다. 육으로 난 것은 어디까지나 육이기 때문에 육의 세계 지배를 받지만 영으로 태어난 사람은 육의 세계를 지배하고 다스리는 것입니다. 영으로 태어나는 것은 무엇일까요? 물로 태어나라고 말씀합니다. 물은 생명의 말씀이며 말씀으로 자신을 보면서 회개를 의미합니다. 우리가 영으로 태어나자면, 하나님을 거역하고 하나님의 법을 무시하고 인본주의로 살았던 죄를 철저히 회개해야 하는 것입니다.

회개하지 않고 영으로 살아날 수 없습니다. 그러므로 우리는 인본주의로 살고 하나님을 무시하고 하나님의 법을 거역한 죄악을 회개하고, 그 다음 우리를 위해서 십자가에 못 박혀서 우리의 죄와 불의와 저주를 한 몸에 걸머지시고 죽었다가 장사한지 사흘만에 부활하신 예수 그리스도를 나의 구주로 받아들이고 이 예수가 나의 구주가 되었다는 것을 입으로 시인하게 될 때 하나님의 성령이 우리 속에 들어와서 우리 죽은 영을 살려주시는 것입니다. 우리 죽은 영이 살아나게 되는 것입니다. 영이 살아나서 육의 사람이 영의 사람으로 변화되는 것입니다. 성경은 말씀하기를 "그런즉 누구든지 그리스도 안에 있으면 새로운 피조물이라 이전 것은 지나갔으니 보라 새 것이 되었도다."(고후5:17) 라고 말씀하는 것입니다.

이처럼 육의 사람이 영의 사람으로 변화되어서 비로소 하나님을 향하여 아바 아버지라고 부르고, 아버지와 교통이 있고, 하나님의 말씀을 받아들이게 될 때 이제 하나님의 위대한 인간으로 변화되는 것입니다. 이제 육의 사람이 아니라 영의 사람인 것입니다. 예수를 구주로 믿으시면 아멘 하십시다. '아멘' 그러면 당신은 육에 있지 않고 영에 있습니다. 우리들은 육의 사람이 아니고 영의 사람인 것입니다. 이 세상에 수많은 사람들이 살지만 똑같지 않습니다. 육의 사람과 영의 사람이 분명하게 분별되는 것입니다. 땅에 속한 사람과 하늘에 속한 사람이 분명하게 분별되는 것입니다. 그러므로 우리가 영의 사람으로 태어났으면 이제 영의 사람으로 성장해야 되는 것입니다. 우리가 장성해야 영의 사람으로서의 그 능력을 발휘할 수 있는 것입니다.

 어떻게 하면 영적인 세계에서 성장할 수 있을까요? 영의 사람으로 태어나면 영의 사람으로 성정하기 위해서는 곧장 성령으로 세례 받고 성령 충만함을 받아야만 되는 것입니다. 영의 사람이 성령으로 충만함을 받지 못하면 하나님의 신령한 깊은 세계를 깊이 이해할 수 없기 때문에 자라지 않습니다. 이러므로 예수 믿고 난 다음 반드시 우리가 해야될 일은 성령으로 세례를 받아야 합니다. 바울 선생이 에베소 교인들에게 "너희가 믿을 때 성령을 받았느냐?"고 질문하신 것처럼 반드시 예수 믿고 난 다음에는 하나님께 간절히 기도하여, 성령으로 세례를 받고 자신 안에 주인으로 오신 예수님으로부터 날마다 시마다 지속적으로 성령과 불로 세례를 받으면서 성령 충만함을 받아야 되는 것입니다. 그리하여 성령의 지배와 장악과 인도를 받아야 합니다. 그리고 영의 사람은 영의 양식인 말씀을 늘 먹어야 되는 것입니다. 이 말씀은 바로 영의 양식인 것입니다. 아무리 건강한 사람도 먹지 않고는 그 생명을 유지할 수 없습니다.

이처럼 영으로 태어난 사람이 하나님 말씀을 듣고 읽고 묵상해서 말씀의 영양분을 취하지 아니하면 그는 곧장 영의 사람으로서 성장하지 못하고 죽을 수밖에 없습니다. 그리고 우리는 기도를 무시로 해야 합니다. 기도는 영의 사람의 호흡입니다. 신령한 하늘나라의 대기를 끊임없이 호흡하기 위해서 영의 사람은 끊임없이 기도해야 됩니다. 하루에 집중적으로 적어도 한 시간쯤 기도해야 되고, 그 외에 시시각각으로 늘 마음속의 하나님께 기도하는 생활을 해야 됩니다. 기도는 영적인 호흡이요, 기도를 통해서 영의 세계를 마셔들이는 것입니다. 그리고 영의 사람은 영적인 말씀의 법칙을 따라 믿음으로 실천함으로 영적인 세계의 창조적인 기적을 체험해야 되는 것입니다. 내 영혼 속에 체험하고, 내 육체 속에 체험하고, 내 생활 속에 영의 세계의 놀라운 기적들을 체험하게 되면 우리의 신앙이 부쩍부쩍 자라나게 되는 것입니다.

셋째, 영적인 법칙의 나타남. 영적인 법칙의 나타남을 설명해 드리겠습니다. 우리는 이 세상에 오랫동안 육체 속에 속하여서 자연 법칙의 노예로 살았기 때문에 영적인 법칙이 어떻게 나타나는지 잘 모릅니다. 구약시대에 보면 이스라엘에 3년 6개월 동안 기근이 왔을 때가 있습니다. 하나님께서 맹렬히 심판하사 이스라엘 전역에 기근이 와서 우물은 다 말라버리고 푸른 것은 다 불탔습니다. 사람들은 여기저기서 수없이 굶어 죽었습니다. 그럴 때 사렙다의 과부가 이제 마지막 조금 남은 기름과 밀가루를 가지고서 과자를 구워서 자기 외아들과 나누어 먹고 죽으려고 했었습니다. 그래서 나무를 줍는데 하나님의 종 엘리야가 나타났었습니다. 엘리야가 무엇을 하고 있느냐고 물으니까 "나는 이제 밀가루 한 움큼과 병에 조금의 기름밖에 남지 않았는데 이를 반죽해서 과자를 만들어 내 아들과 먹고 죽으려고 합니다."라고 하자 "그래요? 그러면 그 과자를 만들어서 물 한 사발과 함께 내게 가져오시오. 그래서 그 과자를 내게 먹게 하고 그 물을 내게 마시우게 하면 내가 당신에게 선언합니다. 이 기근이 끝날 때까지 그 밀가루 통에서 밀가루가 떨어지지 아니하고 그 기름병에서 기름이 마르지 아니할 것입니다."라고 영적인 법칙을 말했습니다. 영적인 법칙은 하나님의 말씀을 듣고 순종하면 이루어지는 것입니다.

그래서 그 과부에게 "당신이 믿음으로 영적인 법칙을 담대하게 실천해 볼 각오가 되어 있으면 기근에 살아나갈 것이요, 영적인 법칙을 실천해 볼 용기가 없으면 자연 법칙대로 기근에 시달려 죽고 말 것입니다"라고 말한 것입니다. 이 사렙다의 과부는 담대하게 영적인 법칙을 실행하기로 결심을 하고 마지막 남은 밀가루와 기름으로 과자를 구워서 물 한 사발과 함께 가지고 와서 엘리야를 대접했습니다. 엘리야는 바로 하나님의 종이기 때문에 하나님을 대변합니다. 하나님의 말씀대로 순종하고 그 과자를 만들어 엘리야에게 대접했습니다. 말씀대로 순종하자 그 시로부터 시작해서 하나님의 영적인 법칙이 생겨났습니다.

　자연법으로는 있을 수가 없는 일인데, 영적인 법칙은 자연의 법칙을 초월해서 창조하고 지배하는 법칙인 것입니다. 곧장 그 밀가루 통에서 밀가루가 떨어지지 아니하고 그 기름병에서 기름이 그치지 아니하기를 가뭄이 다 지나도록 그렇게 된 것입니다.

　신약 성경에 보면 예수님께서 가나의 혼인 잔치에 갔을 때, 예수님의 어머니 마리아가 오셔서 이 집에 포도주가 떨어졌다고 했습니다. 그럴 때 예수님께서는 영적인 법칙을 적용했습니다. 그 종들로 하여금 결례 통 여섯에 물을 가득히 채우라고 했습니다. 먼저 포도주를 거두기 전에 예수님의 말씀대로 순종해야 합니다. 그래서 믿음으로 결례 통에 물을 가득 채워놓으니까 예수님께서 이 물을 퍼서 연회장에게 갖다 주라고 했습니다. 연회장에게 갖다 주니 그가 마셔보고 아주 좋은 포도주라고 말합니다. 그래서 그가 말하기를 "보통 집에서는 처음에는 좋은 포도주를 내었다가 취한 후에는 나쁜 포도주를 내는데, 이 집에서는 끝까지 좋은 포도주를 내었다"고 말했습니다. 여기에서 자연 법칙을 능가한 영적인 창조의 법칙을 주님이 보여주신 것입니다. 영적인 법칙은 말씀(레마)를 듣고 순종할 때 기적이 일어납니다.

　넷째, 영적인 법칙에 따라서 사는 길. 영적인 법칙에 따라서 사는 길을 몇 가지 보여드리고자 합니다. 영은 법입니다. 그 법칙을 우리가 성경에서 찾아내야 합니다. 자연법칙은 연구실에서 그 법칙을 찾아내서 그것을 실생활에 활용하여 과학을 발전시키는 것처럼, 영적인 법칙은 성경에서 찾아내야 하는 것입니다. 하나님은 성경에 하나님의 신령한 법칙을 가득 담아 놓으셨습니다. 이 신령한 법칙은 우리가 성령으로 기도하면서 성령의 도움을 받아서 읽으면 그 법칙이 마음에 깨달아집니다. 신령한 법칙을 성경에서 찾아내서 그대로 적용하면 우리 모든 자연적인 인간 생각으로는 상상할 수 없는 일들이 일어나게 되는 것입니다.

몇 가지 영적 법칙을 말씀드리겠습니다. 구원받는 영적 법칙이 있습니다. 구원받는 법칙을 모르면 인간은 자기의 좋은 윤리와 도덕적인 행위로써 구원받으려고 아무리 애를 쓴들 됩니까? 안 됩니다. 그러나 구원받는 영적인 법칙은 성경에 있습니다. 그것을 보면 우리 불신앙과 불순종과 불법적인 삶을 회개하고, 우리를 위해서 십자가에 못 박혀 죽었다가 부활하신 예수를 내 구주로 모셔들이고 입술로 고백하면 성령이 오셔서 영적인 법칙이 작용해서 우리의 죄가 다 용서함 받고 구원받는다고 말씀하고 있는 것입니다.

성경은 말씀하기를 영적인 법칙으로 로마서 10장 9절에 "네가 만일 네 입으로 예수를 주로 시인하며 또 하나님께서 그를 죽은 자 가운데서 살리신 것을 네 마음에 믿으면 구원을 받으리라."라고 말씀하는 것입니다. 이것은 영적인 법칙입니다. 그렇기 때문에 아무리 죄를 짓고 불의하고 추악하며 버림을 받아야 마땅한 인간이라도 이 영적인 법칙을 이용해서 자기 죄를 고백하고 예수를 구주로 모시고 입술로 예수가 나의 구주 된 것을 시인하면 그 자리에서 성령의 기적적인 역사가 일어나서 죄는 용서함 받고,

의롭다함을 얻고, 그 영혼이 거듭나서, 하나님의 성령이 그 영혼 속에 들어와 거하게 되는 것입니다.

　이 세상에는 성결케 사는 법칙도 있는 것입니다. 어떻게 하면 성결케 살까요? 성경은 로마서 8장 2절은 말씀하기를 "이는 그리스도 예수 안에 있는 생명의 성령의 법이 죄와 사망의 법에서 너를 해방하였음이라." 고 말씀하는 것입니다. 우리가 성결하게 살 수 있는 것은 인간의 결심과 각오만으로는 안 됩니다. 그것은 며칠 못 가서 도로 다 희석되어 버리고 마는 것입니다. 성결하게 사는 법칙은 성령의 역사가 일어나야 되는데 예수님께서 십자가에서 모든 죄를 다 멸한 사실을 알고 믿어야 되는 것입니다. 예수님이 십자가에서 죄만 사한 것이 아니라 죄악의 모든 권세를 다 깨뜨려버리고 만 것입니다. 그러므로 나에게 죄를 짓게 하고 나를 유혹하는 모든 것이 십자가에서 다 깨뜨려졌다는 사실을 알고 난 다음, 그 다음 이것을 우리에게 가져오는 것은 성령님이십니다.

　이러므로 성령으로 충만함 받기를 간절히 기도해서 우리가 성령 충만함 받고 난 다음 그 다음에는 모든 생활 속에 수시로 성령님을 인정하고 환영하고 모셔들이고 의지하면 하나님의 성령의 능력으로 말미암아 성령의 법칙으로 죄와 사망의 법에서 벗어나서 우리는 성결한 삶을 살수가 있는 것입니다. 이러므로 이것도 성결하게 되는 법칙인 것입니다. 이 법칙을 적용하지 아니하고는 어떠한 사람도 예수 믿고 성결하게 될 수 있는 힘이 없습니다. 성결은 바로 예수님께서 십자가에서 이루어 놓으신 사실을 하나님의 성령께서 오셔서 우리의 생활 가운데 전개해 주시는 것입니다. 이 법칙을 이용하면 우리는 모든 죄악의 습관에서 벗어나서 성결함을 얻을 수가 있는 것입니다.

성경에는 또한 병 낫는 법칙도 기록하고 있습니다. 우리가 병들어 고생하고 있는 사람, 병 낫는 법칙도 있습니다. 야고보서 5장에 보면 그 법칙을 분명하게 기록하고 있습니다. 우리가 병에서 고침 받으려면 먼저 죄를 고백해야 됩니다. 약5장 16절에 "그러므로 너희 죄를 서로 고백하며 병이 낫기를 위하여 서로 기도하라 의인의 간구는 역사하는 힘이 큼이니라." 고 말씀하신 것입니다. 그러므로 우리가 죄를 고백해야 됩니다. 많은 병들이 내가 직접 죄를 지으므로 죄의 형벌로 오는 때가 있고, 내가 직접 죄를 안 지어도 우리 조상 아담의 죄, 우리 사회적인 죄 때문에 병이 들기도 하는 것입니다. 그러므로 우리는 죄를 회개해야 치료함을 받을 수가 있는 것입니다. 병 낫는 법칙은 하나님 앞에 철저히 우리 죄를 회개하는 것입니다. 그 다음에는 죄를 회개했으면 교회와서 장로님들이나 주의 종에게 안수 기도를 받든지 그보다 더 좋은 것은 기름을 바르며 위하여 기도 받는 것입니다. 성경에는 기름을 바르고 기도하라고 말씀합니다.

또한 저주에서 해방을 얻는 법칙도 있습니다. 저주에서 해방을 얻는 법칙은 어떻게 알까요? 이 영적인 법칙을 적용하려면 먼저 예수께서 저주를 다 담당했다는 사실을 확실히 알아야 됩니다. 모르면 믿을 수가 없어요. 갈라디아서 3장 13절의 말씀대로 "그리스도께서 우리를 위하여 저주를 받은바 되사 율법의 저주에서 우리를 속량하셨으니 기록된바 나무에 달린 자마다 저주 아래에 있는 자라 하였음이라" 라고 말씀하고 있는 것입니다. 예수께서 십자가에서 내 일생의 가시와 엉겅퀴와 저주를 다 청산한 것을 확실히 알고 난 다음에는 이 축복의 법칙을 적용하기 위해서는 하나님은 주인이라는 것을 행함으로 보여야 합니다. 하나님이 주인이라는 것을 인정하는 성도라면 십일조를 드린다는 것입니다. 하나님의 소유라는 것을 인정하는 성도는 십일조를 합니다. 하나님의 축복 속에 살아가는 성도입니다.

이처럼 성경을 찾아보면 성경에는 신령한 영적인 법칙이 많이 감추어져 있습니다. 이 법칙을 발견해서 이것을 생활에 적용할 때 인간의 자연 법칙을 초월해서 위대한 능력이 나타나게 되는 것입니다. 우리는 영의 사람이므로 이제는 영적인 법칙인 하나님 말씀을 성령으로 깨달아 알 수 있으며, 영의 능력인 성령을 모시고 있으며, 영원한 영의 근원이신 우리 아버지 하나님께 예수 이름으로 기도할 수 있는 것입니다. 그러므로 귀하께서는 성령의 기도와 믿음으로 운명과 환경을 정복할 수 있는 것입니다.

우리들은 영의 사람들인 것입니다. 우리는 하나님과 연결된 사람들인 것입니다. 우리는 운명과 환경의 노예가 아닙니다. 이제 하나님께서 영적으로 죽지 않았을 때에 아담에게 "땅을 정복하고 다스려라 만물을 다스려라"고 말씀했던 것처럼 이제 영적으로 거듭난 여러분에게도 하나님께서 말씀합니다. "땅을 정복하고 다스려라 운명과 환경을 다스려라"고 말씀하시는 것입니다. 우리는 운명과 환경보다 더 위대한 하나님의 피조물이 되었다는 사실을 알게 되시기를 주님 이름으로 축원합니다.

22장 말씀과 성령으로 살아가는 삶

(골 1:13-14)"그가 우리를 흑암의 권세에서 건져내사 그의 사랑의 아들의 나라로 옮기셨으니 그 아들 안에서 우리가 속량 곧 죄 사함을 얻었도다."

영의 사람은 말씀과 성령을 주인 삼고 살아가는 성도를 말합니다. 인간은 영이 육체라는 집에 살고 있습니다. 우리가 우리의 육체의 집 바깥 구경은 많이 했지만 자신의 안은 보지 못했을 것입니다. 우리들의 안은 영안이 열려야 볼 수 있게 됩니다. 우리의 속에는 영이 살고 있기 때문인 것입니다. 아담은 범죄 후 그 영이 하나님의 생명에서 끊어져 죽은 생명이 되고 말았습니다. 영적인 생명은 죽었습니다. 타락한 옛 사람 역시 마귀의 영과 연합하여 육체 속에 살고 있습니다.

예수님은 예수를 믿어 죽은 영이 살아나고 하나님의 생명을 받아서 성령이 장악한 인간의 육체 속에 살고 계십니다. 그러므로 믿지 않는 자나 믿는 자나 그 속사람의 영은 홀로 사는 법이 없습니다. 동물은 영이 없기 때문에 죽으면 육과 혼이 사라지지만, 사람은 영혼을 가지고 있기 때문에 주를 믿지 않는 사람은 마귀의 영과 함께 살고, 주를 믿는 사람은 구원받아 성령을 주인으로 삼고 사는 것입니다. 사람은 육체의 집속에 혼자 사는 법이 절대로 없습니다. 사람은 혼자 살지 못합니다.

첫째, 타락한 사람들은 마귀가 들어와서 함께 살고 있다. 아담과 하와 이후에 타락한 사람들은 모두다 마귀가 들어와서 함께 살고 있는 것입니다. 아담이 에덴에서 쫓겨나자마자 마귀의 종이 되어서 마귀는 죄, 세속, 질병, 저주, 죽음의 사슬로 묶어서 끌고 다니는 것입니다. 그러므로 믿지 않는 사람이 자유롭다고 생각하는 그 자체가 벌써 속은 것입니다. 자유롭지 않습니다. 속에 마귀의 영이 와서 죄와 세속과 질병과 저주, 죽음의 사슬로 끌고 다니는 것입니다.

롬5:12에 "그러므로 한 사람으로 말미암아 죄가 세상에 들어오고 죄로 말미암아 사망이 들어왔다"고 말한 것입니다. 아담과 하와 이후로 죄와 사망이 우리 속에 들어와서 마귀와 더불어 도적질하고 죽이고 멸망을 시키는 일을 하고 있는 것입니다. 인간의 영속에 마귀의 영이 와서 함께 산다니 참 기가 막힐 일입니다. 믿지 않는 사람에게 마귀에게 포로가 되어 산다고 하면 대노할 것입니다.

어찌하여 마귀의 영이 내속에 들어와 있단 말이요? 그러나 성경이 그 사실을 분명하게 말하고 있는 것입니다. 엡2:1~3에 "그는 허물과 죄로 죽었던 너희를 살리셨도다. 그 때에 너희는 그 가운데서 행하여 이 세상 풍조를 따르고 공중의 권세 잡은 자를 따랐으니 곧 지금 불순종의 아들들 가운데서 역사하는 영이라"고 말씀한 것입니다.

예수를 믿지 않는 사람은 공중의 권세 잡은 마귀의 영은 불순종의 자녀들 속에 들어와서 역사하는 악한 영들을 따라서 살고 있는 것입니다. 그 불순종의 영, 이 영은 사람들 속에 들어와서 하나님과의 교통을 차단합니다. 가만히 있는 것이 아닙니다. 끊임없이 믿지 않는 사람의 영속에 마귀의 영이 들어와서 하나님과 교통을 차단하는 것입니다. 하나님 생각도 못하고 하나님에 대한 말도 못하게 하고, 하나님 근처도 못 가게 차단하는 것입니다.

마치 북한과 남한 사이에 휴전선이 분리시키고 있는 것처럼, 마귀는 사람과 하나님 사이를 분리시키려고, 결사적인 노력을 하는 것입니다. 믿지 않는 사람은 그 영속에 마귀의 영이 동거하기 때문에 동거하는 마귀의 영이 힘을 다해서 하늘의 축복을 막고 있는 것입니다.

그래서 고후4:3~4에 "만일 우리의 복음이 가리었으면 망하는 자들에게 가리어진 것이라 그 중에 이 세상의 신이 믿지 아니하는 자들의 마음을 혼미하게 하여 그리스도의 영광의 복음의 광채가 비치지 못하게 함이니 그리스도는 하나님의 형상이니라."고 말한 것입니다.

하나님의 형상인 그리스도의 복음의 빛이 비취지 못하도록 세상의 신이 차단을 하고 방패 막을 세우는 등, 온갖 노력을 다하는 것입니다. 그리고 이 사람의 영속에 들어와 있는 마귀의 영은 세상적인 관심사에 마음을 끌게 하는 것입니다. 영적인 관심사는 전혀 없게 하고 육신의 정욕, 안목의 정욕, 이 세상 자랑을 따라 살도록 세상일에만 아주 분주하게 조정하는 것입니다.

우리의 매일 삶을 보십시오. TV를 열어 놓아도 세상일로 꽉 들어차고 신문도 라디오도 인터넷도 잡지도 모든 것이 세상의 홍수가 와서 세상 홍수 속에 함몰시키는 것입니다. 침몰시키는 것입니다. 세상 관심사로 온통 마음을 사로 잡아서 세상 건너편에 영원한 관심사를 갖지 못하게 만드는 것입니다. 엡2:3에 "전에는 우리도 다 그 가운데서 우리 육체의 욕심을 따라 지내며 육체와 마음의 원하는 것을 하여 다른 이들과 같이 본질상 진노의 자녀이었더니"라고 말하는 것입니다.

이 세상에 있는 모든 것이 육신의 정욕과 안목의 정욕과 이생의 자랑이니 다 아버지께 부터 온 것이 아니요, 세상으로부터 온 것이라고 말하는 것입니다. 그리고 사람들 속에 있는 이 악령은 사후세계에 전혀 무관심하게 만듭니다. 많은 사람들이 예수 그리스도에 대한 이야기를 하고 사후의 세계를 이야기를 하면 거부반응을 하는 경우를 봅니다.

그런 사람들이 하는 말은 "죽음에 관한 이야기를 왜 합니까? 나는 과거는 이미 잊어 버렸고 현재에만 살고 있고, 미래는 생각할 필요가 없습니다. 그때 당하면 그때 당하지. 미래에 대해서 내가 무엇 때문에 생각해야 됩니까?" 이렇게 말하는 사람도 있습니다. 그러나 현재는 끊임없이 흘러가고 있습니다. 미래는 신속히 현재가 되는 것입니다. 미래를 준비하지 않는 사람은 현재도 잃어버리고 마는 것입니다. 그런데 마귀는 내일에 대한 관심을 갖지 못하게 하는 것입니다. 죽음, 그것은 아직 다가오지 않았다. 그것은 장차 다가올 것이니 그때 관심을 가져도 좋다. 지금 사후의 세계에 관심을 가지지 말라고 말하는 것입니다. 그러나 하나님은 약4:14에서 "내일 일을 너희가 알지 못하는 도다 너희 생명이 무엇이냐 너희는 잠깐 보이다가 없어지는 안개니라"고 말하고 있는 것입니다. 히9:27~28에 "한번 죽는 것은 사람에게 정해진 것이요 그 후에는 심판이 있으리라"고 말한 것입니다. 사후의 세계에 무관심하면 반드시 죽음과 심판을 면할 수가 없고 처절한 절망을 영원히 가질 수밖에 없게 되는 것입니다.

둘째, 이 땅에 살면서 자신의 주인을 바꿔야 한다. 우리는 이 땅에 살면서 나의 주인을 바꿔야 되는 것입니다. 믿지 않는 사람들의 마음속에 마귀의 영이 주인노릇을 하며, 도적질하고 죽이고 멸망시키며 종으로 끌고 다니니까, 자신의 주인 바꾸기를 해야 되겠는데 어떻게 주인 바꾸기를 해야 하는 것입니까? 노력으로 주인이 바뀌어 집니까? 수양과 도덕으로 주인이 바뀌어 집니까? 고행을 통해서 주인이 바뀌어 집니까? 종교를 통해서 주인이 바뀌어 집니까?

인간의 모든 수단과 방법으로는 내속을 점령하고 있는 마귀의 영을 바꿔치울 수가 없는 것입니다. 왜냐하면 마귀는 나보다 강합니다. 마귀는 죄를 빌미로 잡고서 사망의 세력으로 꽁꽁 묶어버릴 수 있는 것이므로 우리의 힘으로는 바꿔치울 수가 없습니다. 누가 우리 속에 있는 주인을 바꿔줄 수 있습니까? 오직 천지만물을 초자연적으로 움직이시는 우리 주 예수 그리스도밖에 그 일을 할 수가 있는 분은 없는 것입니다.

예수님이 세상에 오신 것은 우리 속에 있는 마귀의 영을 쫓아내고 우리가 예수님을 주인으로 모시게 하기 위해서 오신 것입니다. 그렇기 위해서는 주님께서 우리의 죄를 다 청산해야 되는 것입니다. 죄를 빌미로 해서 마귀가 우리를 종으로 잡고 있기 때문에 우리 죄의 빚을 청산하면 빚쟁이에게서 해방될 수 있는 것입니다.

이러므로 예수님은 우리를 대신해서 우리의 일생의 죄를 다 짊어지고 십자가에 올라가서 몸을 찢고 피를 흘려 우리의 죄악을 다 청산한 것입니다. 우리가 예수 그리스도를 주인으로 모시면 그리스도의 피가 우리 위에 부어져서 우리의 모든 빚이 청산되어 버리고 마는 것입니다. 빚이 청산 되었으니 빚쟁이에서 해방될 수 있는 것입니다.

죄의 빚 때문에 마귀가 우리 주인 노릇을 했는데, 예수님의 보혈로 말미암아 빚에서 청산되었음으로 마귀의 종노릇에서 해방되고. 마귀를 쫓아낼 수가 있는 것입니다. 그 보혈의 능력이 큰 증거가 되는 것입니다. 보혈은 지금도 외칩니다. 너희 죄악의 빚은 청산되어 버리고 말았다. 영원히 마귀의 저주에서 해방을 얻었다. 너는 자유의 몸이 되었다고 말하는 것입니다. 그러므로 예수를 구주로 모실 때 그 보혈로 말미암아 옛 주인인 원수마귀는 쫓겨나가 버리고 새로운 주인인 우리 하나님, 우리의 주되신 예수님이 주인으로 들어오시게 되는 것입니다.

골1:13의 말씀처럼 "그가 우리를 흑암의 권세에서 건져 내사 그의 사랑의 아들의 나라로 옮겨 주셨다"고 말하는 것입니다. 엡2:4~6에 "긍휼이 풍성하신 하나님이 우리를 사랑하신 그 큰 사랑을 인하여 허물로 죽은 우리를 그리스도와 함께 살리셨고 또 함께 일으키사 그리스도 예수 안에서 함께 하늘에 앉히시니"라고 말한 것입니다.

하나님께서는 우리를 흑암의 권세에서 건져내사 하나님의 아들 예수의 나라로 옮겼으니, 예수님이 우리의 구주가 되시고, 우리의 주인이 되시고, 신랑이 되시고, 임금이 되셔서, 우리 안에 거하시고, 우리는 예수 안에서 이미 죽었다가 부활해서 하늘에 앉아있는 지위를 얻게 된 것입니다.

어느 날 종교개혁자 마르틴 루터에게 학생들이 찾아와서 물었습니다. "선생님 어떻게 하면 그렇게 많은 사탄의 시험과 유혹을 쉽게 이길 수가 있었습니까?" 루터는 이렇게 대답했습니다. "음, 사단이 내 마음의 문을 자주 두드리면서 문을 열라고 소리칠 때가 있다네. 그럴 때마다 내 마음에 계시는 예수님이 나가셔서 문을 열어 주시지. 그리고 마귀가 예수님에게 '이 집에 루터가 살고 있지요?' 하고 물으면 예수님은 '그래. 과거에는 루터가 살았지만은 이제는 내가 살고 있지.' 그렇게 대답하면 마귀는 기절초풍을 하고 대경실색해서 한길로 왔다가 일곱 길로 도망치고 만다."는 것입니다. 내가 시험을 이기는 방법은 바로 이 길이라고 말한 것입니다.

우리 주인이 예수님인 것을 알고, 주인인 예수님께 의지하고, 마귀가 우리의 마음 문을 두드리고, 우리에게 돌아오려고 할 때, 주인인 예수님을 모시고 예수님 뒤에서 예수님과 함께 나가면, 마귀는 예수 그리스도 앞에서 일곱 길로 도망치고 마는 것입니다. 누구든지 예수님을 마음에 영접하고, 그분을 믿기만 하면 우리 마음에 예수님이 함께 계셔서 우리 마음의 주인이 되시는 것입니다. 예수님은 성령으로 더불어서 우리와 함께 계시는데, 하나님의 성령이 이제는 우리 마음에 내주하시고 우리를 붙들어 주시는 것입니다.

고후1:22에 "그가 또한 우리에게 인치시고 보증으로 우리 마음에 성령을 주셨느니라." 하나님의 성령은 우리를 돕기 위해서 와 계신 것입니다. 하나님의 성령은 어머니와 같은 영이신 것입니다. 어머니가 자녀를 돌볼 때 얼마나 따사로운 손길로 자상스러운 마음으로 자녀를 돌봅니까? 바로 하나님의 성령은 예수님과 똑같은 보혜사로써 우리 어머니와 같은 심정으로 우리를 붙들어 주시고 돌보아 주는 것입니다.

성령은 우리를 돕기 위해서 우리와 함께 계시고, 우리 안에 와서 계신 것입니다. 우리 눈에 안보여도 바람같이 우리와 함께 계시고 우리 속에 와서 계신 것입니다. 성령은 인격을 가지고 계십니다. 따뜻하고 사랑하는 인격을 가지고 우리를 붙들어 주시고 돌보아 주시는 영이신 것입니다. 성령은 하나님과 예수님과 교통을 끊임없이 인도해 주시는 것입니다.

우리의 관심사를 하나님 아버지에게 두게 하시고 예수님을 사랑하게 만들고 아버지의 사랑과 예수님의 은혜로 살 수 있도록 성령은 자꾸 우리에게 영감을 주시고 계시를 주시고 가르침을 주시고 인도하여 주시는 것입니다. 요일4:13에 "그의 성령을 우리에게 주시므로 우리가 그 안에 거하고 그가 우리 안에 거하시는 줄을 아느니라." 성령께서 그 안에 하나님 아버지를 모시고 오시고 예수님을 모시고 오시므로 성령님을 인정하고 환영하고 모셔 들이고 의지하면 성령 안에서 아버지가 나타나시고 우리 주 예수 그리스도가 나타나시는 것입니다.

성령을 통한 삼위일체 하나님이 우리와 거처를 같이하는 것입니다. 성령이 우리에게 들어오면 끊임없이 하나님의 나라를 생각하게 하는 것입니다. 우리는 세상 나라에 살고 물질 속에 살지만 우리의 마음은 언제나 영원한 고향인 하늘나라 생각으로 마음에 채워지는 것입니다.

옛날에는 세상일밖에 생각하지 아니하고, 하늘나라 생각은 전혀 하지 않았습니다만, 성령이 오시면 우리 마음을 점령해서 우리가 장차 들어가야 할 아버지가계시고, 우리 주님이 계신, 하늘나라를 생각하게 하고, 언제나 이 땅에 살면서 의로움을 추구하게 만드는 것입니다. 예수님을 닮아서 살도록 만들어 주는 것입니다. 의로움이란 바로 예수님이신 것입니다. 하늘나라를 생각하고, 예수님을 닮는 삶을 살도록 성령께서 우리에게 은혜를 베풀고 축복을 해 주시는 것입니다.

골1:13의 말씀처럼 우리가 흑암의 권세에서 벗어났습니다. 흑암의 권세가 우리 주인이 아닙니다. 그 사랑의 아들 나라로 옮기셨으니 예수님이 우리의 주인입니다. 마귀가 우리 주인일 때는 마귀를 따라서 정욕과 탐욕의 노예가 되어 음란하고 방탕하고 세속적이고 죄악을 즐겨 했지만 주인이 바뀌어서 예수님이 들어왔으므로 그리스도를 통해서 의와 평강과 희락과 믿음과 소망과 사랑과 진리와 거룩함을 쫒아 살게 된 것입니다.

주인이 바뀌니 주인이 들어와 있는 그 사람의 생이 안 바뀔 수가 없는 것입니다. 톨스토이가 예수님을 믿고 옛날에 좋아하던 것 이제 안 좋아하고, 옛날에 싫어하던 것 내가 좋아하게 되고, 옛날에 중요하게 생각하게 생각하던 것 중요하지 않고, 옛날에 하찮게 생각하던 것이 이제는 중요하게 되었다는 것은 위대한 간증인 것입니다.

누구든지 그리스도 안에 있으면 새로운 피조물이라 이전 것은 지나갔으니 보라 새것이 되었도다. 우리의 보는 것이 새로워지고 듣는 것이 새로워지고 생각하는 것이 새로워지고 마음에 느끼는 것이 새로워지고 말하는 것이 새로워지게 되는 것입니다. 주인이 바뀌었습니다. 우리와 24시간 함께 사는 주인이 바뀌었습니다.

마귀가 주인 일 때는 24시간 탐욕과 정욕과 세속으로 꽉 들어찬 속에 살았습니다만, 예수님이 우리의 주인이 되었으므로 24시간 주님과 함께 의와 진리의 거룩함으로 지음을 받은 새사람을 입고 살게 되었으니 얼마나 변화가 큰 변화인 것입니까? 그리스도의 복음은 종교가 아니요, 철학이 아니요, 형식과 의식이 아니요, 우리에게 변화를 가져오는 능력이 들어왔다는 것입니다. 새 사람이 되는 것입니다.

변화 되어야 됩니다. 변화되지 아니하면 종교에 불과한 것입니다. 기독교는 종교가 아닙니다. 그리스도의 생명을 받아 변화되는 것입니다. 그리고 하나님의 성령께서는 우리 속에서 예수님의 재림과 천국에 대한 관심 속에 살게 하는 것입니다. 언제 예수님이 재림할지 모르는 것입니다. 주님은 가실 때 다시 오겠다고 약속하신 것입니다. 그러나 우리는 예수 그리스도께서 언제 재림할지는 모르는 것입니다. 언제 육신의 장막집이 무너지고 무너진 우리들의 영혼을 영접하기 위해서 주님이 오실 런지 알 수가 없는 것입니다.

셋째, 우리 속에 성령으로 와 계신 것이다. 이제 하나님께서는 구만리 장천 멀리 계신 것이 아니라 보혈로 값 주고 산 성전인 우리 속에 성령으로 와 계신 것입니다. 우리는 하나님이 함께 하는 사람들인 것입니다. 우리는 인간으로 사는 것이 아니라 믿고 난 다음 하나님이 함께 하는 사람, 믿지 않는 사람은 마귀가 함께 하는 사람, 믿는 사람은 하나님이 함께 하는 사람늘인 것입니다.

하나님은 보좌에 계시고 성령을 통하여 우리 속에 와서 계시는 것입니다. 우리의 주소는 하나님의 주소인 것입니다. 하나님 주소가 따로 없습니다. 우리의 주소가 하나님의 주소가 된 것은 우리 몸이 하나님의 성전이 되어 있기 때문인 것입니다. 요14:20에 "그 날에는 내가 아버지 안에, 너희가 내 안에, 내가 너희 안에 있는 것을 너희가 알리라"고 말씀하셨습니다.

23절에 "예수께서 대답하여 이르시되 사람이 나를 사랑하면 내 말을 지키리니 내 아버지께서 그를 사랑하실 것이요 우리가 그에게 가서 거처를 그와 함께 하리라"고 말한 것입니다. 주님께서 '우리가'라고 말했습니다. 아버지와 아들과 성령 삼위일체 하나님이 우리에게 와서 거처를 같이 하겠다고 말한 것입니다. 오늘 당신은 하나님과 거처를 같이 하는 하나님의 지성소인 것입니다. 하나님의 거룩한 영이 당신과 더불어 같이 계신 것입니다.

그러므로 우리는 내 안에 계신 하나님을 의지하고 살아야 되는 것입니다. 하나님은 구만리장천 멀리 있다고 생각하고 하나님을 더듬어 찾으려고 애를 쓰지 마십시오. 하나님은 우리의 생각보다 훨씬 가까이 숨쉬는 공기가 폐 속에 있는 것처럼, 하나님은 영혼 속에 와서 계시는 것입니다. 내 안에 계신 하나님을 늘 생각해야 되는 것입니다. 저 멀리 떠나계신 하나님이 아니라 현재 나와 같이 계신 하나님인 것입니다.

그러므로 우리가 이 세상을 살면서 언제나 어떻게 살아갈지 지혜와 총명과 모략과 재능과 지식이 부족할지라도, 우리 속에 계신 성령을 통해서 하나님은 기도할 때 지혜를 주시고, 총명을 주시고, 모략을 주시고, 재능을 주시고, 지식을 주시는 것이니, 그렇기 때문에 하나님을 믿는 백성은 머리가 되고 꼬리 되지 않고 위에 있고, 아래로 내려가지 않고 남에게 꾸어 줄지라도 꾸지 않겠다는 것은 삶의 경쟁에서 이길 수 있도록 해주시겠다는 것입니다.

원수의 목전에서 내게 상을 베푸시고, 기름으로 머리에 발라 잔이 넘치게 해주겠다는 것이니, 수많은 경쟁자들 앞에서 하나님께서는 지혜와 총명과 모략과 재능과 지식의 밥상을 차려 주시고, 성령의 기름부음을 허락하여서 승리의 잔이 넘치게 해주겠다고 말씀하신 것입니다.

빌2:13에도 "너희 안에서 행하시는 이는 하나님이시니 자기의 기쁘신 뜻을 위하여 너희에게 소원을 두고 행하게 하시나니"라고 말한 것입니다. 골1:9에도 "너희로 하여금 모든 신령한 지혜와 총명에 하나님의 뜻을 아는 것으로 채우신다"고 말씀한 것입니다.

이러므로 지혜가 부족하고 총명이 부족하고 모략이 부족하고 지식이 부족하면 하나님께 구하십시오. 그러면 후히 주시고 꾸짖지 아니하시는 것입니다. 하나님은 당신 안에서 샘솟듯이 하나님의 지혜와 총명을 허락하여 주셔서, 올바른 인생길을 걸어가도록 만들어 주시는 것입니다.

사람들은 자신의 손에 촛불을 들고 있으면서도 어두움에서 방황하는 사람들이 많습니다. 촛불은 켜라고 주신 것입니다. 회중천등을 주신 것은 켜서 밝히 비추고 그를 찾으라는 것입니다. 그런데 그것을 안비춰면 어떻게 하는 것입니까? 하나님이 당신 속에 계셔서 내게 의지하라. 내가 너에게 지혜와 총명의 빛을 발하겠다고 말씀하시는 것입니다.

그러므로 항상 주님께 구하여 지혜와 총명과 모략과 재능과 지식을 달라고 간구하는 성도가 되시기 바랍니다. 그리고 외적 스트레스를 극복하기 위해서 내적 하나님을 의지해야 되는 것입니다. 이 세상에 살면 바깥에서 두려움, 불안, 초조, 절망이 다가오는 것입니다. 이 두려움, 불안, 초조, 절망을 극복하고 평안과 용기와 힘을 얻기 위해서는 우리 속에 계신 하나님을 의지해야 되는 것입니다.

요일4:4에 "자녀들아 너희는 하나님께 속하였고 또 그들을 이기었나니 이는 너희 안에 계신 이가 세상에 있는 자보다 크심이라" 우리 안에 계신 하나님이 세상에 있는 마귀보다 크십니다. 마귀는 우리에게 온갖 스트레스를 다 가지고 와서, 우리를 도적질하고 죽이고 멸망시키려고 하지만, 우리 속에 계신 성령님께 의지하고 부르짖고 구하면 우리 속에 있는 성령님이 세상에 있는 무엇보다 크시므로 성령님이 역사하시어 스트레스를 물리치고 믿음, 소망, 사랑, 용기와 힘을 허락하여 주시는 것입니다. 사랑 안에 두려움이 없고 온전한 사랑이 두려움을 내어 쫓는다고 말했습니다. 그러므로 하나님의 사랑이 부은바 되어 모든 바깥의 스트레스를 쫓아 버리는 것입니다.

그리고 우리 안에 계신 성령님을 의지해서 육체적인 허약과 질병을 치유하고 극복해야 되는 것입니다. 우리에게 끊임없이 육체적인 질병이 다가오고 허약함이 다가옵니다. 마귀는 우리를 억압해서 온갖 질병을 유발하고 허약하고 약하게 합니다. 외부에서 마귀가 눌러서 나를 약하게 만들려고 공격해도 내 속의 성령님이 은혜를 퍼부어 주시므로 이기게 만들어 주는 것입니다. 그러므로 성령님의 능력으로 강건하여 져서 질병을 이기게 되는 것입니다. 만약에 질병이 있다고 하더라도 예수 이름으로 명령하면 질병은 치유되고 마는 것입니다.

어떠한 사람이 기도하다가 환상을 보니까 마귀가 소방차를 가지고 와서 불신앙의 호스로 물을 자기 가슴에 뿌려 데는데 정신이 없더랍니다. 마구 물보라가 날아 오고 물줄기가 가슴을 때려서 불신앙을 채워 넣는데 도저히 정신이 아득합니다. 그런데도 불구하고 마음속에는 뜨거운 하나님에 대한 사랑과 열심이 활활 타올라서 이것 이상하다고 뒤를 돌아보니 뒤에는 예수님이 기름차를 가지고 와서 기름호스를 뒤에 대놓고서 불을 붙이더라는 것입니다.

마귀가 아무리 물차를 가져와서 찬물을 끼얹어도 우리 뒤에 성령의 기름차가 와서 신앙의 불꽃을 태워주는 것입니다. 하나님의 성령이 우리 속에 와 계셔서 우리에게 힘을 주시고 능력을 주시고 은혜를 주셔서 어떠한 연약도 극복할 수 있게 만들어 주는 것입니다. 원수를 보고 떨지 말아야 되는 것입니다. 우리 속에 계신 하나님께 의지하면 원수보다 강한 능력을 주시므로 원수를 극복하고도 남음이 있는 것입니다. 다윗이 골리앗을 보고 두려워하지 않은 것은 자기 속에 계신 하나님께 의지했기 때문인 것입니다. 하나님이 우리 속에 와 계시므로 성령을 인정하고 환영하고 모셔 들이고 의지하고 하나님과 함께 하여 강하고 담대하게 원수를 물리치게 되시기를 주의 이름으로 축원합니다.

우리는 성령의 권세를 가지고, 원수 마귀야 물러가라. 연약아 물러가라. 질병아 물러가라. 고통아 물러가라. 주님이 나와 같이 계신다고 명령할 수가 있는 것입니다. 그리고 우리는 강하고 담대해야 되는 것입니다. 두려워하고 무서워하고 놀라서 뒤로 물러가면 안 되는 것입니다. 성경에는 뒤로 물러가면 내 마음이 저를 기뻐하지 아니한다고 말한 것입니다. 우리는 다윗처럼 믿음을 가지고 담대하게 나가야 되는 것입니다. 왜냐하면 하나님이 우리 속에 와 계시기 때문에 하나님을 바라보고 하나님을 생각하면 마음이 강하고 담대해질 수 있습니다.

하나님 아버지와 예수님과 성령의 삼위일체 하나님은 멀리 계시지 아니하시고 안 보이는 하늘나라에만 계시지 아니하시고, 우리와 같이 바람처럼 함께 계시고, 우리 속에 와서 계시기 때문에 내가 눈을 안으로 향해서 안에 계신 하나님을 바라보고 용기를 얻고 강하고 담대하게 원수 귀신을 훼파하고 불가능을 극복하고 믿음으로 승리의 삶을 살수가 있는 것입니다. 성령님을 주인으로 모시고 사는 성도답게 강하고 담대하시기를 축원합니다.

23장 구원받은 자유인답게 살아가는 삶

(갈5:1) "그리스도께서 우리를 자유롭게 하려고 자유를 주셨으니 그러므로 굳건하게 서서 다시는 종의 멍에를 메지 말라"

하나님은 우리가 예수를 믿고 세상에서 나온 성령의 사람답게 새로운 사고방식으로 살아가기를 원하십니다. 우리들의 삶의 모든 것이 우리들의 생각에서 나온 것이라는 것을 우리는 알고 있습니다. 인류문화는 그 동안 지구상에서 살아온 사람들의 생각을 집대성한 것입니다. 우수한 민족은 우수한 생각을 가진 민족이요, 미개한 민족은 미개한 생각을 가진 민족입니다. 성경에는 "지킬만한 것보다 네 마음을 지켜라 생명의 근원이 이에서 남이니라"고 한 것은 마음에서 나오는 생각이 바로 생명의 근원이라는 것을 말하고 있는 것입니다. 마음에서 나오는 것이 무엇입니까? 다른 것 아닌 생각 아닙니까? 올바른 생각은 성공과 복과 생명을 가져오지만, 잘못된 생각은 실패와 화와 사망을 가져옵니다. 그러므로 우리가 어떤 방식으로 생각하고 있는가를 알아보는 것은 우리 미래가 어떻게 될 것을 이해하는 길이 되는 것입니다. 이 시간에 자신의 사고방식을 점검하여 보시고 고칠 것을 찾아 고치시기를 바랍니다.

첫째, 우리는 출애굽한 이스라엘 민족의 사고방식을 한번 관

계해 볼 필요가 있습니다. 40년 동안 애굽 바로 왕의 노예 생활을 함으로 그들은 종의 사고방식, 종의 정신으로 마음이 꽉 들어차고 말았습니다. 그래서 어떻게 하든지 종의 사고방식을 벗어날 수가 없었습니다. 종의 사고방식이란 무엇이겠습니까? 반항적인 사고방식입니다. 언제든지 자기들을 다스리는 국가에 대해서 또 왕의 대해서 반항하고 적대적인 감정을 가지고 거역하는 마음을 가지고 있습니다. 그것은 피지배를 당하는 사람들이 지배하는 대상에 대해서 가지는 당연한 생각이겠죠. 모든 일에 적대감정을 가지고 그리고 거역하는 마음을 가지고 있습니다.

그리고 종의 사고방식이라는 것은 눈가림만 하고 사는 사공방식인 것입니다. 왜? 내가 아무리 일해 봤자 나를 위해서 사는 것이 아니고 주인을 위해서 사는 것이기 때문에 성실하고 근면하고 충성스럽게 일할 리가 없습니다. 적당히 눈가림만 하는 것입니다. 요사이 공산주의 사회가 그렇지 않습니까? 온 국민을 동원해서 천리마 운동이니, 무슨 고지 점령이니, 하고 깃발을 휘날리면서 나가지만 실제는 일하느냐 일 안 합니다. 왜? 아무리 일해 봤자 자기들의 소유가 되지 않기 때문에 눈가림만 하는 것입니다. 소유가 되지 않기 때문에 눈가림만 하는 것입니다. 종의 사고방식인 것입니다. 성실, 근면, 충성이 없습니다.

그리고 종의 사고방식은 부정적인 사고방식입니다. 모든 것을 삐뚤어지게 봅니다. 아무리 주인이 바른 말을 해도 그것을 삐뚤어지게 받아들이는 것입니다. 이스라엘 백성은 애굽의 바로 왕의 지배하에 있었기 때문에 애굽의 바로 왕이 무슨 말을 해도 삐뚤어지게 듣고 행합니다. 그것을 올바르게 생각하지 않습니다. 언제나 우리를 이용하기 위해서 저렇게 거짓말을 한다고 그렇게 삐뚤어지게 보는데 습관이 들었습니다. 그리고 종의 사고방식은 비관적인 사고방식입니다. 언제나 패배주의적인 사고를 합니다. 왜 그렇습니까? 희망이 없다는 것입니다. 지배를 받고 종으로 사는 생활에는 내일을 바라볼 수가 없습니다. 자손들이 자라나도 또 종으로 살 것입니다. 이러므로 비관적이고 희망이 없는 그런 것이 종의 사고방식입니다.

그렇기 때문에 종의 사고방식은 절망적인 사고방식인 것입니다. 희망을 바라보지 못합니다. 될 때로 되라 그와 같은 사고방식을 가지고 사는 것입니다. 이스라엘 백성들은 이 종의 사고방식을 가진 채로 모세를 따라서 애굽에서 해방되어 나왔습니다. 몸은 해방이 되었으나 마음은 종의 사고방식에서 해방되지 못하고 그대로 가지고 나왔습니다. 이제 하나님을 섬기고 그들의 지도자인 모세를 따라 나왔지만 애굽의 바로 왕에게 종살이하던 그 사고방식을 버리지 못하고 그대로 나왔습니다. 몸은 해방되었지만 종의 사고방식에서 해방되지 못했습니다. 그래서 광야를 지나면서 그들은 끊임없이 모세의 지도력에 반항했습니다. 바로 왕에게 반항하던 그 마음은 이제 독립이 되어서 해방되어 나왔으니 그들의 지도자에 순복을 해야 하는데 종의 사고방식을 그대로 가지고 있어서 바로에게 적대시하고 반항하듯이 모세의 지도력에 끊임없이 반항했습니다.

민수기 16장에 보면 고라와 다단과 아비람과 온이 족장 250명과 더불어서 모세를 대적했습니다. '너만 지도자냐? 너만 하나님이 같이 계시냐? 우리도 하나님이 같이 계시지 않느냐?' 모세의 지도력에 반대했습니다. 그러자 모세가 하나님께 고하므로 하나님이 심판하셔서 고라와 다단과 아비람은 땅이 갈라져서 온 가족이 산채로 음부에 빠져서 죽었습니다. 그리고 250인은 분향을 하는데 하나님의 불이 나와서 다 태워 죽였습니다. 그리고 그들과 함께 당을 짓고 원망한 백성들은 염병으로 그날 1만4천7백 명이 죽임을 당했습니다. 종의 사고방식을 가지고 모세의 지도력에 저항하고 반항하다가 이와 같은 비극을 겪게 된 것입니다. 그들은 종의 사고방식을 그대로 가지고 하나님의 명령에 불순종해서 이제는 하나님의 백성이 되었는데도 그들은 하나님을 애굽의 바로왕과 같이 생각합니다. 하나님의 종이라고 생각하고 그들은 하나님 앞에서 충성, 성실, 근면하지 않았습니다.

시편 78편 40절로 41절에 보면 "그들이 광야에서 그에게 반항하며 사막에서 그를 슬프시게 함이 몇 번인가, 그들이 돌이켜 하나님을 거듭거듭 시험하며 이스라엘의 거룩하신 이를 노엽게 하였도다."라고 말한 것입니다. 그리고 그들은 종의 사고방식 그대로 하나님의 말씀을 긍정적으로 받아들이지 않고 늘 의심했습니다. 하나님의 뜻을 이해하지 못해요. 하나님이 무슨 말씀을 해도 우리를 이용하려고 한다. 우리에게 고통을 주려고 한다. 우리를 해롭게 하려고 한다. 이렇게 삐뚤어지게 생각하는 것입니다.

둘째. 그러면 이스라엘 백성만 그렇습니까? 오늘 아담의 후손인 우리들은 종의 사고방식을 가지고 있지 않습니까? 아담이 타락하여 마귀의 종이 된 후 그 후손들인 인간들은 오랜 세월동안 세상과 마귀의 종으로 살면서 종의 사고방식에 익숙해졌습니다. 가장 비극은 오늘날 하나님을 모르고 예수님을 믿지 않는 사람들은 말할 것도 없거니와 심지어 예수 믿는 사람까지도 몸은 자유하나 마음은 종의 사고방식을 가지고 있습니다.

왜 우리 한국 사회가 왜 이렇게 혼란합니까? 우리에 대해서 부정하고 부패하고 늘 정치적으로 싸워 사회적으로 혼란한 이유는 36년 동안 일본에 종살이했는데 일본에 종살이 할 동안 일본의 정권과 군국주의에 저항하던 그 종의 사고방식을 오늘날 그대로 가지고 있습니다.

몸은 해방 된지 이미 반세기가 되었는데도 불구하고 마음은 종의 사고방식에서 놓여나지 못하고 자유인의 생각을 못하기 때문에 우리 한국에 오늘날 이런 혼란이 있는 것입니다. 종의 사고방식은 권위에 대한 반항심입니다. 이스라엘 백성도 바로에 대해서 끊임없이 반항했지요. 종의 사고방식을 가지고 나왔기 때문에 끊임없이 그들은 모세에 대해서 반항했습니다.

종의 사고방식은 범사에 낙관적 이기보다도 비관적입니다. 모든 것을 비관합니다. 이제는 우리는 망한다, 우리는 못 살게 된다, 우리는 절단 났다, 늘 낙관적이지 않습니다. 무슨 사건을 보더라도 안 될 것이라고 비관적으로 보지, 될 것이라고 낙관적으로 보지 않습니다. 비관적으로 봐서 그냥 팔짱을 끼고 뒤로 물러가는 것입니다. 성경에는 뒤로 물러가면 내 마음이 저를 기뻐하지 아니하리라 나의 의인은 믿음으로 말미암아 살리라, 그렇게 말했는데, 비관적으로 생각하고 그냥 팔짱끼고 뒤로 앉는 것입니다. 이것은 좋은 사고방식이 아닙니다. 그리고 꿈과 희망보다는 패배나 낙심 적입니다. 앞으로 꿈과 희망을 가지고 현실을 극복해 나가겠다는 용기를 가져봤자 그냥 패배주의로 낙망하고 맙니다. 종의 사고방식은 믿음보다도 불안 공포를 가지고 있습니다.

할 수 있거든 이 무슨 말이냐 믿는 자에게는 능치 못하심이 없다, 믿습니다. 하나님의 말씀을 믿고 나가지 아니하고, 불안과 공포 속에서 떨고 있습니다. 종의 사고방식을 가진 이스라엘 백성이 광야에서 살다가 죽어 버린 것처럼 수많은 사람들이 마음의 광야, 혹은 생활에 광야에서 반항하는 것은 그들의 마음이 종의 사고방식에 묶여 있기 때문인 것입니다. 몸은 자유하나 마음이 자유하지 못합니다.

그렇기 때문에 갈라디아서 5장 1절에 "그리스도께서 우리로 자유케 하려고 자유를 주셨으니 그러므로 굳세게 서서 다시 는 종의 멍에를 메지 말라" 몸은 자유케 되었는데 마음이 종의 멍에를 메고 종과 같이 생각하고 있기 때문에 광야에서 살게 되는 것입니다. 마음이 광야에서 살고 있으니 생활이 광야에서 살게 되는 것입니다. 옛 사람인 종의 사고방식에서 빨리 돌아서시기를 바랍니다.

셋째, 이제 예수를 믿는 우리는 자유인의 사고방식을 갖고 살아가야 합니다. 예수님께서 우리를 종의 사고방식에서 자유인의 사고방식을 갖게 하기 위하여 십자가를 짊어지신 것입니다. 성경에는 뭐라고 말합니까? 우리가 온갖 구하는 것이나 생각하는 것에 넘치도록 얻는다고 했는데 우리의 생각이 종의 생각을 가지고 있습니다. 아무 일도 주님이 하실 수 없습니다. 생명의 근원이 마음에서 나오는데 생각이 종의 사고방식을 가졌으니 생활이 종의 생활 밖에 더 되겠습니까? 예수님이 십자가를 걸머진 것은 우리를 종의 사고방식에서 해방시키기 위한 종의 멍에에서 자유를 주기 위한 것입니다. 아담과 하와가 타락한 이후로 오랜 세월동안 마귀와 세상의 종살이를 하다가 보니 인간의 사고방식이 완전히 종의 사고방식이 되고 마는 것입니다.

이 종의 사고방식에서 해방시키기 위해서는 예수께서 십자가를 걸머지고 몸을 찢고 피를 흘려서 우리의 종의 사고방식의 옷을 벗기고 새로운 사고방식으로 입히기 위해서 주님이 고난당하신 것입니다. 우리는 늘 죄의 종이 되어서 죄에 끌려가고 있습니다. 우리 사람들은 늘 말하기를 우리는 별 도리 없다. 죄를 짓지 않고 살수가 없는 우리는 죄의 종이다, 그리고 죄인이다.

그러므로 작은 죄를 지으나 큰 죄를 지으나 똑같으니 죄 가운데 살자 죄의 사고방식에서 벗어나지 못합니다. 그러나 예수님은 십자가에서 죄를 다 헐어 버렸습니다. 죄의 권세와 능력을 십자가에서 멸하시고 그 흘리신 보배로운 피로 말미암아 우리는 태어날 때부터 죽음까지의 죄를 다 청산해버렸습니다. 그리고 주님께서는 내가 다 이루었으니 너희는 죄인이 아니라 용서받은 의인이 되었다고 주님이 말씀하신 것입니다.

십자가에서 우리의 죄악을 멸하신 예수를 믿었으면 용서와 의와 하나님의 영광을 얻은 사람답게, 의의 정신을 가져야 합니다. 의의 사고방식을 가져야 합니다. 나는 죄인이 아닙니다. 예수 안에서 나는 용서받은 의인이 되어야 합니다. 그러므로 의인답게 생각하고 의인답게 말하고 의인답게 행동해야 합니다. 죄의 정신에서 의의 정신으로 마음을 바꾸는 역사는 예수 그리스도의 십자가의 보배로운 피 밖에는 없습니다. 율법으로 아무리 의롭게 살아라. 의롭게 살아라. 해도 율법으로써 의롭게 살게 할 도리가 없습니다. 예수 그리스도의 그 놀라운 보혈의 능력의 용서로 말미암아 죄와 누더기 옷을 벗어버리고 용서와 의와 영광의 옷으로 갈아입어 우리 마음의 생각이 의와 영광의 생각으로 꽉 들어차야만 하는 것입니다.

  로마서 8장 1절로 2절에 "그러므로 이제 그리스도 예수 안에 있는 자에게는 결코 정죄함이 없나니 이는 그리스도 예수 안에 있는 생명의 성령의 법이 죄와 사망의 법에서 너를 해방하였음이라" 이로써 죄에서 해방되고 의로운 자유인이 되었다는 이런 생각을 우리 마음속에 옷 입혀야만 되는 것입니다.

  그런데 우리가 아직도 종의 사고방식에서 벗어나지 못하면 우리가 세속과 마귀의 종이 되어서 별 도리 없이 우리는 세상 술에 취하고 방탕하며 세속적이고 음란하며 속되고 가난의 고통을 당하는 삶을 살 수 밖에 없는 것입니다. 우리는 세상과 마귀에 묶여있다 별 도리 있느냐 그러므로 추하고 악하고 거짓되고 세속적인 삶을 살 수 밖에 없는 것은 우리는 우리 힘으로 벗어 날 수 없다는 종의 '멘탈리티'를 가지고 있기 때문입니다. 이 종의 사고방식을 우리는 예수 그리스도를 통해서 해방을 받은 것입니다.

예수님은 십자가에 피를 흘림으로 말미암아 세속을 다 청산하고 마귀의 통치와 권세를 벗어버리고 밝히 드러내시고 승리하셨기 때문에 그리스도를 구주로 모시고 십자가 보혈과 성령의 인도를 받으면 우리의 마음속에 세속의 옷이 벗겨지고 마귀의 모든 통치자와 권세가 허물어지고 마는 것입니다. 빌립보서 4장 13절에 "내게 능력 주시는 자 안에서 내가 모든 것을 할 수 있느니라" 우리는 할 수 없는 사람이 아니라 할 수 있다는 생각으로 마음을 가져야 되는 것입니다. 마가복음 9장 23절에 "예수께서 이르시되 할 수 있거든이 무슨 말이냐 믿는 자에게는 능치 못할 일이 없느니라 하시니"라고 말씀하신 것입니다.

그러므로 우리는 세속과 마귀를 다 이기고, 하나님의 나라인 천국을 모시면 천국이 되고 성령으로 세례 받아 성령을 주인으로 모시면 성령의 사람으로 산다는 그와 같은 자유인의 정신을 가져야 합니다.

종의 사고방식을 가져서는 안 됩니다. 나는 세속의 종으로 어찌할 도리가 없다는 그런 종 된 생활을 했지만 이제는 그리스도로 말미암아 천국이 되었고 성령의 사람이 되었으니 성령을 모시고 우리는 거룩하고 행복하게 살수 있다는 그러한 자신감을 마음속에 가지고 살아야 되는 것입니다. 우리는 비관과 설낭과 슬픔의 종이 아니라 소망과 기쁨의 자유인이 되었다는 것을 알아야하는 것입니다. 주님께서 십자가에 못 박혀서 우리의 모든 비관 우리의 모든 슬픔을 청산하시고 모든 우리의 마음의 고통을 청산한 것입니다. 이러므로 예수 그리스도의 보배로운 피로 말미암아 우리가 마음에 세례를 받고 마음에 피로써 기쁨으로 충만한 그러한 사고방식을 가지고 살아야 되는 것입니다.

데살로니가전서 5장 16절로 18절에 "항상 기뻐하라 쉬지 말고 기도하라 범사에 감사하라 이는 그리스도 예수 안에서 너희를 향하신 하나님의 뜻이니라"고 말한 것입니다. 우리의 마음이 비관적이고 절망적이고 늘 슬픔이 들어 차 있으면 종의 사고방식입니다. 주인은 그런 생각을 하지 않는 것입니다. 자유인은 그렇게 생각하지 않는 것입니다. 자유인인 우리는 낙관적이고 소망적이며 기쁨으로 충만한 삶을 살아야 합니다. 이것은 예수님이 십자가에서 보배로운 피로 우리에게 값 주고 사주신 것입니다. 새로운 성령의 사람답게 살아가시기를 바랍니다.

그러나 아직도 수많은 사람들이 질병의식에 사로잡혀서 연약과 병의 종이 되었습니다. 사람들은 모두다 마음속에 나는 병자다. 나는 관절염이다. 나는 신경통이다. 폐병이다. 심장병이다. 암이다. 온갖 병의 종이 되어 있습니다. 질병의 사고방식에 꽉 잡혀있습니다. 해방되지 못합니다. 끊임없이 병들고 약함의 노예가 되어 있고 언제나 마음속의 병에서 해방되지 못합니다.

그러므로 주님께서는 병 의식에 사로잡힌 우리들에게 치료와 건강의 정신을 주시려고, 그가 우리의 연약한 것을 친히 담당하시고 병을 짊어지셨으며 채찍에 맞음으로 우리 병을 청산해 버리고 마는 것입니다.

그리고 예수님이 가난도 청산해 주셨으므로 가난의 의식도 벗어버려야 합니다. 분명히 예수님이 고린도후서8:9절 "우리 주 예수 그리스도의 은혜를 너희가 알거니와 부요하신 자로서 너희를 위하여 가난하게 되심은 그의 가난함을 인하여 너희로 부요케 하려 하심이니라"고 하셨습니다. 가난의식에서 벗어나시기를 바랍니다. 분명히 예수를 믿는 사람들은 아브라함의 복을 받는 다고 했습니다.

그러므로 예수를 믿고 성령의 인도를 받으며 예수 그리스도를 모시고 사는 우리는 생각이 바뀌어져야 합니다. 우리 생각이 질병의 생각에서 치료의 생각으로 연약의 생각에서 건강의 생각으로 나는 그리스도 안에서 치료받고 건강하고 생명으로 넘친 다고 생각하고 가난에서 부요한 생각으로 그렇게 말할 수 있는 생각으로 바뀌어져야 합니다. 나는 하나님께서 일을 시키시려고 부르셨기 때문에 반드시 잘되게 되어있다. 마음으로 시인을 해야 합니다. 마태복음 8장 17절에 "이는 선지자 이사야로 하신 말씀에 우리 연약한 것을 친히 담당하시고 병을 짊어지셨도다 함을 이루려 하심이더라"고 주님께서 말씀하셨습니다.

베드로전서 2장 24절에 "친히 나무에 달려 그 몸으로 우리 죄를 담당하셨으니 이는 우리로 죄에 대하 여 죽고 의에 대하여 살게 하려 하심이라 저가 채찍에 맞음으로 너희는 나음을 얻었나니"라고 말씀하고 있음으로 생각이 바뀌어져야 합니다. 생각이 종의 의식에서 해방된 주인 의식으로 바뀌어져야 합니다. 그리고 저주와 가난의 패배주의적인 정신이 아닌, 아브라함의 복과 예수님의 형통을 받은 사고방식이 들어와야 합니다. 우리의 마음속에 나는 늘 가난하다, 나는 늘 실패자다, 나는 무능한 사람이다, 그러므로 나는 언제나 실패하고 가난 할 수밖에 없다. 이러한 패배주의 적인. 마음의 저주로 옷 입은 가난의 의식 이와 같은 종의 정신을 가지고 있으면 안 됩니다. 우리는 예수 그리스도로 말미암아 이런 것에서 해방되었습니다. 해방 받은 성도답게 언행심사를 하시면서 살아가시기를 바랍니다.

고린도후서 8장 9절에 "우리 주 예수 그리스도의 은혜를 너희가 알거니와 부요하신 자로서 너희를 위하여 가난하게 되심은 그의 가난함을 인하여 너희로 부요케 하려 하심이니라"고 말한 것입니다. 하나님의 말씀은 두 날 가진 검보다 예리하여 혼과 영과 관절과 골수를 쪼개는 데 이 말씀이 우리의 마음을 수술해 주는 것입니다. 우리는 저주받은 인생이 아니기 때문에 저주의 사고에서 벗어나야 합니다. 그리스도 예수 안에서 아브라함의 복을 받은 사람들인 것입니다. 그렇기 때문에 귀하는 "나는 복 받은 사람이다. 나는 가난과 저주에서 해방된 사람이다. 나는 축복과 형통의 사람이다"라는 이러한 새로운 자유인의 정신을 가져야 하는 것입니다. 그리고 새 사람답게 말을 하고 행동해야 합니다.

종의 사고방식에서 해방을 얻어야만 하는 것입니다. 그리고 우리는 죽음과 허무와 절망의 허무주의적인 사고방식이 아닌 부활과 영생과 천국의 정신을 가져야 합니다. 요사이 불경기가 와서 살아가기가 어렵고 힘들기 때문에 특별히 더 마음에 허무주의의 생각이 가슴을 꽉 채웁니다. 우리가 오랜 세월 동안 같이 산 옛 사람은 쉽게 죽지 않습니다. 그러므로 죽음의 종이 되어서 죽음의 노예가 되어서 언제나 허무가 가슴을 메아리치는 것입니다. 그러나 예수 그리스도의 부활과 영생과 천국을 우리가 믿고 받아 드렸으면 우리 마음에서 허무주의를 내 쫓아 버려야 하는 것입니다. 죽음의 슬픔과 허무와 절망을 다 내어쫓아 버리고 우리의 생각이 부활과 영생과 천국의 생각으로 옷을 입어야만 되는 것입니다.

고린도후서 5장 17절에 "그런즉 누구든지 그리스도 안에 있으면 새로운 피조물이라 이전 것은 지나갔으니 보라 새것이 되었도다"라고 하였으니, 우리 마음이 부활로 새로워 져야 하는 것입니다. 골로새서 1장 13절로 14절에 "그가 우리를 흑암의 권세에서 건져내사 그의 사랑의 아들의 나라로 옮기셨으니 그 아들 안에서 우리가 구속 곧 죄 사함을 얻었도다"고 하였으니, 우리는 하나님의 나라에서 살고 있는 것입니다.

요한3서 1장 2절에 "사랑하는 자여 네 영혼이 잘됨 같이 네가 범사에 잘되고 강건하기를 내가 간구하노라"고 했는데, 우리는 하나님의 은혜를 통해서 이 전인 축복을 받아서 죽음과 무의 정신 허무주의에서 우리는 부활과 생명과 천국의 영광으로 꽉 들어찬 생각으로 우리의 마음이 바뀌어져야만 되는 것입니다. 우리는 타락한 아담의 종된 성품을 예수님 안에서 단연히 떨쳐버리고 종의 성신에서 사유인의 성신으로 생각의 옷을 살아입는 귀하가 되시기를 주의 이름으로 축원합니다.

종은 광야에서 살고 자유인은 젖과 꿀이 흐르는 가나안 땅에서 살게 되는 것입니다. 우리의 가슴속에 종이 살고 있느냐 자유인이 살고 있느냐를 깊이 관찰해 보아야 하는 것입니다. 이제 종과 그에 따른 사고방식은 영원히 내쫓아 버리고 오직 예수님 안에서 해방되고 새롭게 태어난 자유인으로서 자유인의 사고방식을 가지고 살게 될 때에 비로소 우리의 삶 속에는 젖과 꿀이 흐르는 삶을 갖게 되는 것입니다. 문제는 우리의 생각을 바꾸어야 하는 것입니다. 우리가 살고 있는 우리나라도 제도와 조직을 아무리 바꾸고 정권이 바뀔 때마다 사람을 바꾸어 봤자 이것이 한국을 복되게 하지 못합니다. 우리 한국이 새로워지려면 한국의 지도층뿐 아니라 국민의 사고 문화가 자유인의 사고방식으로 달라져야 합니다.

생각이 달라져야 합니다. 우리 한국 사람의 일부는 종의 정신을 가지고 있습니다. 이 종의 정신을 가지고 있으면 종은 언제나 저항하고 종은 언제나 불성실하고 속이고 사기 치고, 그리고 반항하고 비관적이고 꿈을 갖지 아니하고 이와 같은 종의 사고방식을 우리가 버리지 않는 이상은 이 나라가 정권이 바뀌어도 정치인이 바뀌어도 조직이 바뀌어도 언제나 수렁에 빠지게 되는 것입니다.

지킬만한 것보다 네 마음을 지켜라 생명의 근원이 이에서 남이니라 생명의 근원이 마음에 있는데 다른 곳에서 찾습니다. 많은 사람들이 생명의 근원을 정치에서 찾고, 그렇지 않으면 사회 제도에서 찾는데, 그것은 아무리 해봤자 마음의 사고방식이 바뀌지 않는 이상은 근본이 바뀔 수가 없는 것입니다.

사고방식이 달라져야 합니다. 종의 사고방식에서 주인의식을 가진 자유인의 사고방식으로 변화되어 책임 있게 생각하고 자유인의 사고방식으로 나가면 비로소 하나님이 복을 주어서 광야가 변하여 화초동산이 되고 젖과 꿀이 흐르게 되는 것입니다. 예수 그리스도의 십자가를 바라보고 우리의 생각이 달라져야 하는 것입니다. 사고가 바뀌어야 하는 것입니다. 그것을 위해서 주님께서 몸 찢고 피 흘렸습니다. 그래서 주님께서는 다시는 종의 멍에를 메지 말라고 했습니다.

의의 사고방식을 가지십시오. 성령 충만 은혜 충만의 천국 사고방식을 가지십시오. 기쁨과 소망과 낙관적인 사고방식을 가지세요. 축복과 승리의 사고방식을 가지세요. 영생과 천국의 영광스러운 사고방식을 가지세요, 우리는 언제나 내일을 향해서 낙관하고 희망을 가지고 긍정적이고 적극적이고 창조적인 사고방식으로 나가야지 종의 사고방식인 비관적이고 부정적이며 절망적이며 패배주의적인 그런 사고방식으로 나아가면 우리의 앞길에는 희망이 없습니다. 광야 밖에 기다리는 것이 없습니다.

젖과 꿀이 흐르는 땅으로 들어 갈 것이냐. 광야에서 살 것이냐는 우리가 종의 사고방식을 그대로 가지고 있느냐 버리고 자유인의 사고방식, 천국인의 사고방식을 가지고 있느냐에 따라서 우리의 운명이 결정 될 것입니다. 예수 믿고 성령으로 세례 받아 성령의 인도를 받는 영에 속한 성도답게 새로운 사고방식을 가지고 살아가시기를 바랍니다.

24장 영적 권세를 사용하며 살아가는 삶

(행3:6-7) "베드로가 이르되 은과 금은 내게 없거니와 내게 있는 이것을 네게 주노니 나사렛 예수 그리스도의 이름으로 일어나 걸으라 하고, 오른손을 잡아 일으키니 발과 발목이 곧 힘을 얻고"

영의 사람은 하나님께서 주신 권능을 사용하는 성도입니다. 하나님은 불러서 훈련하시고 권세와 권능을 주십니다. 권세와 권능을 가지고 하나님의 일을 해야 하기 때문입니다. 예수님의 이름에는 분명하게 권세가 있습니다. 성도들에게 세상에서 가장 가치 있는 이름 하나를 찾으라고 한다면 "예수 그리스도의 이름"임을 찾아야 합니다. 예수의 이름의 뜻이 "구원"입니다. 예수님은 요한복음 14장 6절에서 "내가 곧 길이요, 진리요, 생명이라고 하시며 나로 말미암지 않고는 아버지께로 올 자가 없다"고 하셨습니다. 죄에서 자유 함을 얻는 유일한 길이요. 요한복음 14장 13절에 "너희가 내 이름으로 무엇을 구하든지 내가 시행하리니" 하나님께 기도하여 응답 받을 수 있는 이름입니다. 이런 기도의 약속은 대단한 약속입니다. 그래서 성도들은 예수 이름으로 열심히 성령 안에서 기도해야 합니다. 그러나 기도는 열심히 하는데 아무 일도 일어나지 않는 일이 대부분입니다. 그것을 이상하게 여기지도 않습니다. 자신의 능력이 없어서, 믿음이 적어서, 죄가 있어서 등으로 생각하고 기도를 포기합니다.

그럼 과연 예수 이름의 권세는 언제 누구에게 나타나는 것일까요?

"먼저 생각할 것은 우리가 이 땅에서 예수 그리스도의 이름을 부르는 의미를 알라" 기도는 나를 위한 것이 아니라, 하나님을 위한 것임을 잊지 말아야 합니다. 즉 예수 이름을 사용하는 목적이 나를 위함이 아니라, 하나님의 영광을 위함이어야 한다는 것입니다. 예수의 이름은 내가 하나님을 이용하도록 주신 것이 아니라, 하나님께서 나를 사용하시기 위해 주신 이름이라는 말씀입니다. 이를 알고 성령으로 기도해야 합니다. 성령 안에서 예수님의 권세가 나타나는 것입니다.

성령 안에서 예수님의 이름으로 기도할 때 하나님이 들어주시고 응답하여 주십니다. 우리가 '예수님의 이름으로' 기도하는 것은, 예수님께서 돌아가시기 전에 제자들에게 마지막으로 부탁하신 말씀 때문입니다. 물론 '예수님의 이름으로' 기도할 때에는, 예수님의 가치와 목적과 성품이 그 기도 속에 포함되어 있어야 합니다. 즉 성령의 임재가운데 성령으로 기도해야 합니다. 그 구체적인 기도의 내용이 바로 주님이 가르쳐주신 주기도문에 담겨있습니다. 무엇보다 우리가 기도하는 대상이신 하나님에 대해서 오해를 풀어야 합니다. 우리의 기도는 억지로 떼를 써서라도 인색한 하나님에게 우리가 원하는 것을 받아내는 고집스러운 행위가 아니라, 단순하고 솔직하게 필요한 것과 성령님이 감동하시는 것을 믿음으로 간구하는 것입니다.

그리고 '예수님의 이름으로' 기도할 때에 우리가 받게 될 가장 좋은 응답은 바로 '성령'이라는 것을 알아야 합니다. 기도할 때 성령을 주십니다. 이것이 바로 예수님께서 우리에게 '예수님의 이름으로' 기도하라고 가르쳐주신 진정한 이유입니다. 이 부분에 대해서 조금 더 깊이 묵상할 필요가 있습니다. 예수님께서 승천하시기 전에 제자들에게 남겨주신 말씀은 "오직 성령이 너희에게 임하시면 너희가 권능을 받고 예루살렘과 온 유대와 사마리아와 땅 끝까지 이르러 내 증인이 되리라 하시니라."(행1:8)입니다. 누가복음 11장에서 주님은 우리가 '예수님의 이름으로' 기도하면 '성령'을 받게 될 것이라고 말씀하셨습니다. 여기 사도행전 본문에서는 '성령'이 임하면 '권능'을 받게 될 것이며, 그 '권능'을 받아야 땅 끝까지 이르러 '주님의 증인'이 될 수 있다고 하셨습니다. 그리고 오순절 성령강림을 통해서 실제로 주님께서 약속하신 성령이 제자들에게 하나씩 임했습니다.

자, 그렇다면 제자들이 성령이 임함으로써 받게 된 '권능'이 구체적으로 무엇일까요? 베드로는 예수님께서 이미 '권능'을 나타내셨다고 이야기합니다. 예수님께서 행하신 '권능'(權能)이란 기사(wonders)와 표적(signs)을 행하실 수 있는 눈으로 보이는 '능력'(power)이라는 것입니다. 그 권능을 통해서 예수님이 하나님의 아들이요. 그리스도이심을 하나님께서 '증언'하셨다는 것입니다. 반드시 예수님의 권능은 말로만 그치는 것이 아니라 실제 몸으로 느끼고, 눈으로 보이는 실제적인 현상이 나타나야 합니다. 정리하자면, '권능'은 기사와 표적을 행하는 능력인데, 그것을 통해서 예수 그리스도가 증명(prove)될 수 있는 그런 능력입니다.

자, 그렇다면 오순절 성령강림 사건을 통해서 제자들이 받게 된 '권능'은 무엇일까요? 그것은 예수님과 똑같습니다. '기사'와 '표적'을 행할 수 있는 '능력'입니다. 그 권능을 사용함으로써, 주님께서 하신 말씀처럼, 제자들은 비로소 땅 끝까지 이르러 예수님을 증언하는 사역을 할 수 있게 되었던 것입니다. 그러니까 예수님께서 제자들에게 '예수님의 이름으로' 하늘 아버지께 기도하여 '성령'을 받으라(눅11:13)고 말씀하신 이유는, 결국 제자들이 성령을 받아야 이와 같은 권능을 사용할 수 있게 되기 때문인 것입니다. 권능은 성령으로 기도할 때 기사와 표적이 나타나기 때문입니다. 그렇기 때문에 예수님의 권능을 사용하려면 반드시 성령으로 세례를 받아야 합니다.

그렇게 해서 실제로 초대교회에서는 성령 받은 제자들로 말미암아 많은 '기사와 표적'이 나타나게 되었습니다(행2:43). 그 중의 그 첫 번째 사건이 바로 성전 미문에서 구걸하던 나면서부터 못 걷게 된 장애인을 베드로와 요한이 치유한 일입니다. 이때 베드로가 그를 향해서 무엇이라고 말했습니까? "베드로가 이르되 은과 금은 내게 없거니와 내게 있는 이것을 네게 주노니 나사렛 예수 그리스도의 이름으로 일어나 걸으라 하고…."(행3:6)라는 말입니다.

여기에서 우리가 주목해야 할 부분은, 베드로가 권능을 행하면서 사용한 '나사렛 예수 그리스도의 이름으로'라는 말입니다. 베드로는 '내가 명하노니 일어나 걸으라!'라고 하지 않습니다. '예수님의 이름으로 일어나 걸으라!'고 명령합니다. 바로 이것이 '예수님의 이름으로' 기도하여 성령의 권능을 받은 사람들이, 그 권능을 행할 때 하는 방법입니다. '예수님의 이름으로' 기도하여 얻은 권능은 오직 성령 안에서 '예수님의 이름으로' 명령함으로써 그 능력이 나타나게 되는 것입니다.

그렇다면 예수님은 기사와 표적을 행하실 때에 당신의 이름을 사용하셨을까요? 아닙니다. 예수님은 당신의 이름을 사용하실 필요가 없으셨습니다. 그냥 '말씀하심'으로 놀라운 기사와 표적을 보이셨습니다. "…중풍병자에게 말씀하시되 일어나 네 침상을 가지고 집으로 가라 하시니 그가 일어나 집으로 돌아가거늘…."(마9:6b-7). 베데스다 연못가에 누워 있던 38년 된 병자를 향해서도 예수님은 그냥 명령하셨습니다. "예수께서 이르시되 일어나 네 자리를 들고 걸어가라 하시니 그 사람이 곧 나아서 자리를 들고 걸어가니라."(요5:8-9). 명령하셨습니다.

예수님은 굳이 '예수님의 이름으로' 선포하실 이유가 없으십니다. 왜냐하면 그분이 바로 예수 그리스도 자신이시기 때문입니다. 그러나 제자들은 다릅니다. 제자들은 자신의 능력으로 기사와 표적을 나타내 보이는 것이 아닙니다. 성령 안에서 예수님의 이름으로 기도하여 얻은 '권능'으로 기사와 표적을 보이는 것입니다. 따라서 그들은 반드시 '예수님의 이름으로' 그렇게 선포하고 명령해야 하는 것입니다.

그러니까 엄밀하게 말하자면 제자들이 기사와 표적으로 '권능'을 행할 때에, 예수님께서 그 일을 행하시도록 '예수님의 이름으로' 기도하는 것이며, 동시에 예수님께서 행하실 일에 대해서 선포하고 명령하는 것입니다. 그러니까 예수님께서는 '기도'를 이적이 나타날 대상에게는 '명령'을 하는 것입니다.

이와 같은 놀라운 일은 베드로에게만 경험된 것이 아니었습니다. 바울은 그보다 더 놀라운 일을 행했습니다. 빌립보에서는 예수 그리스도의 이름으로 귀신들린 여종에게서 귀신을 내쫓기도 했습니다. "…바울이 심히 괴로워하여 돌이켜 그 귀신에게 이르되 예수 그리스도의 이름으로 내가 네게 명하노니 그에게서 나오라 하니 귀신이 즉시 나오니라."(행16:18). 바울이 말 한대로 귀신이 나왔습니다. 에베소에서 사역할 때에는 정말로 믿기지 않는 놀라운 역사가 나타나기도 했습니다. "하나님이 바울의 손으로 놀라운 능력을 행하게 하시니 심지어 사람들이 바울의 몸에서 손수건이나 앞치마를 가져다가 병든 사람에게 얹으면 그 병이 떠나고 악귀도 나가더라."(행19:11-12). 이는 실제로 일어난 성령의 역사입니다.

이 이야기는 마치 12년 동안 혈루증을 앓던 여인이 예수님의 옷에 손을 대고 고침을 받은 장면을 연상하게 합니다. 그러나 그것은 어디까지나 예수님 이야기입니다. 하나님의 아들이신 예수님이라면 물론 얼마든지 그런 일을 행하실 수 있습니다. 그런데 바울의 몸에서 손수건이나 앞치마를 가져다가 얹으면 병이 고쳐지고 악귀가 나가는 이런 일이 어떻게 벌어진단 말입니까? 오랫동안 선교활동에 헌신하다가 보니까 바울도 예수님과 같은 어떤 초자연적인 능력을 가지게 된 것일까요? 아닙니다. 그것은 바울이 가지고 있는 능력이 아닙니다. 본문은 이와 같은 오해를 막기 위해서 분명한 어조로 말합니다. "하나님이 바울의 손으로 놀라운 능력을 행하게 하셨다." 그것은 바울이 자신의 능력으로 행한 일이 아니라, 하나님께서 바울을 통해서 하신 일입니다. 지금도 하나님은 성령으로 세례를 받고 믿음 있는 성도들을 통해서 일을 히 십니다.

왜 하나님께서는 바울을 통해서 그런 놀라운 능력을 나타내셨을까요? 그것은 바울이 선포하는 '말씀의 권위'를 세워주시기 위해서였습니다. 잘 새겨들으십시오. '바울의 권위'가 아닙니다. '말씀의 권위'입니다. 바울이 가르치고 전하는 주님의 말씀의 권위를 높여주시기 위해서 놀라운 능력을 보여주신 것입니다. 하나님이 바울을 통하여 일을 하신다는 것을 나타내신 것입니다. 이와 같은 일은 예수님의 공생애 기간 동안에 이미 경험되어진 일입니다. 예수님께서 제자들을 파송하셨을 때에도 제자들을 통해서 놀라운 권능이 나타났습니다. "예수께서 열두 제자를 불러 모으사 모든 귀신을 제어하며 병을 고치는 능력과 권위를 주시고 하나님의 나라를 전파하며 앓는 자를 고치게 하려고 내보내시며…."(눅9:1-2). 예수님은 열두 제자를 한 자리에 불러놓으시고, 그들에게 '모든 귀신을 제어하며 병을 고치는 능력(power)과 권위(authority)를 주셨다'고 합니다. 이 '능력'과 '권위'를 한 마디로 줄여서 말하면 바로 '권능'(權能)이 되는 것입니다. 그런데 이 '권능'의 구체적인 내용이 무엇이었을까요? 그렇습니다. 바로 성령 안에서 '예수님의 이름을 사용할 수 있는' 능력과 권위입니다. 우리는 이 능력과 권위를 예수 이름으로 사용해야 합니다.

　실제로 이때 파송 받은 제자들은 '각 마을에 두루 다니며 곳곳에 복음을 전하며 병을 고쳤다'(눅9:6)고 합니다. 또한 '귀신들이 제자들에게 항복하는' 그런 일들도 체험했습니다(눅10:17). 그것 또한 제자들의 능력이 아니었습니다. 오히려 그들이 전하는 하나님 나라의 '복음의 권위'를 드러내기 위해서 주님께서 제자들에게 '예수님의 이름을' 사용할 수 있는 권능을 주셨고, 그것을 통해 놀라운 능력을 실제로 나타내신 것입니다.

　베드로와 바울이 행했던 권능도 이와 같이 예수님의 이름을 사용하는 능력이었습니다. 그것을 통해서 놀라운 기사와 표적이 나타났던 것입니다. 그러나 '예수님의 이름'을 사용한다고 해서, 누구에게나 이와 같은 놀라운 일이 나타나게 되는 것은 아닙니다. 바울이 에베소에서 사역할 때에 '예수님의 이름으로' 귀신을 쫓아내는 것을 본 마술사들이 그 흉내를 냈던 일이 있었습니다. "이에 돌아다니며 마술하는 어떤 유대인들이 시험 삼아 악귀 들린 자들에게 주 예수의 이름을 불러 말하되 내가 바울이 전파하는 예수를 의지하여 너희에게 명하노라 하더라."(행19:13). 여기에서 '돌아다니며 마술하는 어떤 유대인들'은 그냥 눈속임수로 사람들을 즐겁게 해주는 '마술사'를 의미하지 않습니다. 이들은 사실 '악한 영들을 쫓아내는' '유대인 퇴마사'였습니다.

사도행전 8장에서 빌립이 사마리아 성에 내려가 복음을 전하다가 만난 '시몬'이라는 마술사나, 사도행전 13장에서 바울이 첫 번째 선교 여행 중에 구브로의 바보에서 만난 '바예수'라는 유대인 거짓 선지자인 마술사도, 엄밀하게 말하면 사실 퇴마사들이었습니다. 물론 그들이 행하는 것은 눈속임수의 가짜 마술에 불과했지만, 그것을 잘 모르는 사람들에게는 '퇴마사'로서 큰 영향력을 행사하고 있었습니다. 그러다가 빌립이나 바울을 통해서 진짜 능력이 나타남으로써 그들의 가짜 행세가 들통 나고 말았었습니다.

바로 이곳 에베소에도 그와 같이 여기저기 떠돌아다니며 사기 쳐서 먹고 사는 가짜 퇴마사들이 나타났던 것입니다. 그들은 바울을 모방하여 '시험 삼아' 귀신을 축출하려고 했습니다. 악귀 들린 사람들에게 '내가 바울이 전파하는 예수를 의지하여 너희에게 명하노라!'라고 말하면서, 예수님의 이름을 이용하여 귀신을 쫓아내려고 했던 것입니다. 아마도 바울이 '예수 그리스도의 이름으로' 귀신을 쫓아내는 장면을 목격했었던 모양입니다. 자, 과연 어떤 일이 벌어졌을까요? 그들도 정말 귀신을 쫓아낼 수 있었을까요? "악귀가 대답하여 이르되 내가 예수도 알고 바울도 알거니와 너희는 누구냐 하며 악귀 들린 사람이 그들에게 뛰어올라 눌러 이기니 그들이 상하여 벗은 몸으로 그 집에서 도망하는지라."(행19:15-16).

그렇습니다. 예수 그리스도의 이름을 아무리 큰 소리로 부른다고 하더라도, 만일 그가 예수님을 구주로 믿지 않는 사람이라면, 그에게는 아무런 능력도 나타나지 않습니다. 왜냐하면 그 능력의 근원은 '예수 그리스도의 이름'에 있는 것이 아니라 '예수님 자신'에게 있기 때문입니다. 예수님께서 행하신다는 믿음이 없는데, 그 이름을 부른다고 무슨 일이 나타나겠습니까? 믿음 없이 부르는 '예수 그리스도의 이름'은 아무런 능력도 나타내지 않는 공허한 '주문'(呪文)이 되고 맙니다. 그것이 바로 하나님께서 십계명을 통해서 엄중하게 금지하신 '하나님의 이름을 망령되이 일컫는' 죄를 범하는 것입니다.

베드로가 성전 미문에서 행한 표적을 보고 놀란 사람들이 솔로몬 행각으로 모여들었을 때에, 그들에게 베드로는 이렇게 선포했습니다. "그 이름을 믿으므로 그 이름이 너희가 보고 아는 이 사람을 성하게 하였나니 예수로 말미암아 난 믿음이 너희 모든 사람 앞에서 이같이 완전히 낫게 하였느니라."(행3:16). 그렇습니다. 예수님의 이름을 불렀다고 권능이 나타나는 것이 아니라, 예수 그리스도의 이름을 믿는 믿음이 그와 같은 놀라운 기적을 나타낸 것입니다. 예수님이 자신을 통해서 일하신다는 믿음이 있을 때 성령이 역사합니다. 절대로 자신이 행하는 것이 아닙니다. 예수님이 하신다는 믿음을 보고 행하시는 것입니다. 우리는 예수님이 사용하시는 도구에 불과합니다.

요한복음 14장에서 주님은 '내 이름으로 무엇이든지 내게 구하면 내가 행하리라'(요14:14)고 말씀하셨습니다. 그래서 우리 그리스도인들은 기도할 때마다 반드시 예수님의 이름으로 기도합니다. 그러나 예수님의 이름으로 구한다고 해서, 무조건 우리가 간구하는 모든 기도와 소원이 이루어지는 것은 아닙니다. 믿음으로 기도해야 합니다. 예수를 그리스도로 믿는 믿음으로 기도해야 합니다. 그럴 때에 우리의 생각과 기대를 뛰어넘는 하나님의 놀라운 은혜와 능력으로 응답되는 것입니다.

'예수님의 이름으로' 기도할 때에 우리는 성령으로 세례를 받습니다. 성령으로 세례를 받아 성령이 임하게 되면 우리는 '예수 이름으로 명령하는 권능'을 받게 됩니다. 예수님께서 행하신다는 확실한 믿음을 가지고 '예수님의 이름으로' 기도하며, 또한 '예수님의 이름으로' 명령할 때에, 하나님께서는 우리를 통해서도 얼마든지 놀라운 기사와 표적을 나타내시면서 예수님이 하나님의 아들이요, 그리스도이심을 증언하게 하실 것입니다.

성도들은 하나님께서 주신 예수 이름의 권세를 사용해야 합니다. 많은 목회자들이 성도들에게 예수님을 믿으면 하나님의 자녀가 되는 권세가 있다고 말합니다. 그래서 많은 성도들이 자신에게 하나님의 권세가 있는 줄 압니다. 자신에게 권세가 있다는 것을 안다고 권세가 나타나는 것이 아닙니다. 성령 안에서 믿음으로 사용할 때 권세가 권능으로 나타납니다. 그런데 문제는 권세를 사용할 줄을 모른다는 것입니다. 권세가 있어도 사용하지 않으면 무용지물입니다. 사용할 때 권능으로 역사가 나타나는 것입니다. 경찰관에게는 나라에서 부여한 권세가 있습니다. 그러나 경찰관에게 부여한 권세를 사용하지 않으면 세상에 범죄가 판을 치고, 교통이 혼잡하게 됩니다. 교통사고가 많이 나고, 도둑이 판을 칠 수가 있습니다. 경찰관이 나라에서 부여한 권세를 사용하면 모든 것이 질서를 잡고 잠잠해지는 것입니다.

이와 마찬가지로 성도에게 하나님이 주신 권세를 사용하지 않으면 마귀 귀신이 활개를 칠 것입니다. 하나님의 아들이신 예수 그리스도가 이 땅에 오셔서 마귀와 그의 추종자 귀신들을 쫓아내셨습니다. 예수님은 공생애 3년 동안 가는 곳마다 귀신을 쫓아내시고, 병든 자를 고치셨습니다. 왜냐하면 예수님이 이 땅에 오신 것은 마귀의 일을 멸하기 위함이었기 때문입니다(요일3:8). 그리고 예수님은 십자가를 지시고 죽으셨고, 사흘 만에 부활하셨습니다. "이르시되 너희는 가서 저 여우에게 이르되 오늘과 내일은 내가 귀신을 쫓아내며 병을 고치다가 제삼일에는 완전하여지리라 하라"(눅13:32).

부활하신 후 예수님은 다시 오신다는 약속을 하시고 승천하셨습니다. 그러나 그냥 가신 것이 아닙니다. 우리를 고아처럼 버려두고 그냥 가신 것이 아니라는 것입니다. 우리를 잠시 이 땅에 두고 가시는 주님은 우리를 염려하사 우리를 지키고, 우리를 인도하고, 우리를 보호할 다른 분을 보내주셨습니다. 바로 성령이십니다. "내가 아버지께 구하겠으니 그가 또 다른 보혜사를 너희에게 주사 영원토록 너희와 함께 있게 하리니"(요14:16).

예수님은 예수님이 떠나고 우리에게 그 성령이 오시는 것이 더욱 유익하다고 말씀하셨습니다. "그러나 내가 너희에게 실상을 말하노니 내가 떠나가는 것이 너희에게 유익이라 내가 떠나가지 아니하면 보혜사가 너희에게로 오시지 아니할 것이요 가면 내가 그를 너희에게로 보내리니"(요16:7). 왜 유익이냐면 육체를 입으신 예수님은 우리 각자와 연합할 수 없으나 성령은 우리 한 사람, 한 사람의 보혜사로 각 심령에 임재하실 수 있기 때문입니다.

예수님은 이 세상이 얼마나 험한지 잘 알고 계셨습니다. 주님이 그의 제자들을 세상으로 보내면서 "너희를 보냄이 양을 이리 가운데 보냄과 같다"고 말씀하실 정도로 이 세상이 무서운 곳임을 그 분은 잘 알고 계셨습니다. 왜 무섭습니까? 이 세상의 임금은 사단, 마귀이기 때문입니다. 그런 곳에서 당신이 피 값을 주고 산 하나님의 자녀들이 혼자 서는 살아갈 수 없음을 아셨기에 성령을 보내주신 것입니다.

성령으로 세례를 받으면 하늘의 권세를 받게 됩니다. "오직 성령이 너희에게 임하시면 너희가 권능을 받고"(행1:8). 권능이 무엇입니까? 권세와 능력입니다. 무슨 권세와 능력입니까? 하나님이 모든 권세를 예수 그리스도에게 넘기셨지 않습니까(마28:18)? 그 권세와 능력을 예수님이 우리에게 주신 것입니다. 즉 성령 안에서 '예수 이름'을 사용하면 우리도 예수님이 하셨던 것처럼, 악한 마귀와 귀신들을 추방할 수 있고, '예수 이름'을 사용하면 하늘의 것과 땅의 것, 그리고 땅 아래 있는 것들이 우리 앞에 복종할 수밖에 없다는 것입니다. 왜냐하면 예수의 이름은 곧 예수님이기 때문입니다.

예수님은 "믿는 자들에게는 이런 표적이 따르리니 곧 그들이 내 이름으로 귀신을 쫓아내며 새 방언을 말하며, 뱀을 집어 올리며 무슨 독을 마실지라도 해를 받지 아니하며 병든 사람에게 손을 얹은즉 나으리라 하시더라"(막16:17~18)라고 말씀하셨는데, 이런 능력은 성령이 임해야 가능합니다. 그래서 예수님이 승천하기 바로 전에 "볼지어다! 내가 내 아버지께서 약속하신 것을 너희에게 보내리니 너희는 위로부터 능력으로 입혀질 때까지 이 성에 머물라 하시니라"(눅24:49)라고 말씀하신 것입니다.

그 말씀대로 120문도가 마가의 다락방에 모여 기도하며 성령을 기다렸던 것입니다. 성령이 불 같이 하나씩 임하자 그들이 나가 민간에게 표적과 기사를 행했습니다. 심지어는 베드로의 그림자만 밟아도 병이 낫는 일이 일어났습니다. 베드로뿐입니까? 스데반이나 빌립 집사 등 일곱 집사들도 성령의 권능이 충만하여 귀신을 쫓아내고 병을 고쳤습니다. 왜요? 어떻게요? 베드로의 말대로 '나사렛 예수 그리스도의 이름으로' 행한 것입니다. 사도 바울이 귀신을 쫓은 것 역시 '예수 이름'입니다.

예수 그리스도가 성령으로 주신 '예수 이름'으로 귀신을 향하여 명령하면 귀신은 떠날 수밖에 없는 것입니다. 그런데 안합니다. 사용하지 않습니다. 안 믿습니다. 왜요? 그게 되냐는 겁니다. 그런 법이 어디 있냐는 겁니다. 한 번도 예수 이름으로 기도하여 기사와 표적을 행하는 것을 보지 못했기 때문입니다. 예수 이름을 사용하는 훈련을 받지 못해서 하는 말입니다. 말씀 만 많이 알면 다된다고 배웠기 때문입니다. 머리로 아는 지식적인 말씀은 실제 살아있는 역사를 일으키지 못합니다. 성령 안에서 예수 이름으로 명령하면 예수 이름이 귀신을 쫓아내게 되어 있는 것입니다. 예수 이름으로 쫓지 않으면 귀신이 들끓게 되어 있고, 그러면 인생이 꼬이는 것은 물론이고, 병들고 망하게 되는 것입니다. 내 집이, 내 육체가 귀신의 집이 되기 때문입니다.

예수 이름의 권세는 성령으로 세례 받은 남녀노소를 무론하고 다 나타납니다. 그러나 만 원짜리와 천 원짜리의 가치가 다르듯 하나님의 능력 또한 기도의 양과 정비례한다는 것을 알아야 합니다. 한 시간 기도한 사람과 세 시간 기도한 사람의 능력은 차이가 있습니다. 성령으로 기도하면 성령이 충만해지기 때문입니다. 성령으로 충만하면 그 만큼 권능이 강하게 나타나는 것입니다. 베드로의 그림자만 밟아도 병이 낫는 것은 베드로가 성령 안에서 기도를 습관화했기 때문입니다.

저는 항상 이렇게 말합니다. 제가 예배나 집회 때 성령의 역사를 일으키고, 내적인 상처를 치유하고, 귀신을 쫓아내고, 정신적인 문제를 치유하고, 심방을 가서 성령의 역사를 일으키며 문제를 해결하고, 집중 치유를 하면 목회자 성도가 변화되는 모든 것의 비결은 기도에 있다고 합니다. 기도를 성령 안에서 깊게 하기 때문입니다. 저만의 기도하는 비결을 터득했기 때문입니다. 저에게서 권능이 떠나지 않는 비결은 바로 늘 성령으로 기도하기 때문입니다. 당신도 할 수 있습니다. 할렐루야!

이 책을 통해 예수님이 땅끝까지 전파 되기를 소원합니다.
(출판으로 인한 이익금은 문서선교와 개척교회 선교에 사용합니다.)

영의사람 육의사람 구별하는 법

발 행 일 l 2018. 6.12초판 1쇄 발행

지 은 이 l 강요셉

펴 낸 이 l 강무신

편집담당 l 강무신

디 자 인 l 강요셉

교정담당 l 강무신

펴 낸 곳 l 도서출판 성령

신고번호 l 제22-3134호(2007.5.25)

등록번호 l 114-90-70539

주   소 l 서울 서초구 방배천로 4안길 20(방배동)

전   화 l 02)3474-0675/ 3472-0191

E-mail l kangms113@hanmail.net

유   통 l 하늘유통. 031)947-7777

ISBN l 978-89-97999-68-2 부가기호 l 03230

가   격 l 16,000원

이 책의 내용은 저자의 저작물로 복제,복사가 불가합니다.
복제와 복사시 관련법에 의해 처벌을 받게 됩니다.